MÁS ALLÁ DE LA PAMPA

MÁS ALLÁ DE LA PAMPA

Agro, territorio y poder en el Nordeste argentino (1910-1960)

Noemí M. Girbal-Blacha y Adrián Gustavo Zarrilli (Directores)

Más allá de la Pampa : agro, territorio y poder en el nordeste argentino 1910-1960 / Noemí M. Girbal-Blacha ... [et al.] ; dirigido por Noemí M. Girbal-Blacha ; Adrián G. Zarrilli. – 1a ed . – Ciudad Autónoma de Buenos Aires : Teseo, 2015. 344 p. ; 20 x 13 cm.
ISBN 978-987-723-062-8
1. Historia Argentina. 2. Poder. 3. Patrimonio. I. Girbal-Blacha, Noemí M. II. Girbal-Blacha, Noemí M., dir. III. Zarrilli, Adrián G., dir. CDD 982

Este libro fue financiado con el subsidio RC 5059/14 del CONICET

Fotografía de tapa: Autores / Archivo FSF

© Editorial Teseo, 2015
Buenos Aires, Argentina
Editorial Teseo
Hecho el depósito que previene la ley 11.723
Para sugerencias o comentarios acerca del contenido de esta obra, escríbanos a: info@editorialteseo.com
www.editorialteseo.com
El contenido de la obra (textos, tablas e imágenes de interior y de tapa) es responsabilidad exclusiva de los autores, las opiniones vertidas no representan necesariamente el pensamiento de la editorial.
ISBN: 9789877230628
Compaginado desde TeseoPress (www.teseopress.com)

Índice

Introducción 9

Las mediaciones del poder. Estado, territorio, biografías
y potencialidades en economías marginales 25
Luis Ernesto Blacha

Territorios, producción y medioambiente en el
Nordeste argentino 57
Adrián Gustavo Zarrilli

La historia rural invisible. Marginalidad en los
márgenes. Formosa (1910-1960) 105
Noemí M. Girbal-Blacha

Mujeres, familia y derechos en la construcción del
Chaco algodonero (1920-1960) 161
Alejandra de Arce

La región yerbatera argentina. Estado, territorio y
poder, 1926-1953 205
Lisandro Rodríguez

Representaciones nordestinas en *La Chacra* y la *Revista
de Economía Argentina* 259
Ximena Carreras Doallo

Bibliografía y fuentes 305

CV de los autores 339

Introducción

La historiografía argentina ha dedicado gran parte de su producción al pasado del agro pampeano, por el significado que la región ganadera y cerealera por excelencia y el eje metropolitano tuvieron para la construcción, las transformaciones y el arraigo del modelo agroexportador, que marca la impronta de nuestro país.

No obstante, más allá de esa región agraria y comercial por excelencia (Buenos Aires, Entre Ríos, La Pampa, centrosur de Santa Fe y sureste de Córdoba) que representa alrededor de una cuarta parte del territorio argentino, las otras tres cuartas partes de él procuraron sumarse al modelo sin participar directamente de la "mesa de negociaciones", que conforman en las últimas dos décadas del siglo XIX el mercado, la dirigencia y el Estado nacional. En algunos casos, habitar "más allá de la pampa" implicaría tener una ciudadanía recortada –al formar parte de los llamados "Territorios Nacionales", creados en 1884 por la Ley 1532–, sin una burguesía local establecida o –siendo provincias, como Santiago del Estero– estando alejados del poder político central, de su dirigencia y también de sus favores. En estas regiones alejadas del eje metropolitano, la marginalidad no siempre se asocia al aislamiento.

En los tiempos de la Argentina moderna –hacia finales del siglo XIX y hasta más allá de la mitad de siglo XX– la marginalidad, definida en sentido amplio, se asocia a la pertenencia al margen del modelo agroexportador; es decir, al que se estructura en torno a la ciudad puerto de Buenos Aires y la región pampeana con su perfil ganaderocerealero, receptora de inmigración masiva del sur europeo, protagonista de una urbanización creciente y con una destacada concentración de inversiones de capital externo. La marginalidad –como se expuso– no siempre aparece vinculada al aislamiento. Es el caso, por ejemplo, del Gran Chaco Argentino (Chaco, Formosa, Misiones, Santiago del Estero, Norte de Santa Fe y el oriente de Tucumán y Salta) atravesado desde fines del siglo XIX por tres líneas férreas e importantes vías fluviales, que lo comunican con el poderoso litoral metropolitano y sus alrededores. Son diversos y complejos los factores que conducen a ciertos espacios territoriales y a sus actores a una posición marginal respecto de las principales decisiones que se toman desde el poder político, muchas veces con carácter extremo y generalmente perdurable en el tiempo.[1]

El espacio se construye socialmente. Además de la dotación natural existe una lógica social del territorio. Son los actores sociales quienes despliegan sus estrategias para capturar, de modo desigual, los recursos naturales y también aquellos que la sociedad genera. En tal sentido, el Nordeste argentino (NEA), compuesto en alto porcentaje por Territorios Nacionales –es decir, dependientes directamente del gobierno federal y con una ciudadanía limitada hasta mediados del siglo XX– recoge los resultados de la lucha con el indígena y es producto de la ausencia de una fuerte burguesía local arraigada. El NEA resulta una de las últimas regiones que pretende sumarse, casi en los umbrales del siglo XX, al modelo agroexportador. Lo hace con productos no competitivos con los de las regiones que, a través de sus sectores hegemónicos, definen la dirigencia nacional defensora de ese modelo (ganaderos, comerciantes exportadores e importadores, agroindustriales de Cuyo y del Noroeste argentino). En el último cuarto del siglo XIX, lo intenta con la industrialización del azúcar, al inicio de la centuria siguiente con la explotación de sus recursos

---

[1] Girbal-Blacha, Noemí y Cerda, Juan Manuel: "Lecturas y relecturas sobre el territorio. Una interpretación histórica", en *Estudios Rurales. Publicación del CEAR* (Centro de Estudios de la Argentina Rural), n° 1, diciembre 2011, pp. 55-78.

naturales forestales, la yerba mate, el tabaco, y hacia la década de 1920 apostando al cultivo del algodón y también a la ganadería criolla.

El Centenario de la Revolución de Mayo de 1810 encontraría a la nación argentina con una realidad diversa, una sociedad desigual, en algunas regiones con un territorio despojado de sus riquezas naturales, un poder político concentrado y tutelado por "los que mandan", generalmente vinculados a la ciudad puerto de Buenos Aires, o a Punta Arenas (en Chile) como ocurre con la Patagonia, donde aislamiento y marginalidad se conjugan hasta mimetizarse.

Este trabajo histórico se propone caracterizar aquellos territorios marginales −más allá de las jurisdicciones político-administrativas− no aislados, que suelen participar de las condiciones de ser espacios de frontera, reconocer a sus actores sociales y perfilar el ejercicio del poder político que en ellos se ejerce a partir de 1910. Es por entonces cuando se proyecta una salida democrática amparada desde 1912 por la Ley Sáenz Peña, que instaura el voto individual, secreto y obligatorio para los varones mayores de 18 años nativos o naturalizados. El estudio se extiende hasta los albores de los años 1960, cuando los Territorios Nacionales nordestinos se convierten −desde 1951 y hasta 1958− en provincias con derechos plenos. El objetivo es interpretar las desigualdades regionales en los espacios territoriales que sufren los efectos más negativos del modelo agroexportador, aunque no se encuentren aislados, y hacerlo a través de tres ejes convergentes: el agro, el territorio y el poder.

En un contexto de transformación y heterogeneidad, conviene preguntarse cuál es el aporte de la historia ambiental, que se desarrolla a partir de un concepto básico: los hombres no pueden desarrollar su vida ignorando la historia que comparten con su hábitat. Evidentemente su devenir está sujeto al de aquel, al de su aire, al de su agua, al de su tierra y al de las demás especies. En este sentido, el desarrollo histórico no se circunscribe estrictamente a lo "humano", de la misma manera que el ambiente no se limita solamente a las relaciones biológicas, sino que se ve afectado o determinado por los procesos políticos, sociales y económicos que protagonizan los hombres y las sociedades en su ocupación de los espacios y en la utilización de sus recursos. La articulación de las determinaciones del ecosistema, la lengua, la cultura y un modo de producción es específica de cada sociedad. En este conjunto complejo, es necesario analizar los efectos del proceso de acumulación y los de las prácticas de producción y consumo, así como los procesos históricos de perfil económico. Estos procesos históricos han transformado las prácticas productivas y han degradado (la mayoría de las veces) la productividad de los ecosistemas; de este modo, han afectado las capacidades productivas de la población, su dependencia tecnológico-cultural, sus formas de sujeción ideológica y sus motivaciones para la innovación productiva. Las prácticas de uso de los recursos dependen del sistema de valores de las comunidades, de la significación cultural de sus recursos, de la lógica social y ecológica de sus prácticas productivas, así como de su capacidad para asimilar a estos, conocimientos científicos y técnicos modernos. En suma, el vínculo sociedad-naturaleza debe entenderse como una relación dinámica, que depende de la articulación histórica de los procesos tecnológicos y culturales específicos, respecto de las relaciones sociales de producción de una formación socioeconómica, así como la forma particular de desarrollo integrado o de degradación destructiva de sus fuerzas productivas.

Definir el poder y el territorio como parte del patrimonio nacional es el primer desafío teórico que asume este libro. Para dar lugar desde ese marco teórico, al abordaje de los asuntos que definen la vida rural, la construcción social del territorio así como el poder político y económico en el Nordeste argentino. Perfiles no exentos de transformaciones asociadas a los procesos característicos de la región, avanzando en los estudios de caso como Chaco, Formosa, Misiones y las jurisdicciones del NEA que integran las provincias de Santiago del Estero, Santa Fe y Corrientes.

Es Luis Ernesto Blacha quien –desde la sociología política– aborda el contexto teórico y epistemológico que da sustento a los cinco capítulos siguientes que integran esta obra. En "Las mediaciones del poder", el autor interpela el concepto como un vínculo social, cuyo punto de partida es el abordaje fundacional de Max Weber. El carácter polimorfo del poder le permite resignificar el pasado, moldeando interacciones presentes y delimitando expectativas futuras. La propuesta es trascender el dualismo individuo-sociedad para reconstruir interacciones que reflejen el vínculo entre las estructuras administrativas, los ciudadanos y el territorio. Las características potenciales del poder hacen posible la reflexividad de los actores, fundamentada en su amplio conocimiento del mundo social. Se consolidan certezas en un contexto de incertidumbres siempre latentes. El orden social resultante se caracteriza por su interdependencia pero también por su creciente complejización en tanto los actores se vuelven más dependientes e individualizados porque son capaces de poner en juego un patrimonio cultural. Este conjunto de prácticas permite dar cuenta de la interdependencia que caracteriza al mundo social y sus capacidades reflexivas, combinando actualizaciones con transformaciones en las prácticas. El poder guía, delimita, pero también promueve las interacciones a través de una intrincada interdependencia entre las normas sociales, la politización del sentido práctico de los actores y la contextualización de un marco de certezas compartidas de interacción que además territorializa su entorno natural. El poder permite explicar y dar sentido al entramado social, al ser capaz de caracterizar las transformaciones de un contexto que se complejiza. Los abordajes referidos al ámbito rural, de los capítulos siguientes, son expresiones concretas de las diversas formas que adquieren los vínculos sociales de poder y sus expresiones en el territorio y como parte del patrimonio cultural y simbólico.

Adrián Gustavo Zarrilli es quien desde la historia ambiental propone caracterizar la ecuación entre "Territorios, producción y medioambiente en el Nordeste argentino". El objetivo fundamental del capítulo es el análisis de las transformaciones socio-ambientales nordestinas durante la primera mitad del siglo XX, cuando una parte sustancial del territorio sufre intensas transformaciones productivas que impactan profundamente en la constitución territorial de las provincias y Territorios Nacionales de la macro región. Son estos procesos de cambios productivos los que generan un ámbito complejo que deriva en frecuentes conflictos y disputas socio-ambientales. La explotación de recursos específicos de esta región (como el sector forestal) sirve como primer vínculo económico y social, intra- y extranacional de estos territorios, y expresa también la expansión capitalista del país. Para el autor, las implicancias de esta inserción económica marginal, y la evolución experimentada, son factores condicionantes de la estructura productiva regional, su desempeño económico y sus transformaciones ambientales. El período estudiado resulta de particular importancia en relación con los ejes que sostienen la economía regional, ya que las actividades agroforestales del Nordeste argentino (NEA) irrumpen y se sostienen a lo largo de estos años. La transformación queda así al descubierto y asociada a ciclos productivos, que además de generar profundos cambios territoriales, implican conflictos complejos derivados de la utilización de los recursos, pero sin modificar los vínculos de dependencia e inserción marginal de estas economías en el contexto nacional. Son procesos productivos que también dan cuenta de las debilidades políticas, que profundizan la postergación de la región. La ausencia de una burguesía fuerte y de arraigo local impone finalmente un aumento de los ritmos de extracción en beneficio de actores extrarregionales y la conveniencia de adelantar la captación de la renta diferencial. Estos sectores evaden las consecuencias ecológicas negativas posteriores. La propuesta de este capítulo se sitúa en un análisis histórico-ambiental del proceso de explotación de los recursos agroforestales del NEA y su relación con la expansión del modelo agroexportador que adopta tempranamente el país.

A estas propuestas amplias y complejas generadas desde la sociología, la ciencia política y la historia ambiental le suceden los distintos estudios de caso (Formosa, Chaco, Misiones y Norte de Corrientes) que permiten caracterizar –como expresión de los vínculos entre la micro- y la macrohistoria– las similitudes y diferencias de las diversas realidades del NEA, más allá de la rica región pampeana.

En "La historia rural invisible. Marginalidad en los Márgenes. Formosa (1910-1960)", Noemí Girbal-Blacha retoma a los actores sociales como constructores del territorio, mientras subraya cómo este, a su vez, incide en los modos de vida cotidiana, en su acción política, y tratándose de un Territorio Nacional –como Formosa–, en su participación ciudadana y sus relaciones con la justicia y las Comisiones de Fomento territorianas. Esta situación adquiere perfiles singulares al tratarse de regiones fronterizas, con alta precariedad en la tenencia de la tierra, actividades económicas vinculadas a la ganadería criolla, la explotación forestal y el algodón, con una alta movilidad, diversidad y desarraigo poblacional. Las necesidades, los conflictos, los requerimientos de sus habitantes se vinculan a una justicia desigual –mediante letrados interesados en hacer de las necesidades ajenas una actividad rentable–, a una ciudadanía reducida y a un importante deterioro ecológico de la zona oeste formoseña, que es la más desértica de este Territorio Nacional. El artículo muestra cómo las desigualdades se sostienen en el tiempo, mientras que el poder local no logra consolidar su presencia ante la ausencia de una burguesía local establecida y capaz de reinvertir sus ganancias en la región, como lo destacan desde el campo teórico Luis Blacha y, para el Chaco forestal, Adrián Zarrilli. Las dificultades económicas se mantienen. En Formosa, ley, disciplina, seguridad –por dentro o por fuera del control social– forman parte de la contingencia histórica y de la realidad económica, política y social de sus habitantes. Son parte de la construcción y el ejercicio del poder. En este capítulo la historia regional y local muestra las características de las condiciones de vida fronterizas más allá de la acción administrativa y la legislación promulgada y vigente. Lo hace a través de un recorrido y lectura crítica de fuentes primarias y desde dos perspectivas convergentes: 1) la del sistema de tenencia de la tierra y sus formas de explotación; y 2) la de la justicia aplicada a la resolución de los asuntos económicos locales.

Desde una perspectiva singular de los estudios de historia de género, Alejandra de Arce se aplica al análisis de la relación "Mujeres, familia y derechos en la construcción del Chaco algodonero (1920-1960)". El recorrido se inicia en los albores del siglo XX, cuando la introducción de la producción algodonera en el NEA se adecua a las demandas del modelo agroexportador y del poder asentado en la región pampeana. El algodón transforma el territorio a través de nuevas técnicas agronómicas, la familia, la redistribución de la población –alentada por el Estado–, y no tarda en convertirse en un escenario de conflictos entre los actores involucrados en su producción, industrialización y comercialización. La presencia o ausencia del Estado y sus agencias quedan expuestas en las demandas de las familias agricultoras, que no siempre encuentran soluciones prácticas y contundentes, sostiene de Arce. Cuando el *oro blanco* se convierte en una promesa para quienes optan por su cultivo, el trabajo femenino cotidiano ocupa un lugar indiscutible en las chacras nordestinas. El capítulo reconstruye e interpreta la complejidad de la producción algodonera chaqueña enlazando –como en el estudio de caso de Formosa– las dimensiones analíticas macro- y microsociales, centrando el foco en las mujeres, como sujetos sociales, no siempre visibles, del territorio. A partir de la confrontación de diversas fuentes (entrevistas, fotografías, anuarios, estadísticas, almanaques, guías sociales y documentos oficiales) se presentan las exigencias de las mujeres por mejorar las condiciones de vida, desarticular las desigualdades en el acceso a los recursos, así como alentar en el medio rural una participación política activa. Para ellas, habitar en los márgenes significa resistir la subordinación y redefinir, desde las prácticas cotidianas, las expectativas que establecen el "deber ser" de las mujeres en los hogares rurales chaqueños de la época.

Los desequilibrios regionales como efecto del modelo agroexportador que se consolida a fines del siglo XIX en la Argentina le permiten a Lisandro R. Rodríguez ponderar los contrastes que se advierten entre la región pampeana –que concentra las tres cuartas partes de la población, la infraestructura y la riqueza productiva del país– y el NEA, que pertenece a los márgenes del modelo. "La región yerbatera argentina: Estado, territorio y poder (1926-1953)" da muestras del accionar de un Estado interventor y dirigista que habrá de propiciar –desde 1926– la colonización yerbatera, fomentando la inmigración, en tanto factores que modelan el espacio, definen el territorio y otorgan identidad al sujeto social agrario. La construcción de la región está, así, atravesada por relaciones de poder que admiten la incorporación masiva a un sistema de actividad de dimensiones regionales controladas –ante una burguesía local ausente– por factores que operan a nivel nacional e internacional. El autor analiza históricamente la construcción social del espacio y la delimitación territorial a partir de las particularidades del cultivo y producción de la yerba mate, tanto en el Territorio Nacional de Misiones, como en el norte de la provincia de Corrientes. En armonía con el encuadre teórico que orienta este libro, se precisa en este capítulo el rol del Estado –especialmente a través del accionar de la Comisión Reguladora de la Yerba Mate– y las relaciones de poder como parte de la configuración de esta región socio-económica ubicada en los márgenes. La delimitación temporal se corresponde con los inicios de la ocupación sobre la base del cultivo yerbatero, y se extiende hasta la provincialización de Misiones en 1953. Se trata de un período en el cual las relaciones entre Misiones y Corrientes se plasman en proyectos comunes, pero también en intereses encontrados, como lo demuestran las fuentes consultadas, es decir, la documentación oficial y privada, estadística, gráfica, de publicaciones periódicas y entrevistas a quienes fueran protagonistas de parte de esta historia del "oro verde".

Por último, las ideas, imaginarios y propuestas acerca de la naturaleza, que ocupan –a veces implícitamente– un lugar sustantivo en los procesos históricos como en su interpretación, merecen ser ponderadas. Lo hace desde la perspectiva de las ciencias de la comunicación Ximena Carreras Doallo, planteando el estudio y dimensión de las "Representaciones nordestinas en *La Chacra* y la *Revista de Economía Argentina*", como parte de un enfoque que porta sentidos. Los medios de comunicación intervienen en la realidad y la modifican de modo parcial, plantea la autora. Lo hacen cuando construyen un discurso con múltiples representaciones que atiende a los intereses de un determinado grupo, conforman identidades, relaciones sociales y sistemas de creencias y conocimientos. En este sentido, Ximena Carreras Doallo enfoca las representaciones vinculadas al NEA que se registran en las publicaciones elegidas como expresión de asuntos agrarios, como *La Chacra*; la otra, en tanto defensora del mercado interno con visión de "identidad nacional" es la *Revista de Economía Argentina*, liderada por el economista Alejandro Bunge y su equipo de jóvenes colaboradores desde 1918. En este capítulo el eje del estudio se ubica en la construcción de la región agraria nordestina, durante la primera mitad del siglo XX, cuando los cambios en el poder, la ciudadanía, el Estado y el territorio dan muestras de la existencia de un patrimonio simbólico: el de la palabra plasmada en discursos y portadora de mensajes que se enlazan a procesos y transformaciones territoriales, vinculados a tramas complejas del poder. Se retoma desde esta perspectiva otro enfoque de la historia ambiental, vinculándola al análisis discursivo, para caracterizar la relevancia que asume en la construcción del territorio, sus producciones y sus actores sociales, para un ámbito regional que es parte del quehacer y la responsabilidad de la nación.

En síntesis, el compendio de temas que se abordan en este libro es el resultado de un trabajo colectivo, plural e interdisciplinario, que se sostiene en el uso crítico de fuentes originales (cuali-cuantitativas, gráficas, orales), en un amplio estado de la cuestión y en bases teórico metodológicas capaces de mantener a lo largo de estas páginas los ejes centrales propuestos para este estudio pluridisciplinar: agro, territorio y poder, circunscriptos a la región del Nordeste Argentino, pero conciliando las perspectivas micro- y macrohistóricas, como parte de un interesante juego de escalas.

Mapa 1. República Argentina Departamentos del Nordeste incluidos en este estudio

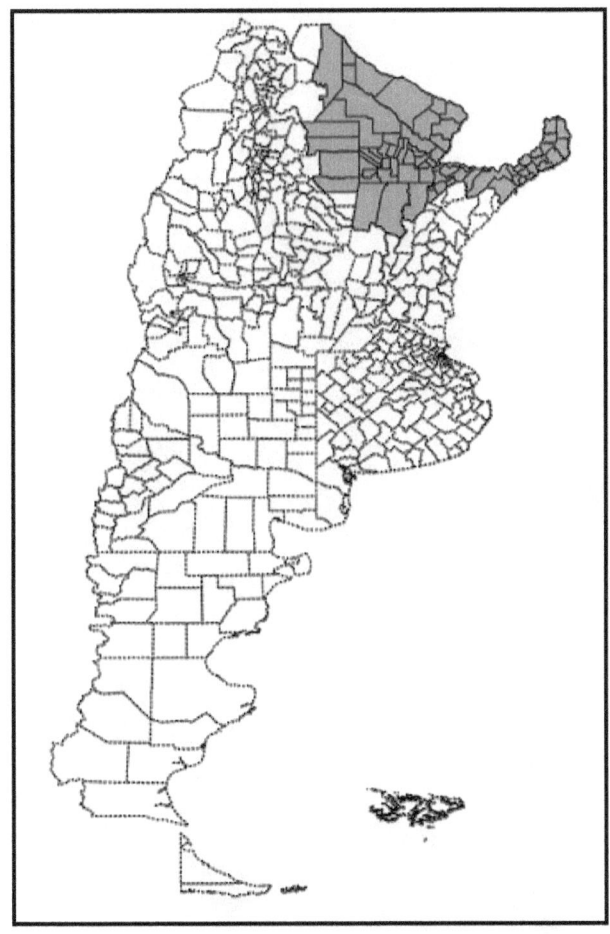

Fuente: elaboración propia en base a datos del Instituto Geográfico Nacional.

Mapa 2. Departamentos del NEA incluidos en este estudio

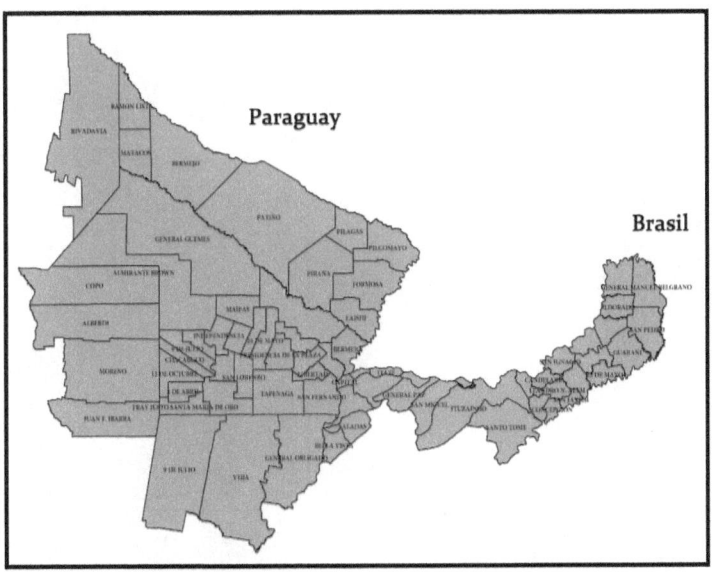

Fuente: elaboración propia en base a datos del Instituto Geográfico Nacional.

Las mediaciones del poder

Estado, territorio, biografías y potencialidades en economías marginales

LUIS ERNESTO BLACHA[1]

> El poder es tolerable solo con la condición de enmascarar una parte importante de sí mismo. Su éxito está en proporción directa con lo que logra esconder de sus mecanismos. [...] Para el poder, el secreto no pertenece al orden del abuso; es indispensable para su funcionamiento. Y no solo porque lo impone a quienes somete, sino porque también a estos les resulta igualmente indispensable: ¿lo aceptarían acaso, si no viesen en ello un simple límite impuesto al deseo, dejando intacta una parte –incluso reducida– de libertad? El poder, como puro límite trazado a la libertad, es, en nuestra sociedad al menos, la forma general de su aceptabilidad (Foucault, Michel [1999]. *Historia de la sexualidad 1: la voluntad de saber*, México: Siglo XXI, p. 105).

1. El poder como vínculo social

El entramado de interacciones que compone la sociedad y los actores que las implementan están vinculados por una interdependencia dinámica que necesita la mediación de las relaciones de poder para enmarcarlas en un contexto determinado y delimitado. El poder es siempre una interacción social que media los vínculos de los individuos interdependientes. Su dinamismo también le proporciona una "naturaleza polimorfa" (Elias y Dunning, 1996: 21) que se relaciona

---

[1] CONICET-CEAR/UNQ. luisblacha@gmail.com

con la división social del trabajo y la creciente individualización que permite la complejización de la estructura social. La evolución del autocontrol individual, de los monopolios fiscales y de la violencia legítima por parte del Estado conforman el marco de referencia ineludible para comprender la organización de las sociedades modernas y la constitución reflexiva de los sujetos, como propone uno de los ejes de estudio de este libro.

La centralidad del poder en la teoría social se vincula con la necesidad fundacional de dar cuenta de la constitución del orden social en entramados sociales que, paulatinamente, se complejizan. Para Hobbes, el poder "es quien puede introducir orden" (Marina, 2008: 23). La internalización de normas se convierte así en el fundamento último del orden social que "no sólo es compatible con la violencia y el conflicto; lo es también con el cambio social" (Jessop, 1982: 24). Además, la internalización de normas permite "suscitar en otra persona, como decisión propia, aquello que nosotros sabemos que es decisión nuestra" (Marina, 2008: 35). Es posible establecer entonces cierto marco compartido de certezas a partir de regularidades de las interacciones comunes que permiten un abordaje científico del mundo social.

A través de estas vinculaciones se da cuenta de la interdependencia entre la biografía de los actores y la historia de la sociedad, que supone límites y potencialidades. Estas transformaciones que integran el "orden" permiten reconocer un concepto que "tiene muchas formas: la riqueza, los armamentos, la autoridad civil, la influencia en la opinión" (Russell, 2013: 12-13). Además, su efectividad aumenta con la mediación del aparato administrativo, destacando la importancia del saber especializado, la organización, la técnica y la calculabilidad que son propias de las estructuras administrativas modernas.

Las biografías y la historia en la que se inscriben permiten un vínculo mediado por el poder, donde los actores tienen la capacidad de actualizar pero también de resignificar los elementos culturales disponibles. El poder es un vínculo dinámico que puede mutar y posee importantes elementos simbólicos. Este dinamismo y sus múltiples significados convierten también a las estructuras administrativas en mediadoras entre los diversos componentes del entramado de "múltiples redes socioespaciales de poder que se superponen y se intersectan" (Mann, 1991: 14). Los aspectos simbólicos del poder convierten a la cultura en "categorías mentales, formas de conocimiento y valores con los que vivir, aprendidos o creados, es comprensible únicamente en su uso por las personas y en relación con otras personas" (Carrithers, 2010: 56). La cultura es, por otra parte, una relación social que moldea y potencia los vínculos intersubjetivos generando interdependencias, que se registran también en el territorio y en la construcción social de los espacios regionales.

El poder, además de ser una práctica, también se convierte en una capacidad, que no tiene por qué implementarse. Estos vínculos pueden ser pensados como capacidades transformadoras de nuestro entramado de interacciones pero también como aspectos no problemáticos de la realidad, los cuales solo lo serán "hasta nuevo aviso, es decir, hasta que su continuidad es interrumpida por la aparición de un problema" (Berger y Luckmann, 2008: 40). El dinamismo del poder lo enmarca entre limitaciones y potencialidades que nunca pueden eliminarse por completo porque son constitutivas de él mismo. Surge una tipicidad en este tipo de vínculos, que no excluyen el conflicto sino que, por el contrario, conforman este conjunto de interacciones.

La capacidad constituyente del poder lo convierte en parte de procesos que son, a la vez, individuales y sociales. La interdependencia entre biografía e historia se combina con "los impulsos de la creciente centralización del poder" (Elias, 1996: 10) que resultan en individuos reflexivos y relaciones de escala planetaria. Surge una multiplicidad de entramados sociales que delinean la variabilidad de las relaciones de poder vinculando al pasado con el presente mientras se moldean expectativas futuras. Es lo que Norbert Elias caracteriza como configuración, es decir, "ese tejido concreto que toman las diversas interdependencias humanas" (Romero Moñivas, 2013: 178). Es un modelo cambiante en el cual los individuos, como si fueran jugadores, con sus acciones y entendimiento, actúan como parte de un tejido de tensiones interdependientes. La configuración influye en los individuos y sus acciones, destacando la importancia de la socialización y la interdependencia como fundamento del orden social.

La propuesta figuracional de Elias destaca la importancia del "marco de referencia" que organiza a las sociedades modernas y moldea las interacciones de sus miembros. El dinamismo de los vínculos supone un grado omnipresente de incertidumbre, que puede ser minimizado pero nunca eliminado (Blacha, 2013). Es parte de las interrelaciones del mundo social entendido como "configuraciones de hombres interdependientes" (Elias y Dunning, 1996: 31). La delimitación social de las conductas individuales se desarrolla al mismo tiempo que se establecen las estructuras administrativas con alcance nacional, que conducen al monopolio de la violencia legítima, y se enmarca en el proceso civilizatorio.

Este proceso se refiere a los cambios sociales generales que comprenden

> una ola secular de integración progresiva, un proceso de construcción del Estado, con el proceso complementario de una diferenciación también progresiva, es un cambio de composición que, considerado a largo plazo, en su ir y venir, en sus movimientos progresivos y regresivos, mantiene siempre una única dirección a lo largo de muchas generaciones (Elias, 1997: 12).

La internalización de las normas sociales que conlleva la civilización da cuenta no solo de la mediación que suponen las relaciones de poder entre un individuo aislado y el resto de su entorno social, sino también la influencia de la cultura en la consolidación de las propias necesidades subjetivas. Estas transformaciones tienen una dirección determinada e identificable que subraya la dependencia mutua entre los actores y la sociedad, la cual es abordada por la sociología figuracional a través de dos herramientas analíticas: la sociogénesis, que se focaliza en la escala social de las transformaciones, y la psicogénesis, que se refiere a una perspectiva individual.

El autocontrol de las coacciones resulta el fundamento último de las implicancias sociales del poder, que transforma a la psicogénesis en un fenómeno "perceptible a escala colectiva" (Elias, 1997: 13). El control del individuo se mantiene mediante coacciones permanentes y pacíficas, en función del dinero y el prestigio social. La educación forma parte de este proceso que separa las conductas de jóvenes e infantes de aquellas que caracterizan a los adultos. El poder no solo es una relación social sino que cobra la forma de una socialización constante donde conviven certezas e incertidumbres. Se internaliza el control social exterior y, por lo tanto, se hace "obvio", "natural" y se manifiesta, por ejemplo, en las desigualdades y desequilibrios regionales del territorio.

La sociogénesis consiste –como se expuso– en "un proceso en el que las sociedades van pacificándose" (Elias, 1997: 126) mientras que se refuerza el control social. El monopolio y la centralización de la violencia física legítima reducen los peligros de muerte que "se han hecho más previsibles, y en esa misma medida se ha atemperado la necesidad de poderes protectores sobrenaturales" (Elias, 2009: 28). Las certezas de una sociedad más pacífica vuelven más inciertas las posibilidades de una muerte violenta en individuos socializados. El Estado también intenta paulatinamente delimitar su ámbito de acción y conforma su existencia "allí donde agentes especializados en esa conservación, como la política y los tribunales, se han separado del resto de la vida social" (Gellner, 1994: 17).

También Michel Foucault da cuenta de la interdependencia entre la consolidación de las estructuras centralizadas del Estado y la constitución del sujeto moderno. La naturalización de este vínculo lleva al autor a un abordaje multidisciplinar para lograr indagar "¿cómo ha sido posible lo que es?" (Castro, 2014: 18). Sus aportes "operaron a mitad de camino entre el campo intelectual y el político" (Canavese, 2015: 21). Los Estados-Nación "se desarrollaron y cambiaron a medida que interiorizaban las diferentes racionalidades parciales y contestadas del capitalismo, el militarismo y la representatividad" (Mann, 1997: 125). Las prácticas políticas, en especial a través de las políticas públicas, adquieren destacada importancia en la delimitación y significación del sujeto moderno: el ciudadano.

El filósofo francés identifica una lógica característica inherente a estas prácticas estatales que resultan en la consolidación de un biopoder disciplinar. No puede interpretarse la internalización de las normas sociales sin tener en cuenta la regulación disciplinar de las conductas y de las necesidades individuales. Además, con la consolidación del aparato estatal, se politizan las características biológicas de los actores y se conforma una "economía" característica de las estructuras administrativas centralizadas del Estado. Los ámbitos de socialización y los espacios edilicios potencian el alcance de estas prácticas.

El biopoder debe ser entendido entonces como

> el conjunto de mecanismos por medio de los cuales aquello que, en la especie humana, constituye sus rasgos biológicos fundamentales podrá ser parte de una política, una estrategia política, una estrategia general de poder; en otras palabras, cómo, a partir del siglo XVIII, la sociedad, las sociedades occidentales modernas, tomaron en cuenta el hecho biológico fundamental de que el hombre constituye una especie humana (Foucault, 2007: 15).

Es un poder sobre la vida que se fundamenta en las disciplinas del cuerpo y en los reguladores poblacionales. Una tecnología que individualiza al sujeto mientras lo inserta dentro de la especie humana como colectivo global. La diversidad caracteriza a la disciplina como un medio para la "individualización de las multiplicidades" (Foucault, 2007: 28), no un "afuera" porque todos los individuos y todos sus aspectos deben ser clasificados. En esta individualización hay una reflexividad inherente tanto en los sujetos como en las instituciones y prácticas individualizantes, que se registran en este libro en un espacio marginal, con actores marginales como los del Noreste Argentino (NEA).

El recorrido histórico de estas prácticas que tienen como objeto la "vida" se inician para Michel Foucault en el siglo XVIII, cuando se entiende al cuerpo humano como una máquina que puede ser abordada/intervenida a través de prácticas disciplinares. El cuerpo debe ser educado, debe aumentar sus capacidades para ser más útil pero también más dócil. Es la anatomopolítica del cuerpo humano que vincula características biológicas con procesos económicos que tienen consecuencias políticas. El cuerpo se convierte así en una preocupación política vinculada con la productividad que se aborda a través de pequeñas secciones que pueden ser fácilmente controladas, reglamentadas y reguladas. A estos asuntos hace referencia precisamente la disciplina, el desgranamiento de un proceso amplio en secciones minúsculas.

La primera condición para la disciplina es reconocer que hay diversidad porque su característica primordial es precisamente individualizar dentro de la multiplicidad. La disciplina normaliza, "analiza, descompone a los individuos, los lugares, los tiempos, los gestos, los actos, las operaciones. Los descompone en elementos que son suficientes para percibirlos, por un lado, y modificarlos, por otro" (Foucault, 2007: 75). De hecho, esta transformación solo es posible mediante la clasificación minuciosa, como se pretende abordar en cada capítulo de este libro.

> La internalización de las normas sociales da cuenta que el poder
>
> no es algo que se subordina a la reproducción de los modos de producción, ni que el poder solo produce en el dominio del conocimiento efectos ideológicos, su afirmación de que la fórmula "tener el poder" no sirve para los análisis históricos aunque sea sutil, a veces, en política, abre el camino para otro tipo de formulación (Abraham, 2014: 98-99).

El poder adquiere un sentido práctico porque debe ser realizado, actualizado y, en parte, resistido por los actores sociales. En estas prácticas hay también implicancias ocultas que configuran el vínculo del poder con el saber y fundamentan su carácter omnipresente, que es ponderado por la posibilidad de resistirse a él. A su vez, los límites del biopoder son tan amplios que puede incorporar tendencias contrapuestas, como las que se registran en los Territorios Nacionales nordestitos del país.

A su vez, este conjunto de prácticas resulta

> un elemento indispensable en el desarrollo del capitalismo; este no pudo afirmarse sino al precio de la inserción controlada de los cuerpos en el aparato de producción y mediante un ajuste de los fenómenos de población a los procesos económicos (Foucault, 1999: 170).

El surgimiento del capitalismo supone una resignificación de las "funciones" del poder que "ya no apunta a reprimir sino a controlar y regular la vida y los movimientos de las poblaciones" (Traverso, 2012: 217). Surgen entonces, un conjunto de políticas públicas interdependientes que Foucault identifica con la gubernamentalidad, es decir, "el poder que se ejerce sobre la población concebida como un conjunto de procesos vitales, el poder que actúa como una técnica de regulación de los intercambios metabólicos entre el Estado y la sociedad" (Traverso, 2012: 218).

Como sistema productivo, como valor que se valoriza, "el capital establece las condiciones de su propia existencia" (Osorio, 2012: 31).

Para moldear, guiar e implementar estas prácticas surge una "economía" que Foucault identifica con las políticas públicas para dar cuenta de un proceso de gubernamentalidad que se complejiza de forma paulatina. La política de la vida de los siglos XVIII y XIX, con sus tasas de natalidad, mortalidad, de enfermedades, de control de los alimentos y de los residuos, deviene en una preocupación por la "calidad" de la población durante el siglo XX. La creciente minuciosidad de estas preocupaciones estatales es posible a través de la complejización de su estructura y de una división social del trabajo más específica que genera mayor interdependencia. La gubernamentalidad "se ocupa de nuestra capacidad, cada día mayor, de controlar, administrar, modificar, redefinir y modular las propias capacidades vitales de los seres humanos en cuanto criaturas vivas. Es, como sugiero, una política de *la vida en sí*" (Rose, 2012: 25). La estadística, como ciencia del Estado, es la encargada de recabar la información que se convierte en insumo indispensable y fundamento de las políticas públicas. No siempre esa información puede rastrearse y guardar registro de ella si se trata de territorios postergados y sin una burguesía sólidamente establecida.

La estadística permite interpretar a los actores de un entramado social para que la gubernamentalidad los constituya en ciudadanos a través de políticas estatales. El poder se convierte en biopoder, y los ámbitos de socialización y la diagramación de las estructuras edilicias donde estas se llevan a cabo reflejan el carácter social del poder y conforman parte del fundamento del orden social imperante. El Estado utiliza métodos directos e indirectos para dar cuenta y acelerar la complejización del entramado social que es condición indispensable para el surgimiento del sistema capitalista porque permite el control de los cuerpos individuales en el sistema productivo. Surge la población entendida como un amplio conjunto de individuos que es identificable y mensurable a través de un espacio y tiempo delimitados. El poder depende del saber para ampliar su alcance y potenciar sus vínculos, de ahí, las diferencias regionales y sociales, muy visibles en el "mundo" rural. Además, el abordaje foucaultiano del poder también se relaciona con la delimitación de espacios territoriales a través de la consolidación de los Estados-Nación. El carácter omnipotente que Foucault atribuye al biopoder estatal se fundamenta en mediciones regulares y controles constantes de las acciones individuales. Estas prácticas adquieren mayor efectividad cuando se invisibilizan e internalizan dichos controles. El poder debe "enmascarar una parte importante de sí mismo. Su éxito está en proporción directa con lo que logra esconder de sus mecanismos" (Foucault, 1999: 105). Este carácter oculto que destaca Foucault también promueve las resistencias al poder como parte constitutiva de este vínculo múltiple. La omnipresencia del poder es posible a costa de cierto ocultamiento porque "el poder está en todas partes; no es que lo engloble todo, sino que viene de todas partes" (Foucault, 1999: 113).

El poder debe combinar la disciplina con procesos de escala nacional que vayan más allá de los cuerpos. Surge entonces la "seguridad" que se extiende por el territorio y complementa la idea arquitectónica de este tipo de vínculos que destaca Foucault. Mientras la disciplina restringe, la seguridad permite hacer, lo cual da cuenta de la interdependencia entre límites y libertad que promueve la modernidad. La seguridad, tiene ese carácter, es decir, puedo actuar "libremente" porque tengo la seguridad de "que los otros actores han internalizado correctamente las normas sociales".

2. Estado y ciudadanía

El estudio de las estructuras administrativas permite vincular la organización social con las relaciones de poder. El Estado adquiere un papel destacado en la vida de los ciudadanos y ayuda a definir a una "población", aun cuando los Territorios Nacionales tengan una ciudadanía restringida hasta la mitad del siglo XX. A través de la burocracia, el poder amplía su alcance y su efectividad, conjugando el saber especializado, la organización, la técnica y la calculabilidad que caracterizan a las burocracias modernas y al *ethos* que rige el desempeño de sus funcionarios. El conocimiento que encierra la estructura administrativa es parte de la asimetría propia de los vínculos entre gobernantes y gobernados. Con las prácticas gubernamentales el conocimiento amplía sus fronteras y sus áreas de intervención se incrementan.

La burocracia moderna se convierte en un marco de referencia para las interacciones sociales porque guía la socialización que fundamenta el orden a través de la internalización de normas y pautas de comportamiento (Zabludovsky Kuper, 2007). Su consolidación debe ser entendida como un proceso que puede definirse como "el medio específico para transformar un *accionar de comunidad* en un *accionar social* ordenado racionalmente" (VV. AA., 1991: 43). Las prácticas administrativas del Estado moderno promueven un *ethos* característico en los funcionarios que se fundamenta en la selección originada en títulos académicos y capacitaciones específicas (Du Gay, 2012). El carácter práctico del poder circula en estos ámbitos administrativos estatales y amplía la importancia de esta institución en el entramado de relaciones sociales, donde el propio Estado interactúa con múltiples grupos que compiten por legitimar su autoridad (Migdal, 2011: 34).

A su vez, hay que dar cuenta de los procesos históricos que encierran las instituciones para poder interpretarlas e interpelarlas (Berger y Luckmann, 2008: 74). En este sentido, hay que destacar que "el proceso dominio de clases no constituye un componente exterior al Estado, un algo que se le agrega o que podría estar ausente" (Osorio, 2012: 35). El rol estatal adquiere, entonces, una importancia central porque gestiona la producción y reproducción de la vida, tal como destaca Michel Foucault a través de la interdependencia entre gubernamentalidad y biopoder. Por este motivo hay que vincular la constitución del *ethos* característico de las prácticas administrativas con la construcción de ciudadanos desde las políticas públicas. La burocracia contextualiza las relaciones de poder pero también es un marco de referencia ineludible para interpretar el surgimiento del capitalismo como modo de producción. Las comisiones de fomento, juzgados de paz y organizaciones sociales locales se destacan en los Territorios Nacionales que aquí se estudian. Estas estructuras conforman lo que Elias define como "configuración". Una institucionalización que "es necesaria para alcanzar objetivos colectivos rutinarios, y así el poder distributivo, es decir, la estratificación social, se convierte también en una característica institucionalizada de la vida social" (Mann, 1991: 22).

La interdependencia de la internalización de las normas sociales, la mayor preponderancia de las estructuras administrativas y la creciente diferenciación social son formas para abordar la complejización del entramado de referencia. La mayor especialización de los ámbitos estatales refleja la división social del trabajo pero también la delimitación espacial y temporal de los contextos de interacción. El biopoder disciplinar que identifica Foucault en la constitución de ciudadanos también podría extender sus implicancias al ámbito territorial al identificar y demarcar una naturaleza como característica de la nación, que se analiza en los capítulos de este libro.

Las estructuras administrativas también son ámbitos de socialización, que aumentan la intercambiabilidad e interdependencia de los miembros de la clase gobernante y potencian el alcance de sus decisiones. Estas interacciones delimitan un *ethos* burocrático que configura un conjunto de prácticas y responsabilidades que caracterizan a los funcionarios y su accionar. Desde una interpretación reciente de la teoría weberiana del Estado, Paul DuGay sostiene que este *ethos* es fundamental para la consolidación de la democracia. La socialización continua y prolongada en ciertos ámbitos es parte del fundamento de la asimetría en las relaciones de poder que favorece a los sectores gobernantes. El Estado se convierte en "a la vez una entidad jurídica que garantiza los derechos y responsabilidades inscriptos en la Constitución y un conjunto de burocracias que respaldan el ejercicio de esa soberanía" (Heredia, 2015: 228). Estas garantías se vinculan con las prácticas políticas de las democracias de masas. La importancia de las instituciones públicas para promover la democracia está fundamentada en las "conversaciones generales que atraviesan las barreras de clase. La vida cívica requiere lugares en los que las personas se encuentren como iguales, sin tener en cuenta la raza, la clase o el origen nacional" (Lasch, 1996: 105).

Esta centralidad del Estado en la vida pública y política de sociedades complejas como las contemporáneas –y como se registra en la Argentina desde 1930– supone un recorrido histórico y se asocia con la civilidad y la gubernamentalidad. En este sentido, puede afirmarse que

> de resultar completamente insignificantes, los Estados fueron de gran importancia en las vidas de los individuos a través de los recaudadores de impuestos y de los sargentos de reclutamiento. Despertaron a los individuos de su indiferencia histórica y política para exigir derechos representativos (Mann, 2006: 44).

Las implicancias de las decisiones políticas adquieren dimensiones inéditas con el inicio de la Modernidad. Las coacciones se transforman en autocoacciones, mientras se consolidan las estructuras administrativas del Estado-nación y el sujeto moderno. Son cambios que conforman los procesos de psico-sociogénesis, pero también el biopoder y los *habitus*. El Estado también puede ser abordado como una "dinámica centrípeta que atrae y hace resonar en su centro una multiplicidad de fuerzas externas" (Abélès y Badaró, 2015: 35). Esta idea de caja de resonancia, acuñada por Giles Deleuze y Félix Guattari, da cuenta de la apropiación de fuerzas externas que realizan los Estados para construir su propio poder. Muestra el carácter social del poder, porque las instituciones se apropian de vínculos, de interacciones, que una vez incorporados dentro de sus estructuras son organizados jerárquicamente, y son incluidos como parte del orden social. Esta resonancia del Estado "concentra y fija el poder en un territorio sobre el cual reclama soberanía" (Abélès y Badaró, 2015: 36). Esta apropiación nunca es definitiva y los antiguos poseedores pueden reclamarle al Estado. Es un abordaje que inserta el accionar estatal en un contexto amplio de interacciones, en el cual la sociedad es un entramado de vínculos que los actores actualizan de forma reflexiva.

No se puede pensar la consolidación de Estados sin la respectiva constitución de los actores que se identifican con los ciudadanos. Es un vínculo donde las políticas públicas delimitan la internalización de normas, pero también los individuos adquieren características reflexivas que les permiten resignificar elementos culturales en las distintas actualizaciones de sus nexos. La alfabetización es un área destacada de las políticas públicas porque permite intensificar los vínculos entre gobernantes y gobernados (Anderson, 2011: 119). El contexto de interacción se complejiza, pues la "diversificación de los papeles socioeconómicos y la simultánea estandarización de la experiencia educacional lejos de estar en desarmonía se ajustan perfectamente entre sí" (Gellner, 2003: 113). Los ciudadanos se vuelven más especialistas de sus respectivas áreas y, a la vez, más dependientes entre sí. Interdependencia e individualización se vinculan con intensidad como característica de estas transformaciones del entramado social, que se registran de modo singular en el Nordeste de la Argentina. La interdependencia entre Estado y ciudadanos se complejiza en configuraciones donde la ciudadanía se encuentra limitada o tutelada, tal como ocurre con el caso de los Territorios Nacionales. El biopoder y las políticas públicas resignifican su alcance, cuando la voz de los ciudadanos que efectivamente viven en estos ámbitos se encuentra atenuada a través de un laberinto institucional.

La consolidación del Estado argentino es un proceso que, de forma gradual, implementa políticas públicas, donde el biopoder disciplinar constituye ciudadanos a través de prácticas y lógicas concretas de gobierno. Los espacios geográficos se convierten en sociales porque son medidos y delimitados a través de las herramientas técnicas que vinculan el saber con el poder. Estos son parte de la arquitectura de los vínculos de poder que definen un orden social sobre los que teoriza Michel Foucault con el abordaje de las estructuras nacionales. Es un biopoder que "invade la sociedad y penetra el tejido de la vida misma" (Traverso, 2012: 216-7), y así se transforma en un mecanismo que gestiona la vida –humana pero también animal y medioambiental– mediante prácticas administrativas impersonales que posibilitan el crecimiento y la consolidación del capitalismo tal como se expresa en las prácticas estatales descriptas.

Es una "política económica del gobierno" (Traverso, 2012: 217), como la racionalidad propia del arte de gobernar, que regula a la población y controla disciplinariamente a los individuos y, muchas veces, también los constituye y moldea. El poder, como relación social, modifica tanto el espacio de interacción como el ecosistema, en donde se insertan las relaciones, también sociales, de producción. Sus consecuencias son económicas pero al mismo tiempo sociales, políticas y hasta biológicas en el medioambiente donde se desarrolla el sistema productivo. El Estado "no es nada más que el efecto móvil de un régimen de gubernamentalidades múltiples" (Foucault, 2012: 96). Se destacan las implicancias e influencias sociales de una estructura administrativa que forma parte del entramado de interacciones que constituye la sociedad. Las acciones estatales también compiten con otras instituciones, tal como destaca Joel Migdal al subrayar el carácter interdependiente de las políticas estatales (Migdal, 2011). El alcance nacional y la perspectiva local son interpretadas como ámbitos interdependientes donde el Estado adquiere diversos roles, a través del desempeño de sus funcionarios, como se explica en los capítulos siguientes.

La delimitación territorial permite destacar la diversidad que origina una disciplina que "reglamenta todo" (Foucault, 2007: 67). La multiplicidad, abarcada por la disciplina, delimita los vínculos de poder mientras individualiza sujetos a los que convertirá en ciudadanos. El territorio, por su parte, es el contexto de interacción de los ciudadanos, y se destaca que la disciplina "implica una distribución espacial" (Foucault, 2007: 28) y funciona "aislando un espacio, determinando un segmento" (Foucault, 2007: 66). El Estado-nación se encarga de estas clasificaciones, por ser quien "analiza, descompone a los individuos, los lugares, los tiempos, los gestos, los actos, las operaciones. Los descompone en elementos que son suficientes para percibirlos, por un lado, y modificarlos, por otro" (Foucault, 2007: 75).

Desde la temprana conformación del Estado nacional en 1880, la Ley 1532 de 1884 sostiene que los Territorios Nacionales serán administrados por gobernadores designados por el Poder Ejecutivo Nacional, con acuerdo del Senado de la Nación (Ruffini y Blacha, 2012). Son políticas públicas que intentan implementar la seguridad, en el sentido foucaultiano, para hacer posible la vida social, económica y política en estos espacios geográficos aquí estudiados, en un contexto delimitado con ciudadanos que son, igualmente, limitados. Estos gobernadores duraban tres años en el cargo, podían ser reelectos y dependían directamente del Ministerio del Interior. El gobernador designaba a su secretario, que lo reemplazaba en caso de ausencia, y nombraba al jefe de Policía y funcionarios de menor jerarquía. Estos nombramientos debilitan la carrera administrativa en la estructura burocrática, y retrasan la consolidación de un *ethos* profesional porque esciden las prácticas administrativas de las interacciones políticas democráticas (Du Gay, 2012).

En los Territorios Nacionales se combina una organización política limitada y la desigualdad económica de la periferia respecto del predominante modelo agroexportador; con una heterogeneidad de la cual el Estado no puede dar cuenta en forma plena. Es una respuesta transitoria de un Estado que está organizándose pero cuya implementación se extiende por más de setenta años. El vínculo entre las estructuras administrativas y la constitución de ciudadanos se complejiza al tener que vincularse con actores que no son ciudadanos plenos, sino tutelados. Las funciones estatales deben competir y dialogar con otras instituciones no gubernamentales para dar cuenta de la diversidad que origina la disciplina. Esta ciudadanía limitada implica procesos de gubernamentalidad específicos, en relación con los espacios políticos que sí constituyen las provincias (Blacha y Rodríguez, 2013). La disciplina omnipresente y los dispositivos de seguridad que resultan en la caracterización del cambio social como fuente de libertad actúan coordinadamente.

El rol tutelar del Estado debe combinarse con sus características que lo convierten en fundamento de la consolidación de un sistema de producción capitalista que asegura "el mantenimiento de las relaciones de producción" (Foucault, 1999: 170-1). Estas características especiales del poder se convierten en territoriales. No solo porque inciden en un ecosistema, en el cual ponderan ciertas especies animales y vegetales en detrimento de otras, sino porque se convierten en insumos para la producción de conocimiento estatal que delineará políticas públicas. A través de los Territorios Nacionales se intenta incorporar nuevas tierras para promover la expansión del modo de acumulación capitalista basado en el modelo agroexportador. En la medida que los sectores dominantes activaran la inserción del país en el mercado mundial se haría indispensable, por razones de seguridad jurídica y desarrollo económico, afianzar la economía estatal sobre la totalidad del espacio argentino. Determinar las tierras nacionales, deslindarlas claramente de las provincias constituía entonces un imperativo para el liberalismo triunfante (Ruffini, 2007).

3. La potencialidad naturalizadora del poder

El poder además de brindar un carácter constitutivo de los ciudadanos, que es posible por la interdependencia que establece con las estructuras administrativas, tiene una faceta naturalizadora. La internalización de normas sociales y el establecimiento de prácticas que se extienden con regularidad en un tiempo y un espacio lleva a que los actores tengan un amplio conocimiento de su contexto de interacción, que permite la división social del trabajo y la complejización de las interacciones sociales.

La internalización de normas sociales presenta un dominio del capital simbólico y de la capacidad de resignificar los elementos culturales, tal como desarrolla la sociología de la cultura de Pierre Bourdieu. El poder adquiere un carácter potencial que multiplica sus implicancias, promoviendo ciertas prácticas "correctas" y cuestionando otras. Esta imbricación del poder en la cultura da cuenta de cierto carácter patrimonial del poder: "en la inteligencia, en el pensamiento, se halla la historia de toda la especie, y se halla, permítaseme decir también, toda la sociedad" (Adorno, 2006: 30). La extensión espacial, pero, especialmente, temporal de estas prácticas tipificadas resultan en la consolidación de *habitus*. Estos deben ser entendidos como una estructura estructurante que determina aquello que un individuo puede hacer. Los *habitus* son "sistemas de disposiciones duraderas y transferibles, estructuras estructuradas predispuestas a funcionar como estructuras estructurantes" (Bourdieu, 2007: 86). El actor puede economizar el cálculo y la reflexión a través del uso de esquemas de clasificación y de percepción que se vinculan con el orden social imperante. También destaca cierto grado de libertad de acción que se relaciona con el carácter actualizable del poder en las interacciones sociales. El orden social se complejiza al tener en cuenta aspectos materiales y simbólicos. El capital cultural adquiere una importancia destacada como fundamento de un orden social determinado a través de las distintas esferas sociales, a las que define como "campos".

La propuesta de Bourdieu supone una redefinición del fundamento de las relaciones de poder que pasa de una legitimidad a la "naturalización" de las prácticas sociales que conforman los *habitus*. El *habitus* relaciona las instituciones, la sociedad y el individuo como partes constitutivas del mundo social. Su carácter actualizable y naturalizable se vincula con la potencialidad del poder que explica los alcances del fundamento del orden social. También permite ponderar los conocimientos prácticos que los individuos utilizan en cada una de sus acciones con implicancias sociales. La efectividad del poder se incrementa cuando "es para nosotros un hecho natural" (De Jouvenel, 1974: 22). Este conocimiento complementa, pero también compite con aquel que producen las estructuras administrativas. La interdependencia individuos e instituciones vuelve a presentarse, porque la diferenciación que resulta de la complejización del entramado social sostiene y promueve el desarrollo de distintos *habitus*, en tanto que "el mundo social moderno se descompone en una multitud de microcosmos, los campos" (Chauviré y Fontaine, 2008: 14).

Los campos son ámbitos estructurados de posiciones "que pueden ser analizadas independientemente de las características de sus ocupantes (en parte determinadas por ellas)" (Chauviré y Fontaine, 2008: 14). Cada campo tiene un tipo de capital específico que es en parte material, en parte simbólico y cuya posición determina la jerarquía dentro del ámbito de interacción de referencia. El sociólogo francés destaca que los campos no son estructuras fijas, sino el resultado de los procesos que conforman la historia de ese ámbito y se vinculan con un poder poliformo que complejiza las implicancias del biopoder. En la sociología bourdiana, los campos resultan la faceta externa de los *habitus*, los internalizados.

El poder "existe físicamente, objetivamente, pero también simbólicamente" (Gutiérrez, 2011: 10). Es un proceso donde las prácticas actualizan sus fundamentos. A través de los *habitus* se asegura la reproducción del orden social, y así se establecen continuidades –y la consiguiente posibilidad de rupturas– entre distintos momentos de un continuo histórico socialmente constituido. Se genera una situación donde "la libertad condicionada y condicional que él asegura está tan alejada de una creación de novedad imprevisible como de una simple reproducción mecánica de los condicionamientos iniciales" (Bourdieu, 2007: 90). Además, Bourdieu insiste en las estrategias utilizadas por los diferentes grupos sociales para extender en el tiempo su posición privilegiada dentro del campus.

Las propiedades actualizables y reproducibles del poder potencian la diferenciación social que promueve el carácter "transferible" del *habitus* (Bourdieu, 2013). Las prácticas de los actores se convierten en estrategias al ser interpeladas desde un abordaje intergeneracional. La socialización no solo refuerza el orden social, también permite destacar su importancia para extenderlo en el tiempo. Este conjunto de interacciones sociales están "colectivamente orquestadas sin ser el producto de la acción organizadora de un director de orquesta" (Bourdieu, 2007: 86). La extensión temporal del *habitus* combina limitaciones con potencialidades y permite registrar la efectividad de las políticas públicas y de las transformaciones que intentan introducir los actores. El carácter práctico del *habitus* se fundamenta en el conocimiento que los actores tienen del mundo social. Su carácter reproductivo coexiste con su capacidad para "producir prácticas en número infinito, y relativamente imprevisibles (como las correspondientes situaciones), pero limitadas no obstante en su diversidad" (Bourdieu, 2007: 90). El contexto de interacción adquiere la flexibilidad que Elias identifica con la configuración que es posible por los elementos culturales compartidos. El *habitus* como conjunto de esquemas de percepción, socialmente diferenciados, también supone una internalización selectiva de las normas que fundamentan el orden social y hace posible predecir ciertas interacciones. Los *habitus* también utilizan como insumo aquellos conocimientos que producen las estructuras administrativas y, a su vez, estas deben tenerlos en cuenta en las actualizaciones que suponen las interacciones sociales. Hay un vínculo interdependiente en las interacciones sociales del que dan cuenta tanto los campos como los *habitus*.

La extensión temporal de los *habitus* fundamenta la naturalización de las prácticas sociales, y complejiza el orden social que además de legítimo deberá ser concebido como "natural". Las capacidades transformadoras de las prácticas gubernamentales amplían sus límites pero también se multiplican las distintas facetas sociales involucradas en su consecución. La indeterminabilidad resulta una característica ineludible de las interacciones sociales y donde el poder delimita los resultados posibles. A su vez, la naturalización del poder hace referencia a su carácter actualizable, y lo vincula con la potencialidad del poder que explica los alcances del fundamento del orden social. Esta naturalización que delinea la configuración permite la apropiación reflexiva de interacciones.

La reflexividad se fundamenta en la internalización de normas sociales que guía las formas en que los hombres interpretan el mundo. La capacidad reflexiva del sujeto moderno es parte constitutiva de los vínculos de poder. La reflexividad es el acto por el cual los hombres son conscientes de que piensan sus acciones, lo que les permite adaptarse más rápidamente al contexto que les toca vivir. Pueden modificar sus acciones mientras las llevan a cabo y, en el largo plazo, pueden incorporar pensamientos anteriores sobre acciones similares del pasado. El poder continúa guiando la acción modificada a través de la mediación que supone la cultura y, de hecho, posibilita esa "desviación".

El conocimiento de los actores incluye prácticas reflexivas, que permiten una monitorización subjetiva permanente. Entonces las actividades pueden ser modificadas al mismo tiempo que se realizan. Las realidades locales y las globales se influencian de forma recíproca sin excluir la posibilidad de que se generen cambios en el entramado social. Es un abordaje que también permite consignar la importancia de las instituciones sociales en el fundamento del orden social. Un orden que se fundamenta en prácticas porque para la teoría de la estructuración, "lo habitual es que el peso de la reproducción sea mayor que el de la producción de la vida social" (Belvedere, 1999: 24).

Si el biopoder se fundamenta en la diversidad que encauza pero también origina la disciplina, las capacidades reflexivas permiten aunar las interacciones locales con las globales. La ampliación de los límites geográficos, temporales y subjetivos, reflejan la creciente capacidad de los actores para transformar un entramado social que se ha internalizado. La potencialidad del poder se amplía cuando las normas sociales se naturalizan y los actores comienzan a pensar "sociológica" y reflexivamente. Es parte de la "doble hermenéutica" que caracteriza el vínculo de la teoría social con su objeto de estudio (Giddens, 1997). La reflexividad como un sentido práctico se consolida en *habitus* y entonces los vínculos de poder son potencialidades que delimitan las interacciones, como se registra a lo largo de las páginas de este libro. La reflexividad también permite a los actores adaptar sus prácticas para incorporar las consecuencias no buscadas de la acción que también modifican el entramado de interacción. Giddens promueve unas estructuras que se constituyen en prácticas y que también están internalizadas en los propios actores. La reflexividad supone "un rasgo permanente de una acción cotidiana, que toma en cuenta la conducta del individuo, pero también la de otros" (Giddens, 1998: 43). El actor espera de sus semejantes una actitud similiar y de esta forma se consolida una fiabilidad que permite consolidar pautas compartidas, mientras dan cuenta de la internalización de normas sociales y de la capacidad de los actores para interpretarlas y actualizarlas. Un conjunto de prácticas que una ciudadanía limitada, como la que hay en los Territorios Nacionales, no pareciera registrar. Además, el carácter marginal de muchas de estas economías limitaría la capacidad transformadora que tiene la acción para la teoría de la estructuración de Anthony Giddens.

En esta perspectiva la acción se vincula, indefectiblemente, con el poder. El poder caracteriza todas las acciones, no solo los tipos específicos de acción. Los recursos que se utilizan en las acciones (en general) se convierten en medios para el poder. Como algunos de estos recursos están controlados, limitados en los sistemas sociales con cierta continuidad en el tiempo y en el espacio, como sucede con el Estado, producen una relación dialéctica por el control de esos recursos entre los actores sociales involucrados. La explotación forestal indiscriminada en el NEA es una expresión de estas afirmaciones.

La capacidad transformadora de la acción que la dota de poder amplía las fronteras de interacción a través de un proceso de desanclaje que separa el tiempo del espacio. En esta separación se estandarizan y "vacían" sus dimensiones. Se cortan las conexiones entre la actividad social y su "lugar". Al hacerlo se facilita la coordinación, se racionaliza, se hace más productivo el vínculo entre "ausentes" pero también se modifican los ámbitos de co-presencia. Esta estandarización se vuelve tan "natural" que no se cuestiona. El desanclaje es también parte de esta socialización del mundo natural. Es otra forma analítica de dar cuenta de la incidencia transformadora de los vínculos sociales en las interacciones, pero también sobre los ciudadanos y en su contexto medioambiental.

A través del reanclaje se produce la reconfiguración del "lugar", cuando los vínculos planetarios se traducen a escala local. Es la encarnación de la virtualización, de una estandarización que se basa en la confianza y, a su vez, amplía esa confianza a los sistemas expertos. Como hay vínculos entre ausentes, la confianza se hace imprescindible y el nexo entre poder y saber vuelve a estar presente. Además, la confianza moldea nuestras rutinas y nuestra vida cotidiana. No tenemos que ser expertos en todos los ámbitos, sino confiar en el conocimiento técnico para desarrollar nuestra cotidianidad. Las potencialidades del poder se multiplican porque las interacciones sociales modifican su entorno medioambiental, pero, en forma paulatina, se consolida un no lugar "global" que lo abarca todo.

La potencialidad del poder permite dar cuenta del vínculo entre el dinamismo de las interacciones sociales y sus múltiples formas. El poder se convierte en una capacidad, que no supone su ejercicio (Lukes, 2007: XXV). A través de un enfoque radical, Steven Lukes subraya el carácter potencial del poder como una de sus particularidades. Esta idea puede rastrearse hasta el *Tractatus Politicus* de Baruch Spinoza (1632-1677), quien diferencia entre las palabras latinas *potentia* y *potestas*. La primera se refiere al "poder de las cosas en la naturaleza, incluidas las personas, *de existir y actuar*" (Lukes, 2007: 81). Mientras que la *potestas* se utiliza para hablar "de un ser en poder de otro" (Lukes, 2007: 81), es decir, como una capacidad para conseguir una determinada serie de resultados a causa del "poder sobre".

El carácter potencial del poder incluye la posibilidad de que sus participantes "finjan" cierto compromiso e internalización de normas en sus interacciones. Es otro aporte original de Lukes. Además, los gobernantes pueden favorecer al resto del entramado social con sus decisiones. El orden social incluye una combinación entre cierta obediencia "voluntaria" e "involuntaria", pero sin que ambas se excluyan. La capacidad de "fingir" permite que se produzcan cambios en el entramado social que pueden ser orientados por los vínculos de poder, lo cual muestra que los actores pueden resignificar los elementos culturales, como se destaca en los capítulos de este libro. Las políticas públicas deberán tener en cuenta estas características para ampliar su efectividad y, a su vez, el Estado deberá competir con otras instituciones para interpretar e interpelar a los ciudadanos y su contexto territorial de interacción.

La propuesta radical de Lukes conjuga omnipresencia con cierta invisibilidad del poder, que puede no "presentarse" y los gobernantes no "utilizarlo". La capacidad explicativa del poder para presentar la realidad social es mediada a través de la cultura. Lukes señala estos vínculos al reconocer la capacidad transformadora del poder. Además destaca el carácter indeterminado que siempre está latente en las interacciones sociales, lo que posibilita dar cuenta de la condición de "retorno latente" de aquellas conductas que son reprimidas por la cultura para convertirse en acciones sociales. La presencia de lo "excluido" forma parte –al menos como ausencia– del fundamento del poder. Es la capacidad que tienen los individuos para actuar por fuera del marco de certeza que promueve los *habitus*, pero con los elementos que propone y facilita la cultura. La consolidación de prácticas delimita las interacciones sociales pero al mismo tiempo amplía el alcance de ellas. En esta dependencia entre restricciones y potencialidades, el poder adquiere un rol determinante: es medio pero también fin de las interacciones. Esta situación se hace latente cuando los sujetos tienen una ciudadanía limitada y el Estado adquiere un papel abiertamente tutelar. La potencialidad también permite ir más allá del vínculo entre pasado, presente y futuro. Hace posible identificar estrategias pero también reconocer un patrimonio, a través del cual se construye el pasado que delimitará las identidades de los ciudadanos. El vínculo entre patrimonio y disciplina se expresa a través de las implicancias de las políticas públicas. También permite destacar que tanto los ciudadanos como su medioambiente están mediados por la cultura, la política y los modos de producción. Este patrimonio debe entenderse como un proceso donde

> se seleccionaron unos elementos que se consideraron significativos de una determinada interpretación de la historia, se descuidaron otros, y se fue realizando una construcción social del pasado. Los agentes que definen el patrimonio estuvieron, y siguen estando hoy, influidos por las ideas que existen, por los objetivos que tienen y por los intereses de las clases a que pertenecen (Capel, 2014: 7).

Esta construcción del pasado tiene una influencia destacada en la noción de futuro, ya que será insumo para las siguientes resignificaciones de las prácticas precedentes.

En esta resignificación, el territorio "puede considerarse un patrimonio natural y cultural heredado, construido durante siglos por el hombre" (Capel, 2014: 73). Este abordaje de escala europea también es válido para la realidad latinoamericana y para los Territorios Nacionales especialmente. La construcción que supone la tutela estatal en estos ámbitos se sostiene en una selección arbitraria, y en muchos casos por la fuerza, de los distintos pasados allí existentes. Se consolida una ciudadanía abstracta que no protege a sus integrantes sino que resalta sus limitaciones.

4. Reflexiones finales

Las múltiples formas del poder no merman su capacidad explicativa para dar cuenta de las interacciones sociales. En un entramado complejo, se constituyen actores al mismo tiempo que se consolidan las estructuras administrativas. La centralización burocrática es el ámbito que fundamenta la individualización, las libertades, y se vincula, indefectiblemente, con la democracia. No pueden pensarse las democracias de masas sin las estructuras administrativas racionales modernas. El poder también es una tecnología que se perfecciona para dar cuenta del dinamismo del mundo social y de sus "ciudadanos", y así se consolida un orden social complejo.

La civilización figuracional debe ampliarse para dar cuenta de una naturaleza que también ha sido civilizada. En la misma lógica, el biopoder como fundamento del sistema socio-productivo capitalista debe incorporar las transformaciones "biológicas" al medio ambiente. La construcción social del contexto de interacción se expande, y da muestras de un patrimonio de diversidades que es la materia prima de la actual configuración.

La arquitectura del poder, tal como afirma Foucault, se extiende al territorio, promoviendo seguridad a través de la cultura, como símbolo del vínculo entre poder y saber. Este conocimiento genera su propia forma, la estadística, y su lógica gubernamental, así como las políticas públicas. Así, son posibles tanto la interdependencia como la diferenciación social que consolidan un marco de certezas que define el sentido práctico de los actores. Límites y potencialidades se conjugan en la delimitación de interacciones que se fundamentan en la internalización de normas sociales y en la constitución disciplinar de los ciudadanos. El orden social, como proceso dinámico de los vínculos de poder, refleja el carácter polimorfo del poder y su flexibilidad para interpelar transversalmente todo el entramado social.

La capacidad del poder para ocultar implica un olvido de prácticas alternativas y de decisiones pretéritas que surgen como "dadas" al presente. La resignificación de los elementos culturales descubre un futuro "cierto" en un tejido social donde las incertidumbres se hacen presentes. Hay una patrimonialización de ciertas prácticas y un olvido de otras. Es parte de la "naturalización" de interacciones que supera a la legitimación como problema característico del orden. Las normas sociales se internalizan, y se convierten en autocoacciones naturalizadas, que además suponen una socialización de la naturaleza, que se civiliza.

Las múltiples formas del poder lo convierten en una capacidad que se independiza de sus prácticas concretas. Es un vínculo latente y siempre presente que se invisibiliza pero no se ausenta. Puede ser actualizado y resignificado sin perder su asimetría ni su capacidad para interpelar actores e interpretar el entramado social que no excluye del todo la incertidumbre. Las capacidades reflexivas de los actores y las instituciones permiten interpretar pero también interpelar estos vínculos sin minimizar su complejidad. La territorialización del poder forma parte de esta capacidad reflexiva para insertar interacciones "globales" en ámbitos locales. La virtualización del poder se combina con su naturalización en el vínculo que une el desanclaje con el reanclaje. Las ciudadanías limitadas, las resistencias y la constitución parcial de los ciudadanos son características que delimitan el contexto de interacción en los Territorios Nacionales, que se estudian en las páginas siguientes.

El poder se convierte entonces en un "creador de la metáfora origina mundos, influye en nuestra percepción y en nuestra conceptualización de la realidad e impulsa a la acción" (González García, 1998: 16). Esta creación transformadora es reflexiva porque se naturaliza con el devenir de las prácticas y convierte al poder en una "caja de resonancia" donde se ponderan algunas de sus características, mientras se ocultan otra. Es una patrimonialización que selecciona elementos y prácticas culturales para constituir un orden social compartido y habilitante. El conflicto, presente o latente, no se convierte en la contracara de los vínculos de poder sino que los constituye. El poder es, entonces, un elemento fundamental de las democracias de masas, por el vínculo que establece con el conflicto y la diversidad. Estas definiciones e interpretaciones teóricas acerca del poder, el territorio, el patrimonio y sus potencialidades en regiones marginales pretenden convertirse en el sustento de los estudios de caso y valoraciones del heterogéneo "mundo rural", que se analizan en los capítulos siguientes.

Bibliografía

Abélès, Marc y Badaró, Máximo (2015). *Los encantos del poder. Desafíos de la antropología política*. Buenos Aires: Siglo XXI Editores.
Abraham, Tomás (2014). *Los senderos de Foucault*. Buenos Aires: Eudeba.
Adorno, Theodor W. (2006). *Introducción a la sociología*. Barcelona: Editorial Gedisa S.A.
Anderson, Benedict (2011). *Comunidades imaginadas. Reflexiones sobre el origen y la difusión del nacionalismo*. México: FCE.
Berger, Peter L. y Luckmann, Thomas (2008). *La construcción social de la realidad*. Buenos Aires: Amorrortu.
Blacha, Luis (2013). "Certezas e incertidumbres de lo social. Las perspectivas culturalista y figuracional", en *Revista de Ciencias Sociales. Segunda Época*. Bernal: Universidad Nacional de Quilmes.
Blacha, Luis y Rodríguez, Lisandro (2013). "El biopoder en la colonización yerbatera en Misiones (Argentina: 1926-1953)", en *Documentos de Trabajo de la Sociedad Española de Historia Agraria*. Madrid: Sociedad Española de Historia Agraria.

Bourdieu, Pierre (2007). *El sentido práctico*. Buenos Aires: Siglo XXI Argentina.
Bourdieu, Pierre (2013). *La nobleza de Estado. Educación de elite y espíritu de cuerpo*. Buenos Aires: Siglo XXI Editores.
Canavese, Mariana (2015). *Los usos de Foucault en la Argentina: recepción y circulación desde los años cincuenta hasta nuestros días*. Buenos Aires: Siglo XXI Editores.
Capel, Horacio (2014). *El patrimonio: la construcción del pasado y del futuro*. España: Ediciones del Serbal.
Carrithers, Michael (2010). *¿Por qué los humanos tenemos culturas? Una aproximación a la antropología y la diversidad social*. España: Alianza Editorial.
Castro, Edgardo (2014). *Introducción a Foucault*. Buenos Aires: Siglo XXI.
Chauviré, Christiane y Fontaine, Oliver (2008). *El vocabulario de Bourdieu*. Buenos Aires: Atuel.
De Jouvenel, Bertrand (1974). *El poder*. Madrid: Editora Nacional.
Du Gay, Paul (2012). *En elogio de la burocracia. Weber, organización, ética*. Madrid: Siglo XXI España.
Elias, Norbert (1996). *La sociedad cortesana*. México: FCE.
Elias, Norbert (1997). *El proceso de la civilización. Investigaciones sociogenéticas y psicogenéticas*. Colombia: FCE.
Elias, Norbert (2009). *Los alemanes*. Buenos Aires: Nueva Trilce.
Elias, Norbert y Dunning, Eric (1996). *Deporte y ocio en el proceso civilizatorio*. México: FCE.
Foucault, Michel (1999). *Historia de la sexualidad 1: la voluntad de saber*. México: Siglo XXI.
Foucault, Michel (2007). *Seguridad, territorio, población: curso en el Collège de France: 1977-1978*. Buenos Aires: Siglo XXI.
Foucault, Michel (2012). *Nacimiento de la biopolítica. Curso en el Collège de France (1978-1979)*. Buenos Aires: FCE.
Gellner, Ernest (1994). *Naciones y nacionalismo*. Buenos Aires: Alianza Editorial.

Giddens, Anthony (1997). *Modernidad e identidad del yo. El yo y la sociedad en la época contemporánea*. Barcelona: Ediciones Península.

Giddens, Anthony (1998). *La construcción de la sociedad: bases para la teoría de la estructuración*. Buenos Aires: Amorrortu.

González García, José M. (1998). *Metáforas del poder*. Madrid: Alianza Editorial.

Gutiérrez, Alicia (2011). "La tarea y el compromiso del investigador social. Notas sobre Pierre Bourdieu", en Bourdieu, Pierre, *Intelectuales, política y poder*. Buenos Aires: EUDEBA.

Heredia, Mariana (2015). *Cuando los economistas alcanzaron el poder (o cómo se gestó la confianza en los expertos)*. Buenos Aires: Siglo XXI Editores.

Jessop, Bob (1982). *Orden social, reforma y revolución. Una perspectiva del poder, del cambio y de la institucionalización*. Madrid: Editorial Tecnos.

Lasch, Christopher (1996). *La rebelión de las élites y la tradición a la democracia*. Barcelona: Paidós.

Lukes, Steven (2007). *El poder. Un enfoque radical*. Madrid: Siglo XXI de España Editores.

Mann, Michael (1991). *Las fuentes del poder social, I. Una historia del poder desde los comienzos hasta 1760 d. C.* Madrid: Alianza.

Mann, Michael (1997). *Las fuentes del poder social II. El desarrollo de las clases y los Estados nacionales, 1760-1914*. Madrid: Alianza.

Mann, Michael (2006). *Fascistas*. Valencia: Publicacions de la Universitat de València.

Marina, José Antonio (2008). *La pasión del poder. Teoría y práctica de la dominación*. Barcelona: Editorial Anagrama S.A.

Migdal, Joel (2011). *Estados débiles. Estados fuertes*. México: FCE.

Osorio, Jaime (2012). *Estado, biopoder, exclusión. Análisis desde la lógica del capital*. México: Anthropos. Universidad Auónoma Metropolitana.
Romero Moñivas, Jesús (2013). *Los fundamentos de la sociología de Norbert Elias*. Valencia: Tirant Humanidades.
Rose, Nikolas (2012). *Políticas de la vida. Biomedicina, poder y subjetividad en el siglo XXI*. La Plata: UNIPE.
Ruffini, Martha (2007). *La pervivencia de la República posible en los territorios nacionales. Poder y ciudadanía en Río Negro*. Buenos Aires: Editorial Universidad Nacional de Quilmes.
Ruffini, Martha y Blacha, Luis (2012). "La provincialización postergada de la Patagonia Argentina (1955-1958)", en *Temas y Debates*. Rosario: Facultad de Ciencias Políticas y Relaciones Internacionales de la Universidad Nacional de Rosario.
Russell, Bertrand (2013). *El poder. Un nuevo análisis social*. Barcelona: RBA.
Traverso, Enzo (2012). *La historia como campo de batalla. Interpretar las violencias del siglo XX*. Buenos Aires: FCE.
VV. AA. (1991). *Sociología del poder*. Buenos Aires: CEAL.
Zabludovsky Kuper, Gina (2007). *Sociología y cambio conceptual*. México: Facultad de Ciencias Políticas y Sociales, UNAM.

Territorios, producción y medioambiente en el Nordeste argentino

ADRIÁN GUSTAVO ZARRILLI[1]

Si han sido precisos miles de años para que el hombre aprendiera en cierto grado a prever las remotas consecuencias naturales de sus actos dirigidos a la producción, mucho más le costó aprender a calcular las remotas consecuencias sociales de esos mismos actos. [...] Pero también aquí, aprovechando una experiencia larga, y a veces cruel, confrontando y analizando los materiales proporcionados por la historia, vamos aprendiendo poco a poco a conocer las consecuencias sociales indirectas y más remotas de nuestros actos en la producción, lo que nos permite extender también a estas consecuencias nuestro dominio y nuestro control (Friedrich Engels).

Era necesaria una reducción de costos de producción [...] es sabido que dentro de poco tiempo las reservas de madera de quebracho serán ínfimas [...] se necesitan 150 años para que un árbol de quebracho pueda ser industrializado, mientras que la mimosa crece muy rápidamente y puede ser aprovechada a los 8 a 10 años. Podremos así cubrir nuestras necesidades de extracto en nuestras propias colonias y dominios (Humpheys, G. H., jefe de Laboratorios de experimentación de La Forestal, noviembre de 1952).

1. Historia y ambiente: nuevas y necesarias miradas

En los estudios sobre la historia humana, todos los saberes, todos los conocimientos sobre el mundo y las cosas han estado condicionados por el contexto geográfico, ecológico

---

[1] UNQ/CEAR-CONICET. azarrilli@unq.edu.ar

y cultural en que se produce y reproduce una sociedad determinada, como se expone en el capítulo anterior. Las prácticas productivas, dependientes del medio ambiente y de la estructura social de las diferentes culturas, han generado formas de percepción, así como técnicas específicas para la apropiación social de la naturaleza y la transformación social del medio. De esta manera el desarrollo del conocimiento teórico ha acompañado a sus saberes prácticos.

Estas relaciones entre conocimiento teórico y saberes prácticos se aceleran con el advenimiento del capitalismo, el surgimiento de la ciencia moderna y la institucionalización de la racionalidad económica asociada a dicho sistema. En la sociedad capitalista se produce una articulación efectiva entre el conocimiento científico y la producción de mercancías por medio de la tecnología. La necesidad de elevar el valor relativo de los procesos de trabajo se traduciría en una necesidad de incrementar su eficiencia productiva, lo cual induce a la sustitución progresiva de los procesos de mecanización, por un acercamiento de la ciencia a los procesos productivos, mediante la producción y la aplicación integrada de diferentes ramas del conocimiento técnico y científico (Leff, 1994: 23).

En el caso de "naturaleza y sociedad" no son ni conceptos ni objetos de ninguna ciencia fundada, y, por lo tanto, no constituyen los términos de una articulación científica. Podemos entonces distinguir cuatro problemas en las relaciones entre ambiente e historia:

- La producción de conocimientos sobre los procesos físicos, la evolución biológica o la organización ecológica de la naturaleza. En este sentido, el objeto de conocimiento es un objeto externo a la historia, pero el saber sobre dichos procesos es un proceso histórico de producción científica.
- El conocimiento de la evolución y transformación de los ecosistemas naturales, donde el objeto natural está sobredeterminado por procesos sociohistóricos. En

este sentido, la articulación entre naturaleza y sociedad –entre la ciencia biológica y la historia– se da como la vinculación de los efectos de ambos objetos teóricos en un proceso real: la transformación concreta de los ecosistemas y las condiciones ecológicas de la producción.

- La absorción de la naturaleza en el proceso capitalista de producción, en tanto que, como objetos del trabajo, de recursos y fenómenos naturales o de productividad ecológica, la naturaleza se incorpora tecnológicamente al proceso productivo.
- Este análisis hace converger tanto los efectos del medio ambiente particular en la división del trabajo, del lenguaje y de la estructura social, como los efectos de la sociedad capitalista, mediante el intercambio mercantil y su integración a través de los aparatos del Estado a la sociedad nacional.

Desde el momento en que la naturaleza –el medio ambiente y la naturaleza orgánica del hombre– es afectada por las relaciones sociales de producción, estos procesos biológicos son sobredeterminados por los procesos históricos en que el hombre o la naturaleza se insertan. Estos efectos de las relaciones sociales deben considerarse en sus determinaciones sociohistóricas específicas, no en la reducción de lo social o de la historia en procesos naturales o ecológicos. Desde que la naturaleza se convirtió en objeto de trabajo, lo natural se incorpora al objeto de estudios de la historia. La ecología se articula así a la historia, explicando la producción de valores de uso como un efecto de la productividad natural, y nos aparta de todo determinismo ecológico (Galafassi y Zarrilli, 2002: 73).

La manera particular de articular las determinaciones del ecosistema, la lengua, la cultura y un modo de producción es específica de cada sociedad. La conformación de su medio ambiente, la historia de sus prácticas productivas y sociales, así como sus intercambios culturales en la historia, han condicionado la capacidad productiva de los ecosistemas, la división del trabajo, los niveles de consumo y la producción de excedentes comercializables. La intervención más o menos fuerte del capital y de los estados nacionales modifican estas modalidades de transformación del medio ambiente y de los estilos culturales, por la introducción de nuevas técnicas y modelos productivos. Por lo tanto, la problemática ambiental en la que confluyen procesos naturales y sociales de diferentes órdenes de materialidad no puede ser comprendida en su complejidad ni resuelta con eficacia sin el concurso e integración de distintos campos del saber.

En este conjunto complejo, es necesario analizar los efectos del proceso de acumulación y los de las prácticas de producción y consumo, así como los procesos históricos de conformación económica agraria. Estos procesos históricos han transformado las prácticas productivas y degradado la productividad de los ecosistemas; de este modo, han afectado las capacidades productivas de la población, su dependencia tecnológico-cultural, sus formas de sujeción ideológica y sus motivaciones para la innovación productiva (Leff, 1994: 40).

En ese ámbito, el potencial ambiental de una región no está determinado tan solo por su estructura ecosistémica, sino por los procesos productivos que en ella desarrollan diferentes conformaciones sociales. Las prácticas de uso de los recursos dependen del sistema de valores de las comunidades, de la significación cultural de sus recursos, de la lógica social y ecológica de sus prácticas productivas, también de su capacidad para asimilar a estas conocimientos científicos y técnicos modernos. Así, el vínculo sociedad-naturaleza debe entenderse como una relación dinámica, dependiente de la articulación histórica de los procesos tecnológicos y culturales que especifican las relaciones sociales de producción de una formación socioeconómica, así como la forma particular de desarrollo integrado o de degradación destructiva de sus fuerzas productivas (Galafassi y Zarrilli, 2002).

Es evidente que la biosfera condiciona las posibilidades de desarrollo, las que dependen en mayor o menor grado de la disponibilidad, tipo y forma, identificación y utilización de los recursos, la acumulación del capital fijo o medio artificial, el tamaño y localización del país o la región y sus características demográficas, de relieve, clima, ubicación geográfica, etc. El proceso de desarrollo socioeconómico, a su vez, por implicar la utilización de recursos, generación de desechos, desplazamiento de población y actividades productivas y otros procesos que alteran los ecosistemas, afecta con su dinámica de diversas maneras a la biosfera, y con ello también al propio desarrollo; se generan de este modo nuevas condiciones para el proceso ulterior, y así sucesivamente.

Los elementos que constituyen la biosfera –de la misma manera que la especie humana– no son inertes, forman sistemas de interacción mutua que dan lugar a ecosistemas. La sociedad humana, por lo tanto, conforma su medio ambiente, pero al mismo tiempo su supervivencia y desarrollo exigen que este sea explotado. Se encuentra así en una posición de juez y parte con respecto a la naturaleza, ya que la explotación del medio ambiente interfiere con los ciclos ecológicos mencionados anteriormente. Esta interferencia puede ser asimilada por los ecosistemas, ya que estos, gracias a su heterogeneidad y complejidad, poseen una capacidad relativamente alta de absorción de "interferencias" y de regeneración y autorreproducción. Si exceden ciertos límites o umbrales la intensidad, persistencia y otras características de la interferencia, pueden llegar a desorganizar los ciclos regeneradores y reproductivos de los ecosistemas al punto de producir un colapso ecológico, lo cual exigiría los consiguientes reajustes sociales (Sunkel y Gligo, 1980: 14).

Por estas razones, las diferentes formas de organización social que se dan en una comunidad incluyen no solo las relaciones entre individuos, grupos, clases –que es lo que habitualmente se destaca en las ciencias sociales– sino también los modos en que dichos individuos, grupos y clases llevan a cabo la apropiación de la naturaleza. Puesto que la vida humana depende enteramente de la disponibilidad de numerosos elementos extraídos de la naturaleza, uno de los aspectos claves de la organización social es precisamente el modo de apropiación social de los elementos de la biosfera que son esenciales para la supervivencia de la sociedad en su conjunto, y que influye en alto grado en la ubicación de los individuos, grupos y clases dentro de la sociedad. La apropiación de la mejor tierra en manos de unos pocos significa la existencia de población sin acceso a la tierra y, por consiguiente, su supervivencia en tierras de inferior calidad o en casos de agotamiento de la frontera agrícola, la existencia de campesinos sin tierra. En el primer caso se produce el fenómeno de la renta diferencial que favorece a los propietarios de las mejores tierras, por una parte, mientras que la presión demográfica obliga a la población restante a sobreexplotar las tierras de menor calidad y a incorporar y utilizar tierras cada vez más marginales o de frontera agropecuaria. Tal situación suele entrañar la destrucción de los bosques, la degradación de los suelos y de los ecosistemas correspondientes, a los cuales no es ajeno el poder, como se expuso en el capítulo 1 de este libro. De ahí la importancia de su estudio (Sunkel y Gligo, 1980: 16).

2. El Gran Chaco Argentino. Un territorio transformado

Luego de concluida la guerra de la Triple Alianza (1865-1870) se inicia la ocupación del territorio situado en la frontera nordeste del país. Durante la presidencia de D. F. Sarmiento, se crea el Territorio Nacional de Gran Chaco con capital en Villa Occidental (hoy Villa Hayes) el 31 de enero de 1872. La llamada "Conquista del Chaco" culmina con la campaña de 1884, dirigida por el ministro de Guerra y Marina del presidente Roca, general Benjamín Victoria. El plan del ministro tiene como objetivo que confluyan sobre la región varias columnas expedicionarias que deben partir de Córdoba, Resistencia y Formosa. En ese contexto y en paralelo a la ocupación militar continuaron las fundaciones en las costas del Paraguay. En 1882 se funda Las Palmas, el primer ingenio azucarero del territorio, donde se instala el primer ferrocarril de trocha angosta que llega hasta el lugar. Otras fundaciones se realizan en el interior: Charadai en 1905, El Zapallar en 1909, Makalle en 1910, Presidencia Roque Sáenz Peña –que fue el primer centro algodonero–, Quitilipi y Gancedo en 1912. Por Ley Nacional 1532, el 10 de octubre de 1894, llamada "De organización de los Territorios Nacionales", el Gran Chaco queda dividido en dos gobernaciones: la de Formosa, al norte del río Teuco-Bermejo, y la del Chaco al sur de ese curso de agua. Por Ley Nacional 1262, en 1882 se crea el "Territorio de Chaco", que abarcaba la actual provincia de Formosa, y se le dio el rango de gobernación por Ley Nacional 1532. En 1951 por Ley 14037, se establece la provincialización de esta unidad (Maeder, 1996: 127-137).

En ese contexto político, la evolución socioeconómica del Gran Chaco Argentino[2] muestra una singular sensibilidad hacia las modalidades dominantes del desarrollo nacional. Si se consideran los principales esquemas que orientan la evolución del país, se habrá de observar que esta región incorpora y participa de tales modalidades o esquemas del desarrollo nacional. Esta sensibilidad es una particularidad

---

[2] El área de la llamada llanura chaco-pampeana, originariamente una vasta extensión de límites físicos transicionales, que van dando lugar a otros paisajes, el Chaco, se extiende en el Noreste del país y sus características principales son un clima subtropical sin estación seca al este y con estación seca al oeste (invierno), con una franja de transición en el centro. Su hidrografía es compleja y drena en general en dos sentidos, uno hacia el este y otro hacia el sureste; posee once unidades ecológicas, basadas en la predominancia de la vegetación,

que presenta la evolución chaqueña y que no se da tan claramente en las restantes provincias de la región del Nordeste argentino (NEA). Si bien en ellas ha habido una "apertura" hacia los estímulos o influencias devenidas de la modalidad asumida por el desarrollo nacional, sin embargo estas otras provincias del NEA no "acompañan" o no se "integran" con tanta funcionalidad como el Chaco a las sucesivas modalidades del desarrollo del país. Por este motivo, en la evolución socioeconómica chaqueña se pueden diferenciar distintas manifestaciones de crecimiento que se corresponden estrechamente con las que oportunamente predominaban en la nación. Las características que han presentado las sucesivas expresiones del desarrollo chaqueño son por demás interesantes para iniciar este análisis histórico.

El Gran Chaco se incorpora al sistema nacional asumiendo el modelo de economía primaria exportadora que prevalece en el país hasta la crisis mundial de 1929. Participa de ese esquema de desarrollo integrado a la economía mundial, y el principal rubro de producción del área chaqueña, el extracto de quebracho colorado, taninero, llega a tener una elevada significación en el comercio internacional. De ahí que se pueda afirmar sin ninguna duda que el Chaco se suma efectivamente a la nación a través de una real participación en el desarrollo primario exportador vinculado al mercado mundial. Una afirmación que pone en duda la legitimidad de las tesis que circunscriben dicha modalidad de desarrollo solo a la región pampeana y que a partir de esa hipótesis derivan una segunda, según la cual la integración a la economía internacional y la adopción del modelo de economía primaria exportadora trae como consecuencia el retraso del interior y su subordinación al mercado interno emergente del desarrollo agroexportador característico de la región pampeana (Slutzky, 1973: 10).

Las variables que dinamizan la integración chaqueña a la economía nacional son:

a) la demanda externa, que absorbe la casi totalidad de la producción de tanino, así como también canaliza una parte considerable de la producción ganadera;
b) la participación de capitales extranjeros, que es muy alta en la producción y exportación del extracto de quebracho colorado y en la extracción y exportación de los rollizos de quebracho;
c) la apropiación de tierras constituye un proceso importante para la formación de capital; dadas las características de la explotación forestal que suponen una frontera boscosa libre para incrementar su producción, el control del bosque (es decir, de la tierra con bosques) resulta esencial para dar seguridad y fluidez a la producción.

Estas variables activan la formación de una economía regional dependiente. La dependencia interna presenta, en esta etapa de la historia del Gran Chaco, características diferentes a las que se dan con posterioridad. Por un lado, la economía del tanino genera importantes excedentes que se "filtraban" hacia afuera del área local; en parte hacia los propietarios metropolitanos bonaerenses que controlan parcialmente la industria tánica chaqueña y, en parte, hacia los capitalistas europeos que controlan, a su vez, un sector importante de dicha industria. De esta forma, la zona no logra retener los excedentes que se originan en ella, aun a pesar de la existencia de un sector de fábricas tanineras que reorientan hacia la región una parte menor de sus beneficios. Además, la economía forestal genera un proletariado con bajos niveles de ingresos que, por lo tanto, no se incorpora al mercado nacional.

De esta forma el esquema socioeconómico constituido se aproxima considerablemente al modelo conceptualizado como "factoría", es decir, aquel que continuamente "succiona" excedentes económicos del área para su acumulación y reproducción en otras áreas. Por otra parte, es importante precisar que los procesos de incorporación al sistema nacional de parte de la región del Nordeste argentino mantienen diferencias importantes durante este período.

Mientras que en el Chaco y Formosa el eje de dicho proceso está dado por el desarrollo de una economía forestal extractiva e industrial que exporta a Europa rollizos y extractos de quebracho colorado, en Misiones dicho eje se ubica en la producción agrícola de yerba mate destinada a las fábricas molineras de Buenos Aires y Rosario, y en Corrientes dicho proceso se vertebra en la actividad ganadera.

Es posible registrar en consecuencia, tres pautas distintas de incorporación al sistema nacional, cada una de las cuales connota el desarrollo de distintos tipos de estructuras productivas y sociales.

Así, en el Chaco y también en Formosa, el sector social principal de este proceso de articulación a la nación es el gran capital industrial que impulsa la economía del tanino y que extrae excedentes hacia afuera del sistema regional. En Misiones, en cambio, el sector social principal es el conformado por la explotación agrícola familiar, mientras que en Corrientes lo es el del latifundio; ambos procuran retener parte de los excedentes que generan y realizan la acumulación y reproducción en la estructura productiva en que están insertos.

3. Los ciclos productivos del NEA y las transformaciones ambientales

3.1. El ciclo taninero

En el NEA, la región del Gran Chaco después de experimentar los resultados poco efectivos de una economía ganadera criolla y el ciclo azucarero que se extingue frente a su avance en la provincia de Tucumán, ensaya –desde el último quinquenio del siglo XIX– la práctica de la explotación de su riqueza forestal quebrachera. La explotación del quebracho colorado es uno de los más sólidos ejemplos históricos referidos a la explotación capitalista extractiva de un recurso natural no renovable y de cómo este sistema expoliativo genera importantes consecuencias negativas socioeconómicas. La industria del quebracho se establece en la Argentina como consecuencia del descubrimiento efectuado en 1850 por un grupo de técnicos curtidores franceses y alemanes, de las bondades que ofrecía el tanante obtenido a partir del árbol de quebracho, especie forestal muy difundida en lo que se conocía como Parque Chaqueño o Chaco Austral, que comprendía el norte de la provincia de Santa Fe y las actuales provincias de Chaco, Formosa, Santiago del Estero, este de Salta y de Jujuy.

Durante el período 1876-1903, solo se fundan dos colonias oficiales en el Territorio del Chaco: Resistencia, en 1878, y Puerto Bermejo (Timbó), en 1888, con una superficie total de unas 58.000 ha, contra más de un millón de hectáreas entregadas a veintitrés concesionarios, de un total de 2,5 millones adjudicadas por el Estado en ese lapso. De las colonias privadas, subsistieron Gandolfi, Benítez, Margarita Belén y Popular. Después de ese período, la entrega de tierras para la fundación de colonias fue mínima, si exceptuamos los años entre 1904 y 1909, en que se instalan cuatro, con una superficie total de 645.000 ha, y entre 1916 y 1921, cuando se repartieron 1,5 millones de hectáreas entre quince colonias. En el Territorio de Misiones, por una ley nacional de 1881, se procedía a enajenar más de dos millones de hectáreas entre veintinueve beneficiarios, con una superficie que rondaba el 70% del territorio. En la provincia de Santiago del Estero son vendidas, entre 1898 y 1903, casi cuatro millones de hectáreas de monte chaqueño a cuarenta y ocho compradores, al precio de veintitrés centavos por hectárea (por entonces, un durmiente de quebracho costaba 1,65 pesos). En el Territorio de Formosa solo se formaría una colonia agrícola, en 1893, con una superficie de 41.000 ha, cerca de la actual capital provincial, mientras que la mayoría del territorio fue asignado a catorce concesionarios, que reciben un cercano a las 940.000 ha. La Ley

Avellaneda, cuyo propósito era impulsar el poblamiento de los Territorios Nacionales con colonos europeos, que se establecieran como productores agrícolas independientes, brinda escasos resultados. El Congreso nacional, al no votar los fondos para solventar las necesidades primarias de los potenciales agricultores, no es consecuente con los propósitos que tuviera cuando sancionó aquella ley (Bitlloch y Sormani, 2012: 541-51).

Por otro lado, la apertura de la selva realizada por las empresas forestales hace accesibles extensos campos fiscales a potenciales pobladores y las estaciones ferroviarias se convierten en cabecera de asentamientos rurales en las nuevas tierras. Antes de la existencia de un pueblo, la estación ferroviaria proporciona servicios elementales, que luego se irían ampliando a medida que la población se asienta en las zonas aledañas. La disputa por la tierra entre grandes empresas y colonos se mantuvo latente hasta que las condiciones sociales y políticas permiten actualizar, por lo menos en algunas áreas, el viejo proyecto colonizador. En ellas, su consolidación otorga una nueva fisonomía al espacio y a la sociedad regional.

La extraordinaria riqueza forestal del Gran Chaco Argentino se constituye en la principal actividad económica local y el incentivo fundamental para la instalación del capital extranjero dirigido especialmente a la explotación del quebracho, al punto de permitir ingresar a esta zona y su producción en el mercado internacional, con una participación creciente de sus principales productos (Borrini, 1988: 272).

3.1.1. La situación previa a la expansión forestal. La extensión del ferrocarril

En épocas anteriores a la existencia de los ferrocarriles, el uso forestal está limitado a utilizaciones domésticas locales, y la producción ganadera está confinada a márgenes de ríos permanentes y prácticamente sin desarrollo agrícola. Esta situación se mantuvo hasta aproximadamente fines del primer cuarto del siglo XX, cuando las líneas del ferrocarril avanzan sobre la llanura aluvial (línea Metán-Barranqueras y Embarcación-Formosa). Con la construcción del ferrocarril se alcanzaría un triple objetivo: explotar los bosques vírgenes con provecho fiscal, valorizar las tierras centrales del Chaco para su eventual colonización y finalmente, comunicar la región del Noroeste con el Paraná, de manera de disminuir así los fletes que encarecían la producción norteña. Esta idea se concreta poco después en la sanción de la Ley 5559, de 1908, llamada de Fomento de los Territorios Nacionales, ya que promueve una serie de iniciativas de este tipo, tanto para los distritos patagónicos como para Chaco y Formosa (Morello, Pengue y Rodríguez, 2005: 4).

En el caso particular del Chaco, significa, por una parte, el trazado y construcción del ferrocarril entre Barranqueras y Metán. Dicha obra realizada por el Ministerio de Obras Públicas comienza en 1909 con el tendido de los rieles desde Barranqueras y la terminación de la primera etapa en 1914, al alcanzarse el Km 205 en Avia Terai. En aquella localidad se realiza en marzo de 1914 el empalme con la línea del Ferrocarril Central Norte, que desde Añatuya se internaba en el Chaco con rumbo Noreste, y que construye sus vías entre Quimilí y Pinedo en 1912, y entre esta última y Avia Terai en 1914.

A su vez el Ferrocarril Santa Fe, largamente detenido en La Sabana, adonde llega en 1892, cubre el tramo hasta Resistencia en 1907, y así vincula la capital territorial con los territorios al sur. A su vez, la empresa, visto los beneficios de la explotación forestal, no tarda en desarrollar ramales hacia Charaday, y alcanza luego las localidades de Oetling y Villa Berthet en 1911, y Villa Ángela en 1914 (Morello, Pengue, Rodríguez, 2005: 6-7).

En pocos años las vías férreas abren caminos hacia el interior del territorio chaqueño. Ese despliegue impulsa la explotación forestal y la multiplicación de las fábricas de tanino, tanto en el norte santafesino como en el propio

Chaco, especialmente a partir del año 1915, con sus implicancias económicas. En el caso de Formosa la construcción de la línea férrea desde la capital del territorio hasta Embarcación (Salta) comienza en 1908 y significa un notable progreso para el territorio formoseño. Este desarrollo corona los esfuerzos que se hacen, tanto desde Formosa como desde Salta, para atravesar esta parte del Gran Chaco y comunicar entre sí ambas jurisdicciones. Su avance es lento pero permite un poblamiento gradual, sobre todo a partir de 1930 cuando la obra es terminada haciendo posible la colocación de la producción agrícola.

Este sistema ferroviario más el proceso de alambrado de los campos crean una fuerte demanda de madera imputrescible de las ecorregiones del Espinal y del Chaco (Morello y Hortt, 1985). Su recurso más valioso son los cuatro quebrachos colorados (*Schinopisi lorentzii, S. heterophylla, S. haenkeana, S. balansae*), algarrobos y palosanto, con una explotación selectiva de madera dura para infraestructuras al aire libre y de algarrobos para mueblería. Con diámetros menores a los demandados, y con otras especies, se procede a la fabricación de carbón y corte de leña para ferrocarriles, ingenios, panadería, ladrillería.

Es en este proceso inicial que encontramos el primer disturbio de acción antrópica. Después de la explotación quedan *in situ* ejemplares sin entidad forestal, atacados por insectos y hongos. Aumentan sectores de suelo estéril por calcinado en playas y hornos de carbón, se incrementa la densidad de nidos de hormigas cultivadoras de hongos del interior del bosque, hay desaparición de pastos y de variados vertebrados (Morello, Pengue y Rodríguez, 2005: 11).

El efecto que produce el ferrocarril se puede sintetizar en:

a) La instalación de la actividad forestal en gran escala, fundamentalmente sobre la base de producción de durmientes, postes y combustibles vegetales (leña y carbón).

b) La expansión de la ganadería en superficie, abarcando las áreas de interfluvios en la vecindad de los ríos.

c) El inicio de la agricultura de regadíos a escala comercial sobre las márgenes del río Juramento, y el cultivo de algodón en secano en el sector Este (provincia del Chaco). En la década de 1940 se inicia también la zona de riego en los ríos Dorado y del Valle (F. C. J. V. Gonzáles-Pichanal).

d) Como consecuencia natural de las actividades mencionadas, surgen los pueblos a la vera de los rieles, que en muchos casos tienen vida limitada, ya que existen hasta que se agotan los bosques vecinos. Los pueblos que permanecen son los ubicados en zona de agricultura con regadío o secano o los que todavía tienen zonas boscosas próximas.

De estos procesos, el forestal es el que prácticamente avanza en forma impetuosa con la "punta del riel". El proceso de expansión ganadera es gradual, al igual que el agrícola. A principios del siglo XX la actividad taninera iniciada en Santa Fe penetra en el Chaco. La explotación de los quebrachales da origen a nuevos pueblos, como La Sabana, Charadai y Urien. Paralelamente, el ferrocarril llega a Resistencia en 1907, a Makallé en 1909, a Presidencia de la Plaza y Machagai en 1912 y a Villa Ángela y Avia Terai en 1914. El paisaje y el territorio se transforman.

La crianza de ganado vacuno comienza en forma más o menos organizada desde el inicio del siglo XX. Su explotación está ligada al obraje, de donde se extrae el "quebracho colorado" y que ofrece el principal mercado para el abastecimiento de las numerosas familias dedicadas a esta tarea. Posteriormente, la introducción de la agricultura y el surgimiento de centros poblados estables hacen que la explotación ganadera, con una creciente demanda local de consumo cárneo, comience a tener una mejor organización. De esta manera, paulatinamente la ganadería se va extendiendo y, a su vez, limitándose a ocupar las áreas no utilizadas por la agricultura.

En ese contexto, el primer dato sostenido con autoridad que se conoce acerca de la superficie forestal de la Argentina existe en un proyecto de ley forestal presentado a la Cámara de Diputados en el año 1915 y en cuyo estudio participan, entre otros, el botánico Carlos Spegazzini. En él se mencionaba una superficie boscosa de 106.888.400 ha, algo así como el 38,6 % del territorio argentino (Cozzo, 1971: 29). Desde aquella primera cifra del año 1915, transcurren muchos años hasta la generación de nuevas estimaciones estadísticas, casi siempre contradictorias entre sí y de difícil cálculo sobre su calidad. La siguiente estimación confiable sobre el área efectiva de bosque de la República Argentina corresponde al Censo Nacional Agropecuario del año 1937, que indica una superficie de 37.535.306 ha de bosques nativos para ese año.

A partir de la Segunda Guerra Mundial, cuando la Argentina no cuenta con los suministros foráneos de combustibles minerales, son en mayor parte la leña y el carbón vegetal los que los sustituyen, pero a costa de talar anualmente no menos de 1.000.000 de hectáreas (Cozzo, 1971: 29).

Para el mismo período los bosques de quebracho colorado del Este son eliminados casi totalmente de Santa Fe, centro principal de la industria de su extracto tánico, con un panorama similar en los Territorios Nacionales de Chaco y Formosa. Para 1940 una sola empresa taninera, La Forestal Argentina S.A. de Tierras, Maderas y Explotaciones Comerciales e Industriales, en sus principales establecimientos fabriles consumía diariamente más de 1300 toneladas de rollizos de esa madera, lo que significaba unas 400.000 toneladas al año, lo que implicaba la exterminación anual por esta sola vía de 16.000 ha de bosques de quebracho colorado. La estimación técnica es que hasta mediados de la década de 1940, toda la industria del tanino ha utilizado la madera de unos 30.000.000 de árboles equivalentes al corte de unas 2.500.000 ha. Ese mismo informe técnico señala que si se sumaran las toneladas de quebracho colorado utilizadas para producir su extracto tánico, más las empleadas para elaborar durmientes de ferrocarril, postes, más las quemadas en forma de leña y carbón, se obtendría un total que se calcula no inferior a 350.000.000 de tn (equivalentes en promedio a la misma cantidad de árboles de esa especie) y toda esa corta se produce en unos setenta y cinco años, habiéndose despoblado así unas 10.000.000 de ha de estos bosques. A modo de ejemplo, solamente en la provincia de Santiago del Estero en la primera mitad del siglo XX se cortan 200.000.000 de árboles de quebracho colorado y blanco (Cozzo, 1956).

Las dificultades de transporte por falta de caminos o por los altos fletes, y la terminación de la explotación en una misma propiedad, obliga en muchos casos a volver a cortar los bosques ya explotados. Este "repaso" hecho dos o tres veces terminaría por agotar el bosque de sus mejores árboles, reduciéndolos a meras masas sin valor comercial inmediato; en otros lugares significaría terminar definitivamente con el monte productivo, aun como leña, y dejaría en su lugar una vegetación baja, enmarañada, como producto del rebrote de especies nuevas, netamente heliófilas[3] y sin importancia comercial, como sucede con los montes y bosques de Santiago del Estero que desde mediados del siglo XX son simplemente "fachinales",[4] que equivalen a vegetación "sucia" y sin valor. En la década de 1950 en adelante se inicia el otro gran proceso destructor, cuando al país agropecuario ya no le alcanza la "pampa húmeda" y se expande al interior con nuevas fronteras que significan más desmontes en áreas de inestables equilibrios ecológicos por sus escasos aprovisionamientos hídricos.

En este contexto y a lo largo de los años se ha señalado también la expansión agrícola como factor común asociado en casi todos los estudios sobre la deforestación. De hecho, gran parte del aumento de la producción de alimentos se ha llevado a cabo a costa de centenares de millones de

---

[3] Especie adaptada a la vida a pleno sol y que en la sombra tiene dificultades para crecer.
[4] "Fachinal" deriva de "fajina" y en este sentido se denomina así al bioma caracterizado por la predominancia de una estepa cerrada, con pastos altos y duros e imbricación arbustiva. En Argentina los fachinales son frecuentes en muchas zonas de la llanura chacopampeana.

hectáreas de bosque. No hay estimaciones sólidas sobre la superficie de tierras agrícolas y de pastoreo que originalmente estaban cubiertas de bosques, pero lo cierto es que una gran proporción de estos fueron talados para dar lugar a actividades agrícolo-ganaderas.

Además del fenómeno de la deforestación existe otro proceso de deterioro del recurso: la degradación, que consiste en la pérdida de biomasa y da como resultado un bosque empobrecido. Hay claras evidencias de que la pérdida de biomasa en las áreas forestales tropicales tiene lugar con una tasa significativamente más elevada que la pérdida de superficie debida a la deforestación. Sin embargo, al ser un proceso menos impactante a simple vista no recibe la atención que merece. Ante esta situación, la deforestación y degradación de las masas forestales constituye una de las mayores amenazas para el equilibrio ecológico de todo el planeta.

También hay que señalar como otra de las mayores devastaciones de este recurso el proceso que tuvo lugar entre las dos grandes guerras mundiales cuando se desmontaron no menos de 10.000.000 ha, equivalente a proveer el 50% de las necesidades energéticas del país cuando en situaciones normales participan del 20% (Defellippe, 1945). El desmantelamiento de esta cubierta vegetal es el primer acto de explotación ambiental masiva que se perpetra en el suelo chaqueño. Aun en los términos de la economía clásica no puede dejar de mencionarse que estamos en presencia de un hecho destructivo masivo (Bruñes, 1925), asociado a un nomadismo primitivo y a sistemas de asentamientos precarios.

Este modelo produce además un sistema de trabajo: el obraje, núcleo básico de la empresa explotadora de los bosques, que constituye una forma de organización social basada en el predominio de la explotación humana y del ejercicio del poder del más fuerte. Es una organización transitoria, que depende de la presencia del bosque y la dificultad que presenta para lograr extraer la madera del bosque "explotable". En todos los casos este modelo de explotación se complementa y se relaciona de manera indefectible con grandes movimientos de mano de obra y su consecuencia final se vincula con la miseria y el éxodo del mismo espacio que sirve de sustento.

Estas dispersas informaciones –debidas a la falta de sistematización en el proceso de construcción de la estadística forestal– pretenden exponer cómo el primitivo paisaje de árboles y arbustiformes sufrió cortes y degradaciones con pérdidas de sus superficies y calidades estructurales. El primer administrador forestal del país, Franco Devoto, reflexiona en 1934 que de seguir esas cortas, en treinta años más la superficie boscosa de entonces se reduciría a unos 500.000 km2 (el 17-18% de relación territorial); en igual fecha el ingeniero Isaac Grunberg consideraba que la capacidad productiva maderera quedaría extenuada en 35 a 40 años. En ciertas situaciones muchos bosques y montes exterminados se recobran con nuevas vegetaciones leñosas que reaparecen en sus mismos terrenos y que, si no son vueltos a cortar pueden, luego de procesos sucesionales autocompetitivos, generar nuevas formaciones boscosas de protección y productividad madereras, como lo eran los denominados "barbechos forestales" y también "bosques secundarios" (Tortorelli, 1956).

A estas recuperaciones territoriales se les agregan superficies que no cuentan con plenas cubiertas leñosas (o dispersos y abiertos montes bajos) y que son colonizadas por especies leñosas que no existían antes; el ejemplo más notable de estas nuevas vegetaciones, en Argentina y Paraguay, es el "vinal" (*Prosopis ruscifolia*); de antaño solo un elemento florístico de comunidades en el oeste de Formosa, comienza desde principios de este siglo un avance ocupacional hacia el este semiárido y húmedo de este mismo territorio, Chaco y Santiago del Estero. Llevados sus frutos-semillas para los rodeos de vacunos hacia los mercados y con las aguas aluvionales de los ríos regionales, la situación avanza. Según Morello-Crudelli y Saraceno (1971), los "vinalares" cubrían 80.000 km2; se supone que ya son más de 100.000 y el 60% en terrenos de Formosa, 15% del Chaco y 25% entre Santiago del Estero y Salta (Cozzo, 1971). De bosques y montes boscosos, las talas devastan 145.000 km2 (425.000 a 280.000: el 34,0% de lo que antaño existía). De arbustales son 550.000 km2 (1.275.000 a 720.000: el 43,0%). Las pérdidas de bosques se repartirían así: 15.000 km2 de Misiones, 20.000 del NOA y Patagonia andina, 15.000 de los caldenales de La Pampa y San Luis, y 95.000 pertenecientes al parque chaqueño. En relación son los bosques de Misiones los que más pierden: 60,0% de su primitiva extensión. A su vez, la distribución geográfica-territorial de los mantos leñosos se da, según los grandes dominios climáticos, de la siguiente forma: en tiempos de la colonia el 24% del total vegetacional que se esparce en sectores húmedos, el 76% en los áridos (400.000 y 1.300.000 km2, respectivamente); hacia la década de 1950 la distribución era del 27 y 73% respectivamente (270.000 a 730.000 km2). En suma y en proporción territorial, hay mayores pérdidas de montes y arbustales en las regiones áridas: desaparecen 570.000 km2 de estas, y 130.000 km2 de las húmedas. Estos últimos datos reflejan crudamente la tremenda dinámica de destrucción con relación al delicado dilema de la conservación ambiental, que en situaciones de extrema sequedad es de muy débil estabilidad ecológica. Se perdían 4,4 veces más de vegetaciones áridas que de regiones húmedas; esto es una cruel repetición de lo que ha sido habitual en todas las tierras áridas del mundo, donde se desmontan "inútiles matorrales" pero causando el empobrecimiento y destrucción de suelos, ambientes ecológicos y socioeconómicos de las comunidades humanas, sin posibilidades de fácil o rápida reconstitución (Cozzo, 1971).

La destrucción de los árboles de la planicie chaqueña durante el ciclo económico asociado al tanino se complementa con una apropiación de la tierra utilizable por y para las grandes compañías transnacionales instaladas en el área, la expansión de los ferrocarriles por parte de estas mismas empresas, la asimilación y/o expulsión del indígena, la presencia humana precaria, la explotación del hombre por el hombre, y la aplicación de la ley del más fuerte. Son todas facetas de un mismo problema, propiciado por un Estado que garantiza la aplicación de este modelo de explotación. Este ciclo se desarrolla entre los años 1880 y 1950.

3.1.2. *Una economía periférica ante la crisis: la economía forestal*

Las características de este período se enlazan a las modificaciones producidas en el sistema capitalista en su evolución hacia una nueva etapa de su desarrollo, como consecuencia del grado de concentración alcanzada por el capital y del peligro que para la subsistencia del sistema representan sus cíclicas crisis. Es entonces cuando el Estado asume explícitas funciones planificadoras.

Para la explotación forestal, en su condición de sector económico subordinado, estos cambios no son perceptibles hasta la década de 1950. Sin embargo, durante todo el período, se van constituyendo las condiciones de una nueva forma productiva, cuyos efectos comienzan a observarse en décadas posteriores.

Algunas de sus manifestaciones son las siguientes:

1. La planificación del uso del recurso va asumiendo formas declarativas que finalmente se concretan en la sanción de la Ley de Defensa de la Riqueza Forestal en el año 1948. Tanto esta ley como las modificaciones que sufre y las diversas disposiciones estatales de exenciones impositivas, medidas de fomento, créditos especiales para forestación, etc., que le suceden se materializaran en hechos concretos más tarde.
2. El mismo proceso desencadena el crecimiento de organismos nacionales y provinciales que lentamente van emergiendo del seno de las instituciones que las con-

tenían, muchas veces bajo la forma de una simple oficina, hasta adquirir el rango de entes autárquicos o secretarías.
3. La aparición de la forestación con criterio comercial como parte de la formación de un arbolado con criterio silvícola, industrial y comercial, que persigue la máxima producción de madera o combustible en cantidad y calidad.

El surgimiento de estas plantaciones forestales es el rasgo más nítido que expresa la transformación sufrida por el sector. Aparecen normalmente vinculadas a la Segunda Guerra Mundial, que impide que el comercio maderero internacional se desarrolle con fluidez; lo cual, sin lugar a dudas, puede ser entendido como un factor de peso en tanto reanima las legendarias teorías del autoabastecimiento. Sin embargo, esta discontinuidad se resuelve en el ámbito de la esfera comercial sustituyendo las importaciones de maderas europeas por las de los países limítrofes, debido a las características del sector, que no puede actuar dinámicamente en relación con las oscilaciones coyunturales de la demanda, en virtud del largo período de producción que determina la oferta.

Todo indica que debieran ser otras las razones causantes del interés puesto en la forestación, vinculadas más bien a modificaciones estructurales sufridas por el sistema; vale decir, que la actividad forestadora se está transformando en una actividad económica rentable aun cuando para lograrlo, el Estado deba mantener su acción subsidiante.

Además, este nuevo Estado está en condiciones, en virtud de su papel planificador, de asegurar dicha rentabilidad a partir de la previsión y el equilibrio en la relación entre oferta y demanda, para períodos de mediano y largo plazo. Este papel estatal, aunque asumido tardíamente, se manifiesta en la aparición de proyectos como el producido por los ingenieros Castiglione y Tinto, para conformar un Plan Nacional de Forestación. Sin embargo, la asincronía entre el momento en que están dadas las condiciones para un cambio y el tiempo en que se planifica manifiesta nuevamente cuánto más de paliativa que de previsora tiene la acción planificadora en este momento histórico de los años 1960 (ADB, 1968).

3.1.3. La cuestión forestal: condiciones naturales y producción

Cuando se establecen las primeras fábricas de tanino cerca del río Paraná, la región chaqueña todavía se encuentra en el período de penetración militar y de los primeros relevamientos cartográficos. En este tiempo (1875-1880) ya existen obrajes en el sur, este y oeste del Chaco, que producen leña, carbón y madera para construcción.

Desde tiempo atrás se sabía que la madera del quebracho colorado chaqueño contenía tanino. Lo usan entonces las curtiembres en las ciudades de Tucumán, Córdoba, Corrientes y Buenos Aires. Ya en este tiempo trabajan fábricas de tanino en Alemania, Francia e Inglaterra usando rollizos exportados del Chaco argentino. Cuando Arturo Seelstrang realiza la expedición al Chaco –en 1875/76–, en las orillas del río Paraná y de sus afluentes encuentra varios obrajes que transportan sus productos por barco. No existen todavía asentamientos ni vías de comunicación en la margen occidental del río. Justamente, en estos años se fundan las primeras colonias en el área (Reconquista, 1872; Resistencia, 1878). La provincia de Corrientes, por otro lado, tiene una población relativamente densa y vías de comunicación importantes. Aquí se vende buena parte de la madera chaqueña y desde esta zona vienen los obrajes y los peones de los obrajes. La primera fábrica de tanino se instala precisamente en Pehuajó, provincia de Corrientes (Zarrilli, 2004).

La existencia de materia prima y suficiente agua dulce para el proceso de transformación son las condiciones naturales más importantes para la instalación de una fábrica de tanino. Por otra parte, todas las fábricas se sitúan dentro del área del quebracho colorado, casi exclusivamente en territorio quebrachero chaqueño. Debido a las necesidades de agua, el mayor número de fábricas se ubica cerca del río Paraná o de algunos de sus afluentes. En muchos casos se prefiere la cercanía de las lagunas, pero las fábricas ubicadas más al oeste, donde no existen ríos, se abastecen de agua a través de la construcción de represas (Samuhú, Villa Angela) o pozos (Monte Quemado). En estas fábricas el abastecimiento de agua es el punto crítico de la producción; en efecto, las fábricas de Gral. Pinedo, Weisburd y Monte Quemado existen únicamente por un tiempo muy corto (Bruniard, 1978).

Al comienzo, todo el proceso de fabricación, desde la extracción de la materia prima hasta el producto final, se realiza en la misma entidad empresaria. Los empresarios compran o alquilan un área de monte cuyo propietario es, normalmente, el gobierno de la provincia o del Territorio Nacional. En esta área o en sus alrededores construyen la fábrica, siempre en conexión con una línea férrea. Pero, con el tiempo, la extracción de la materia prima se va realizando en sectores cada vez más alejados de la fábrica; de esta manera, la empresa se ve obligada a construir una red ferroviaria particular para el transporte. La empresa, por lo general, extrae la madera por medio de contratistas (Bruniard, 1978: 181).

Al lado del establecimiento fabril se construye el pueblo para los empleados. La empresa es propietaria de los edificios centrales y también de las viviendas. Tiene que procurar todo el abastecimiento de la población, no solo en el pueblo de la fábrica, sino también en los pequeños asentamientos ubicados en el monte. En el área principal de la industria taninera la construcción de las vías férreas públicas y la instalación de las fábricas son contemporáneas.

El ferrocarril Santa Fe-Resistencia es construido por la Cía. Francesa de Ferrocarriles de Santa Fe. Esta compañía toma contactos muy íntimos con la Cía. de Tierras de Santa Fe, dueña de grandes áreas de monte que después pasan a la compañía La Forestal. Además, existen relaciones personales entre la empresa ferroviaria y la Cía. Forestal del Chaco, antecedente de La Forestal organizada en 1906. La línea principal desde la localidad de Vera al Norte es trazada al lado de las áreas vendidas a la compañía de tierras mencionada. También las áreas que pasan a manos de la Cía. Forestal del Chaco y de la Argentine Quebracho Company antes del año 1904 están situadas directamente sobre la línea férrea (La Forestal, 1935: 7).

Además de la red ferroviaria publica, en el Chaco oriental –a partir de 1900– se forma una red de ferrocarriles particulares. La red de La Forestal en la provincia de Santa Fe, por ejemplo, tenía 400 km de largo. Estos ferrocarriles sirven para el transporte de carga. Al mismo tiempo, en estas zonas boscosas, son el más importante medio de transporte de personas, porque no hay otras vías de comunicación. Ferrocarriles públicos y ferrocarriles privados, conjuntamente, forman por entonces una red de transporte y comunicación densa y compacta (Bünstorf, 1982).

La industria taninera y la explotación forestal requieren en el Chaco oriental, durante varios años, abundante mano de obra. Solamente en las fábricas trabajan hasta 5000 obreros. Un número dos o tres veces más grande se encarga de la extracción de la materia prima en el monte y del transporte de los rollizos, respectivamente. Los obreros de las fábricas y del monte proceden generalmente de Corrientes durante las primeras décadas. En cambio, el personal superior de las fábricas es del mismo origen que la iniciativa empresaria, es decir, en los años iniciales, alemanes; después preferentemente ingleses.

Uno de los principales problemas de las empresas tanineras es alojar y abastecer al personal de las fábricas. Así, en el Chaco oriental y central se organizan, progresivamente, diecisiete pueblos de fábrica con una población que oscila entre los 1500 y los 10.000 habitantes cada uno. Además, algunos pueblos forman parte de una ciudad más grande (Villa Ángela y Barranqueras). Todos ellos son muy parecidos en cuanto a su fisonomía y a la organización funcional. Este tipo de pueblo nace cuando la Cía. Forestal del Chaco construye ciento ocho primeros establecimientos (por ejemplo, Villa Guillermina, en 1903) (Bünstorf, 1982: 65).

3.1.4. La empresa forestal y la explotación de los recursos

Para comprender mejor el desenvolvimiento espacial de la industria taninera es necesario referir una breve información sobre la organización empresaria. En las cuarenta fábricas establecidas a partir del año 1880 participan (además de algunas organizaciones individuales) veintiocho empresas. La mayoría tiene una corta existencia y su importancia es relativa. Explica este hecho, ante todo, la actividad de la empresa de mayores dimensiones: La Forestal Argentina S.A. de Tierras, Maderas y Explotaciones Comerciales e Industriales La Forestal"), por ejemplo. Esta compañía, a partir de su fundación en el año 1906, produce el mayor volumen de tanino en la Argentina, por lo cual domina el mercado de ese producto. La Forestal tiene el control de hasta nueve fábricas al mismo tiempo, aunque solo construyera dos establecimientos. En otros casos la empresa compra las fábricas y las áreas boscosas o gana influencia definitiva en el ramo y vende sus productos. Los motivos de esa política empresaria pretenden aumentar el aprovisionamiento de materias primas, y en segundo lugar, eliminar a los concurrentes. Con la adquisición de la Argentine Quebracho Company y de la Cía. de Tierras de Santa Fe en el año 1913, la superficie de explotación de La Forestal aumenta considerablemente. Pero además, la compañía adquiere muchas fábricas y las cierra inmediatamente. De esta manera, a partir de 1906, no solo es dueña y controla una gran parte de las fábricas sino que también es causa sustantiva de la mitad de los cierres (las fábricas que cierran son doce de veinticuatro).

La ventaja de la cercanía a la materia prima va desapareciendo paulatinamente con la explotación de los bosques. La distancia entre las fábricas y los bosques no explotados se hace mayor. Una de las consecuencias económicas es el cierre de las fábricas. Así, la política empresaria de La Forestal y el agotamiento de la materia prima son las razones del traslado espacial de la industria taninera. Primero son cerradas las fábricas ubicadas en el borde del área del quebracho (Pehuajó, Fives Lille, Calchaquí). Luego otras, más internas, en la década de 1920 abandonan la producción (El Mocovi, Colonia Benítez). Después de 1942 ya no se establecen nuevas fábricas; por el contrario, la cantidad de cierres crece.

Después de finalizada la explotación forestal en el este del Chaco, las empresas tanineras no conservan el interés por las áreas explotadas y las venden progresivamente. Ya en 1926 La Forestal inicia las ventas de algunos de sus terrenos, y veinte años después solo le quedan en sus manos poco más de 90.000 hectáreas de las 2.320.000 que había tenido. Los ferrocarriles particulares pierden su función, son abandonados y la mayor parte de los rieles desmontados. La ganadería es el "uso secundario de la tierra" en las áreas explotadas. Ya las empresas tanineras manejan importantes estancias en sus tierras: *La Aurora, Las Gamas* y *Los Cerrillos* de La Forestal; *La Suiza* de la Cía. La Chaqueña; *San Carlos* de la Cía. Noetinger-Lepetit. En las tierras vendidas por las empresas tanineras también existen hoy estancias y explotaciones agrícolo-ganaderas (Bünstorf, 1982: 68).

La consecuencia de la progresiva desaparición de la industria taninera y la explotación forestal de gran parte del Chaco oriental es, lógicamente, una considerable disminución de las fuentes de trabajo y, a su vez, la emigración de la población. A partir de mediados de las década de 1940, la región del tanino, a diferencia del resto del Chaco, sufre una constante caída demográfica, especialmente en los pueblos donde se cierran las fábricas, como ocurre en Tartagal (82%), Villa Guillermina (50%). Numerosos pueblos, más pequeños, desaparecen totalmente. La explotación forestal influye, solamente, en una puesta en valor del espacio temporal, momentáneo, tanto por las características de los obrajes, que penetran cada vez más adentro el bosque, como por las modalidades de la industria taninera. Allí donde la existencia de madera se va agotando, las instalaciones para su elaboración desaparecen, y los pueblos en gran medida son abandonados por la población que se ocupaba en la explotación forestal. Influye también en el desarrollo, el mercado (por ejemplo en el caso del tanino) y la política empresaria de las compañías productoras. La explotación forestal en el Chaco, aun actualmente, se realiza en forma de *timber mining* (explotación de la madera de los boques al estilo de la minería), y por esa razón promueve solamente un poblamiento temporal en dichas áreas. La economía taninera tiene importancia en la región chaqueña en general, debido a la temprana conexión ferroviaria con el centro del país. Semejante a la explotación forestal, es la ganadería bovina, que como objetivo económico conduce al aprovechamiento de los recursos naturales y necesita grandes superficies. También en este caso hay un poblamiento muy escaso pero, por el contrario, permanente.

La industria taninera y la ganadería en conjunto diagraman, de algún modo, la delimitación de las áreas para la colonización agraria, en gran escala, que solo puede desenvolverse en las tierras fiscales ubicadas más al oeste. Es únicamente la colonización agraria (dentro de sus áreas) la que determina la instalación y el asentamiento de una considerable y permanente población, así como el desarrollo de un sistema de centros urbanos como parte del paisaje cultural en desarrollo.

De todos modos, tampoco esta zona resulta estable. Desde los comienzos, el área de cultivo se va extendiendo cada vez más, a pesar de ciertas condiciones naturales desfavorables. La colonización agraria se expande hacia áreas en las cuales el régimen climático no brinda condiciones adecuadas para una producción rural segura. Varios factores contribuyen a esta *euforia colonizadora*; grandes cantidades de inmigrantes, el ofrecimiento de tierras fiscales, la perspectiva de buenos resultados del cultivo del algodón y, especialmente en las década de 1920 y 1930, una marcada valoración por la tierra rural y la producción agropecuaria. Cuando concluye el proceso de inmigración masiva y cuando la crisis algodonera estimula la conciencia de que una ampliación de los cultivos y la producción agropecuaria no es conveniente, se inicia un período de retroceso o estancamiento. Varios establecimientos agrícolas cambian su sistema económico y de ahí en adelante se organizan establecimientos ganaderos en forma de puestos, muy comunes antes de la colonización agraria.

En esta fecha, 1931, The Forestal Land, Timber and Railway Co. Ltd. –es decir, La Forestal–, agrupándose con Fontana Ltda., y con Baranda Ltda., constituye La Forestal Argentina Sociedad Anónima Industrial, Comercial y Agropecuaria, a quien en adelante llamaremos La Forestal Argentina. La superficie de las tierras comprendidas en la operación es de 721.561 ha en Santa Fe y 467.937 ha en el Chaco, lo que da un total de 1.189.498 ha. Estas cifras evidencian que La Forestal había vendido y entregado ya en esta época cerca de 1.200.000 ha, prácticamente la mitad de los terrenos que poseía a fines de 1914 (Zarrilli, 2004).

El proceso forestal se consolida en esta etapa, siendo 1930 su momento culminante. A posteriori, algunos de los factores que contribuyen a la desaceleración de su explotación son: el agotamiento del área boscosa, que había obligado al desplazamiento de la actividad hacia el norte, lo que encareció el transporte, y la aparición de sustitutos del tanino, que traen aparejado el cierre de obrajes y la liberación de mano de obra, así como el desmembramiento de los latifundios del Sur, incorporados a la actividad ganadera.

Este modelo forestal primitivo fue parte del proceso de expansión económica de un área marginal del territorio argentino, y se presentaría con características similares en zonas adyacentes del Paraguay y del Brasil. En su forma madura, alcanza un desarrollo avanzado para el lugar y la época, y su influencia sobre la organización espacial del noreste argentino perdura por más de medio siglo. Se incorpora directamente a la economía mundial, sin la mediación de la economía pampeana, por los circuitos financieros del capital europeo. El enclave maduro resulta de un rápido proceso de movilización de capital por parte de algunas pocas empresas, de las cuales la Forestal es la más importante (Ragonese, 1959).

A partir de este momento solo se construyen cuatro fábricas más: La Verde en 1939, Monte Quemado en 1941, Santiago del Estero en 1942 y, en el mismo año, Vinalito Yuto (Jujuy). En 1932, La Forestal empieza a comprar acciones de Quebrachales Fusionados y en 1964 adquiere la mayoría del paquete accionario, con lo cual elimina definitivamente a su mayor competidor.

Comienza un nuevo período en la industria taninera nacional, que podríamos caracterizar como de transición a la decadencia. Hacia 1943, ya habían cerrado las plantas de Colonia Benítez (1932), Reconquista (1941) y Puerto Bermejo (1943). De todos modos, en 1937 se forma el tercer *pool* hasta que en 1945 La Forestal Argentina deja de controlar la producción taninera. Entre los años 1946 y 1947, a causa de la Segunda Posguerra Mundial, se produce un nuevo auge de las exportaciones de extracto de quebracho, pero finalizado este conflicto, se inicia un último proceso que llega hasta nuestros días, que da lugar al cierre masivo de plantas productoras de tanino.

Entre 1930 y 1940, la situación, en lo que hace a la distribución geográfica de la industria, es la siguiente:

República Argentina	República del Paraguay
Pcia. del Chaco: 16 fábricas	Puerto Sastre: 1
Pcia. de Santa Fe: 8	Puerto Casado: 1
Pcia. de Santiago del Estero: 2	Puerto Guaraní: 1
Pcia. de Formosa: 2	Puerto Pinasco: 1
Pcia. de Jujuy: 1	
Pcia. de Corrientes: 1	

En esa distribución, la participación de las distintas provincias argentinas, en el porcentaje de establecimientos que cada una tiene con respecto al total del país, es la siguiente:

Gráfico 1. Distribución de fábricas por provincia (%)

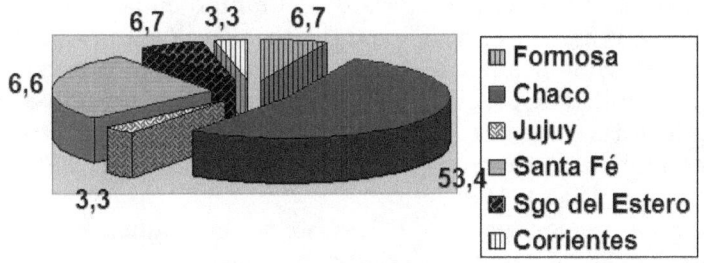

De esta forma, las fábricas argentinas, en número de treinta, representan el 89,3% del total de plantas productoras de extracto de quebracho en el mundo, correspondiéndole a Paraguay, con cuatro establecimientos, el 10,7% (La Forestal, 1935: 112).

Surgen entonces, con claridad, tres períodos de instalación de fábricas: el primero es el del comienzo de la actividad industrial, o sea hasta 1909; el segundo coincide prácticamente con la Primera Guerra Mundial (1915) y se extiende hasta 1925, y el tercero se corresponde con la Segunda Guerra Mundial, 1939 a 1942. En ese año, 1942, se instala la última fábrica. Asimismo, se observan dos períodos de cierre: el primero va desde 1922 hasta 1934 –que trasciende los efectos de la crisis mundial de 1930– y el segundo, desde 1950 a 1962, que se continúa en forma sistemática.

Se puede señalar, asimismo, que el segundo período de cierre coincide con la implantación de un llamado plan de racionalización, tendiente a disminuir la capacidad de elaboración del extracto de quebracho argentino, y que se ejecuta a través del cierre de las propias fábricas de La Forestal y de otras. Producto de la coyuntura es el desmantelamiento de dichas fábricas. En ese mismo período se aumentan las plantaciones de mimosa –producto competidor del tanino en la curtiduría– y se ponen en funcionamiento nuevas plantas para su extracción, situación que culmina con un acuerdo monopólico de precios, que resulta ser el más elevado de la historia y facilita, de esta manera, el afianzamiento de las fábricas elaboradoras de extracto de mimosa, entre los años 1951 y 1956.

La mayor parte de los bosques chaqueños son aprovechados mediante el otorgamiento de concesiones, sin tomar en cuenta el valor real de la madera en pie o lo que costaría reponer los bosques explotados. Generalmente las cláusulas sobre regeneración del bosque –cuando existen– no son respetadas. Además, la desaparición de grandes extensiones boscosas provoca daños visibles al medio ambiente y otras alteraciones no menos importantes pero más difíciles de evaluar. Entre las primeras pueden consignarse: erosión, formación de dunas, desertificación, avalanchas, embancamiento de ríos, extinción de especies. Entre las segundas: cambios climáticos y aumento del dióxido de carbono (Salcedo y Leyton, 1980: 454).

Es entonces, a partir de 1935, cuando las exportaciones de extracto de mimosa aumentan sustancialmente y comienzan a transformarse en un competidor implacable del quebracho. Pese a que las exportaciones de corteza cuyo record es de 121.000 toneladas en 1922, se reduce a unas 75.000 toneladas en 1935 y a 44.000 en 1944, las plantaciones de acacia negra continúan en sostenido y permanente aumento, a tal extremo que mientras que en 1921 Sudáfrica poseía unas 115.000 ha cubiertas de plantaciones alcanzan a unas 200.000 ha en 1950.

En el período 1939/45, más allá de los efectos de la crisis de 1930 y en el contexto de la Segunda Guerra Mundial, se produce una nueva distorsión en el dispositivo de ventas internacional del extracto de quebracho. Las acciones bélicas no afectan el mercado norteamericano, pues una comisión especial del gobierno estadounidense, con asiento en Buenos Aires, hace directamente las adquisiciones, pero muchos productores experimentan dificultades para efectuar sus embarques a Europa. En 1940 se llega a un acuerdo mediante el cual, y durante la contienda, La Forestal de Londres actúa como agente exclusivo de ventas de todos los industriales argentinos.

Por razones estratégicas –en el contexto del conflicto mundial– Argentina y Paraguay son radiados de los mercados de Oriente, en cuya amplia zona el consumo de materiales curtientes aumenta considerablemente y la mimosa provee las necesidades militares y civiles, especialmente en la India, Australia y Nueva Zelanda. Este hecho refuerza la tendencia existente en el área, debido a su ubicación geográfica, de inclinarse hacia la mimosa en sus abastecimientos. Sin lugar a dudas los años de la gran conflagración no favorecen al quebracho. Las operaciones militares reducen su ámbito comercial al continente americano, el Reino Unido y unos pocos mercados más. Pero el consumo en los Estados Unidos y en América Latina acusa un aumento considerable y, por lo tanto, la pérdida momentánea de los mercados de Europa continental resulta parcialmente compensada (CFI, 1973: 28).

A partir de entonces, La Forestal consigue formalizar un nuevo *pool*, pero en 1942, para lograr asimismo ligar toda la industria a un sistema de cupos de exportación oficializados, se rige por este sistema hasta la década de 1960. Este esquema funciona con general beneplácito de los sectores industriales y aunque las colocaciones en el exterior son menores (unas 257.606 toneladas) entre 1936 y 1939, y hasta 194.275 toneladas por año entre 1940 y 1944, la industria argentina y paraguaya conservan una razonable ocupación durante la contienda y exportan un total de 1.248.600 toneladas entre 1940 y 1945.

Cuadro 1. Exportación de extracto de quebracho (1920-1936)

Años	Toneladas	Años	Toneladas
1920	101.627	1937	198.480
1921	101.113	1938	167.940
1922	124.233	1939	S/D
1923	163.131	1940	126.998
1924	180.912	1941	142.240
1925	214.183	1942	135.700
1926	202.608	1943	149.265
1927	198.807	1944	130.066
1928	202.608	1945	195.766
1929	198.807	1946	210.497
1930	202.633	1947	221.068
1931	175.845	1948	138.009
1932	188.059	1949	100.293
1933	211.048	1950	210.137
1934	232.655	1951	219.106
1935	175.713	1952	167.230
1936	176.430	1953	172.366

Fuente: Consejo Federal de Inversiones (1973). *Diagnóstico sobre fabricación de resinas fenólicas. Provincia del Chaco.* Buenos Aires: Serie Técnica 22, p. 49.

Con la terminación de las hostilidades en 1945, mejora sensiblemente la posición de la industria argentina de extracto de quebracho y hasta 1947 el promedio anual de exportaciones argentinas y paraguayas excede los registros de la preguerra, llegando a 278.132 toneladas por año; es decir, un 43% de aumento sobre las entregas hechas durante la guerra.

Es recién hacia 1950 cuando las circunstancias internacionales cambian en el mercado consumidor de estos productos. En ese año La Forestal lanza una ofensiva de ventas de su extracto de mimosa, resuelta a conquistar los mercados que necesita para ir colocando la creciente producción de ese extracto, y para lograrlo, forzosamente, debe desalojar a uno de los competidores (quebracho y castaño) ya que el consumo mundial es inelástico y ha permanecido durante años estabilizado en 400.000 toneladas. Desalojar al castaño no es una tarea fácil ya que la mayor parte de su producción se coloca en los propios mercados de origen y, además, esta industria tiene una buena organización de ventas propias que no se deja avasallar. La presa más fácil es, entonces, el extracto de quebracho, porque la misma empresa tiene en sus manos el control de la producción y de la comercialización y porque dado el rígido control de precios de venta y los cambios regulados por el gobierno, le es muy difícil defenderse en una competencia de esta índole.

En esta situación, se llega al año 1953 en que el gobierno de Estados Unidos interrumpe sus compras de tanino y por ende, La Forestal considera oportuno el momento para volver sobre la liquidación de sus fábricas argentinas para cumplir su plan de infiltración en los mercados con su extracto de mimosa. Comienza el desmantelamiento de la industria del tanino en el país.

La industria del tanino en el Chaco es un claro ejemplo de economía extractiva. La zona afectada pasa por un proceso de organización económico-espacial y posterior decadencia a partir de fines de los años 1930. Dicho proceso es semejante al de las zonas mineras donde rápidamente se agotan los yacimientos. Se puede hablar entonces de una organización económico-espacial transitoria, pero que no resulta sustantivamente afectada por la crisis de 1930 como ocurre con la rica región pampeana.

4. El ciclo algodonero

La combinación de factores políticos internos y externos, con un régimen de tenencia de la tierra favorable a la inmigración europea, la necesidad de asegurar territorios para implantar una cultura extractivista ligada a parámetros exclusivos del modelo agro exportador y la exacta mezcla entre declinación del ciclo taninero con la presencia de una mano de obra cuasi esclava, en un contexto de extrema vulnerabilidad social detonaron las condiciones para la aparición del nuevo ciclo: el algodonero, hacia 1920, favorecido entre otros factores por la situación internacional y la crisis productiva por invasión del picudo algodonero en Estados Unidos. La inmigración hacia el desierto verde del Chaco en un contexto de guerra mundial y necesidad de abastecimiento a la industria textil europea hacen que aparezca de nuevo, en otra porción del territorio chaqueño, un modelo de producción extractivista primario, basado en la oportunidad algodonera.

En este sentido la región, y especialmente del Chaco, es asimiladora de una energía social y ambiental despojada para consolidar un modo de relación sociedad-naturaleza signada por la puesta en marcha del modelo agro-exportador de materias primas. Si bien podemos decir que la presencia del Chaco está ligada a la consolidación de una economía regional vinculada marginalmente a la región central pampeana, veremos cómo este esquema también se torna insostenible, por sus efectos sociales y ambientales directos.

En el ámbito regional, la planicie central chaqueña es desde siempre el área algodonera por excelencia, alrededor de la cual se lleva adelante el monocultivo (Quitilipi, Sáenz Peña, Villa Ángela y Las Breñas), que coincide con el espacio donde los promedios de lluvias oscilan entre los 700 y 1000 mm anuales, y se degrada dicha área hacia el occidente, fundamentalmente a causa del incremento de la aridez.

Este escenario ha sido básicamente monoproductor, ya que allí las opciones de diversificación que son específicas de las prácticas más tradicionales de cultivos anuales son llevadas adelante por los agricultores en función de las dimensiones físicas de sus explotaciones y de las perspectivas de la demanda interna y de los precios relativos. La mayor disponibilidad de tierra posibilita un contexto de mayor participación, con un incremento en la integración social y comercial, lo que alienta mayores posibilidades de progreso. Por ello, el sector agrícola chaqueño no deja de participar en lo que Fiorentino, Ekboir y Lunardelli (1990: 543) destacan como "los problemas estructurales más frecuentes de las economías regionales; la concentración de la propiedad fundiaria y la consiguiente división de los agricultores entre empresarios y minifundistas dentro de una misma rama productiva". Mientras que pequeños agricultores chaqueños –con explotaciones menores a 50 hectáreas– comparten una serie de rasgos negativos de diversa especie (dependencia del trabajo familiar en condiciones precarias de tenencia de la tierra, casi nulas posibilidades de acceso al crédito accesible, extrema vulnerabilidad a los fenómenos meteorológicos y dependencia en relación con la intermediación comercial), la situación de los agricultores con explotaciones de mayor envergadura, las que históricamente no constituyen un porcentaje elevado en la estructura agraria provincial, siempre fue más desahogada por contar con una mayor extensión de tierra que les posibilita un margen más amplio de diversificación en su manejo productivo (Valenzuela, 2005).

El riel, la mano de obra expulsada del obraje, las exigencias de la ocupación del espacio, la deforestación, la apertura de nuevos espacios para la producción agrícola detonan en las áreas agro-ecológicas del centro-oeste chaqueño, un sistema productivo que se reorganiza en todo ese espacio, y causan un impacto decisivo en todo el ciclo biológico del área afectada por estos procesos. El cultivo del algodón, por su parte, provoca una reacción en cadena de poblamiento con cierta permanencia del poblador en el territorio. Para fijar esta estructura social resulta determinante el auge de la producción agrícola, incentivada por empresas exportadoras y el gobierno central a partir de 1920. Se suma a esa coyuntura el crecimiento de los precios y la demanda en el mercado internacional durante la Primera Guerra Mundial. El primer crecimiento algodonero destinado a la exportación se concentra principalmente en el Chaco. Formosa se integra a él recién en la etapa abierta con posterioridad a la crisis de los años 1930, cuando el acelerado proceso de urbanización y transferencia de ingresos que vive el país sustituye la demanda internacional por una creciente capacidad de consumo interno durante toda esta etapa (Unidad Técnica Programa de Desarrollo Regional, 1977). Las políticas públicas juegan un importante papel en la conformación del área. Por una parte, las leyes de colonización reflejan el interés de poblar una zona marginal de escaso valor rentístico, a pesar de lo cual son combatidas y muchas veces desnaturalizadas por los grupos ligados a la explotación forestal que buscan mantener la libre disposición de tierras fiscales para su actividad (Valenzuela, 2000: 11-31).

El problema productivo posterior a la recolección comprende dos momentos diferentes: el desmote y prensado de la semilla, así como el enfardado del algodón en las desmotadoras y aceiterías locales. A su vez, el algodón enfardado se embarca para Buenos Aires, donde se localizan el 85% de las fábricas que realizan el hilado y los tejidos de esta fibra. En consecuencia la industria vinculada al algodón se disocia. El Chaco solo cuenta con 130 desmotadoras y aceiterías; de ellas, algunas funcionan bajo el régimen de cooperativas, y otras son de gestión estatal o privada. Las fábricas de textiles locales son pocas y de producción limitada (Adámoli, Torrella y Ginzburg, 2004).

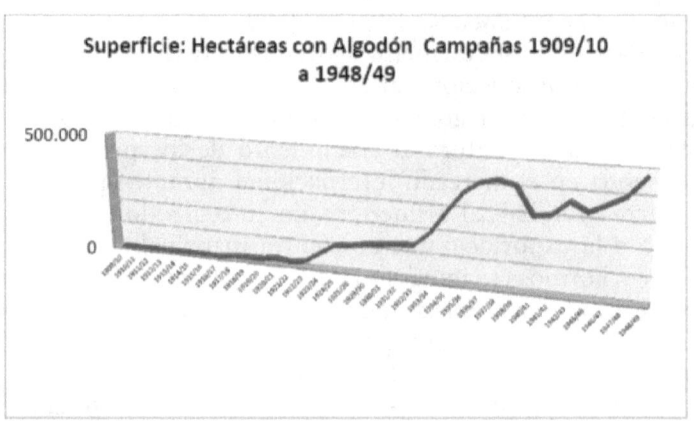

Gráfico 2

Fuente: elaboración propia en base a datos de *Dos Siglos de Economía Argentina*. O. Ferreres, Boletín Mensual Algodonero, Junta Nacional del Algodón y CCIA a partir de 1945/46.

En la década de 1960, la aparición de las fibras sintéticas, así como el estancamiento del mercado interno, comienza a influir en las ventas y en una correlativa baja de los precios. Se acumulan toneladas de algodón sin colocación, al tiempo que la insuficiente calidad de la fibra local hace difícil su exportación. En el campo, los productores minifundistas ven aumentar sus dificultades al carecer de superficies en escala adecuada para competir en esa coyuntura, y acumulan deudas. Todo ello llevó a una crisis económica que se manifiesta en toda su crudeza en la década siguiente, donde la superficie sembrada se reduce en un 30 y aun 40%, pero cuyos signos comienzan a ponerse en evidencia en esta etapa. Durante años, la agricultura dedicó la mayor parte de su actividad a la producción de algodón, y así lo convirtió en el cultivo típico chaqueño. En un segundo plano se ubican la soja, sorgo, arroz, maíz, trigo, maní, tabaco, girasol y hortalizas (Adámoli, Torrella y Ginzburg, 2004). La expansión global del sector agrícola, sin embargo, no se traduce en un crecimiento homogéneo del sector y por lo tanto, en una mejoría de la situación de todos los productores, especialmente los pequeños. Las empresas comerciales medianas y grandes tampoco se han modernizado. El sistema de monocultivo algodonero predominante, el limitado acceso a insumos y créditos, así como la insuficiente asistencia técnica, provocan un estancamiento de la agricultura. No obstante, el vigoroso crecimiento de la demanda de algodón hasta fines de la década de 1950 permite un importante desarrollo regional, que se refleja en los índices socioeconómicos disponibles (Adámoli, Torrella y Ginzburg, 2004).

Sin embargo, este crecimiento dominado por el monocultivo algodonero presenta particularidades que incidirían negativamente en el decenio siguiente, con la declinación de esta actividad. Así, aunque en estos años se consolida la participación de los estratos medios (visible en el mayor peso económico del movimiento cooperativo), el grueso de la población que es atraída hacia el área se incorpora como productor minifundista algodonero o como mano de obra transitoria vinculada al ciclo de dicho cultivo. Los escasos recursos disponibles de estos productores explican el hecho de que amplias áreas de la zona este que requieren desmonte para su utilización agrícola permanezcan desocupadas, mientras que se produce un hacinamiento sobre la superficie agrícola libre de bosques que puede ponerse en explotación sin la necesidad de afrontar los costosos gastos del desmonte (Adámoli, Torrella y Ginzburg, 2004).

A su vez, tomando en cuenta el manejo de los suelos en este ciclo, pueden apreciarse amplias extensiones bajo cultivo, con graves problemas de declinación de la productividad, debido especialmente a la degradación del recurso tierra (pérdida de nutrientes, de materia orgánica, compactación, planchado, etc.) y un exceso y déficit hídrico. Estos problemas tienen un impacto más alarmante en la zona de la provincia donde el tamaño de las explotaciones agrícolas es reducido (menores a 25 ha), aunque tampoco las grandes explotaciones logran evitar este proceso depredativo. El problema se acentúa en las zonas con ecosistemas frágiles y poco estables (noroeste y suroeste de la provincia), donde existen prácticas de cultivos con tecnología no apropiada para el ambiente. A este asunto se debe agregar el sostenido grado de "incineración" de la materia orgánica, sinergizada por una alta tasa de extracción de nutrientes, por algunos cultivos de bajo aporte de materia.

En relación con los impactos ambientales del algodón, el más evidente es el que se produce en los "suelos". En la salinización se combinan tanto factores debidos al relativo mal manejo del suelo como cuestiones físicas y ambientales −aguas salinas, napas freáticas altas, rápida evaporación− que potencian este efecto en el suelo. De igual forma, el bajo contenido de materia orgánica determina menos estructura de los suelos, hecho que facilita una mayor evapotranspiración. En la erosión laminar,[5] la intensidad de las precipitaciones se conjuga con suelos con problemas de drenaje, lo cual genera a su vez un fuerte escurrimiento con el consecuente arrastre de las partículas del suelo. También se relaciona con el exceso de labores y el tipo de labranza vertical, entre otros aspectos negativos (Calvo, Bergamín, Lara y Sander, 2005: 78).

Debe sumarse además el progresivo desmonte de suelos con escasa aptitud agrícola que impactará de forma sostenida en el estancamiento del desarrollo económico y

---

[5] Pérdida de una capa delgada más o menos uniforme de suelo (partículas liberadas por salpicadura) en un terreno inclinado. Tiene lugar cuando la intensidad de la precipitación excede la infiltración o bien cuando el suelo se satura de agua, lo que da lugar a un exceso de agua en la superficie.

social de la zona, sumado a una intensa alteración de la biodiversidad natural, y de los ambientes más frágiles (Adámoli, Torrella y Ginzburg, 2004).

5. Reflexión final

La integración de los ciclos forestal y algodonero chaqueños resulta facilitada por la presencia explícita del modelo de agro-exportación de materias primas. La región no es la excepción, es decir, la "mancha" ecológica de ambos ciclos es el perfil más visible del modo de explotación

A la tala indiscriminada del bosque de quebracho que modifica la fisonomía del paisaje (10 millones de hectáreas deforestadas), se le agrega ahora el monocultivo algodonero que necesita aplicar otro desmonte generalizado para incorporar nuevas tierras al proceso económico. El uso del suelo como potencial productivo para los monocultivos y explotación selectiva tiene consecuencias ambientales nefastas, el relato que sigue indica con claridad meridiana todas las dudas que ya provocaba en la comunidad científica este fenómeno hacia los años 1950 (Morello y Adámoli, 1974: 88).

Se pueden agregar a los citados elementos tales como las talas masivas de bosques para facilitar la extracción y la ampliación de fronteras agrarias e incorporación del ganado al ciclo productivo. Estos son los rasgos evidentes de este proceso económico, que sin duda se dio al ritmo de la economía pampeana, base de todo el sistema de organización nacional, y del cual el territorio chaqueño fue y sigue siendo satélite.

Ambos ciclos, el agroportuario pampeano y el forestal chaqueño, marchan al ritmo de la instalación de las vías férreas; la vida de estos se interrelaciona y se evidencia aun más a la luz de la implantación del latifundio forestal, la incorporación del ganadero y luego la lucha entre estos y el naciente ciclo del algodón. La degradación de los bosques por su explotación destructiva presenta una huella en el territorio que no deja rastros de "progreso" perdurables, en todo caso representa un modo específico para la ocupación efectiva del espacio y para la inmigración posterior asociada al cultivo del algodón. Solamente ubicando este proceso en su contexto es posible entender la acción continua de los obrajes latifundistas de las compañías que depredarían el ecosistema abriendo paso a la colonización algodonera asociadas al mismo tiempo a las colonias ribereñas del Paraná, dedicadas a la explotación de la caña de azúcar (Las Palmas del Chaco Austral, por ejemplo). Los tres elementos nombrados son causantes de la organización espacial, dan lugar a un modelo de organización espacial extremadamente concentrado en muy pocas actividades económicas de tipo extractivista, altamente vulnerables y depredadoras del medio natural. Operan sobre un territorio formalmente ocupado por un Estado débil y lejano, controlado por una política extraña a los intereses de los propios pobladores, ecosistemas y culturas originarias, para lograr la implantación de un modelo productivo sin arraigo en esos intereses, y perverso por sus consecuencias negativas en el largo plazo.

Bibliografía

Adámoli, Jorge; Torrella, Sebastián y Ginzburg, Ruben (2004). *Diagnóstico ambiental del Chaco argentino*. Buenos Aires: Dirección de Conservación del Suelo y Lucha contra la Desertificación. Secretaría de Ambiente y Desarrollo Sustentable.

Bitlloch, Eduardo y Sormani, Horacio (1997). "Los enclaves forestales de la región chaqueño-misionera". *Ciencia Hoy*, n° 37, vol. 7.
Bitlloch, Eduardo y Sormani, Horacio (2012). "Formación de un sistema productivo: los enclaves forestales de la región chaqueño-misionera (siglos XIX-XX)", en *Revista de Indias*, n° 255, vol. LXXII.
Borrini, Héctor (1988). "La industria a fines del siglo XIX en el Territorio Nacional del Chaco", en *Octavo Congreso Nacional y Regional de Historia Argentina*. Buenos Aires.
Brodersohn, Víctor y Slutzky, Daniel (1978). "Dependencia interna y desarrollo: el caso del Chaco", en *Desarrollo Económico*, n° 70, vol. 18, julio- septiembre.
Bruniard, Enrique (1975-78). "El Gran Chaco Argentino. Ensayo de interpretación geográfica", en *Geográfica* n° 4. Revista del Instituto de Geografía. Resistencia: Universidad Nacional del Nordeste.
Bünstorf, Jürgen (1982). "El papel de la industria taninera y de la economía agropecuaria en la ocupación del espacio chaqueño", en *Folia Histórica del Nordeste*. Resistencia: UNNE.
Cozzo, Domingo (1967). *La Argentina Forestal*. Buenos Aires: EUDEBA.
Dargoltz, Raúl (1985). *Hacha y quebracho. Santiago del Estero, el drama de una provincia*. Buenos Aires: Ed. Mar Dulce.
Girbal-Blacha, Noemí (1986). *Progreso, crisis y marginalidad en la Argentina moderna*. Buenos Aires: Distribuidora Galerna.
Girbal-Blacha, Noemí (1992). "Inserción de una región marginal en la Argentina agroexportadora. El Gran Chaco Argentino y la explotación forestal (1895-1914)", en *VIII Congreso Nacional y Regional de Historia Argentina*, A.N.H., La Rioja.

Girbal-Blacha, Noemí (1995). "Reflexiones sobre la historia rural y la situación agraria de las economías extrapampeanas. El caso del Gran Chaco Argentino y la explotación forestal (1895-1930)", en Bjerg, M. y Reguera, Andrea. *Problemas de historia agraria*. Tandil: UNCPA.
Leff, Enrique (1994). *Ecología y capital. Racionalidad ambiental, democracia participativa y desarrollo sustentable*. México: Siglo XXI.
Leff, Enrique (comp.) (1994). *Ciencias sociales y formación ambiental*. Barcelona: Gedisa.
Morello, Jorge y Adámoli, Jorge (1974). *Las grandes unidades de vegetación y ambiente del Chaco Argentino. Vegetación y ambiente de la provincia del Chaco*. INTA, Serie Fitogeográfica, n°13.
Morello, Jorge; Pengue, Walter y Rodríguez, Alejandra (2005). *Etapas de uso de los recursos y desmantelamiento de la biota del Chaco*. FAUBA-GEMAPA, n° 4.
Salcedo, Sergio y Leyton, José (1980). "El sector forestal latinoamericano", en Sunkel, O. y Giglio, N. *Estilos de desarrollo y medio ambiente en la América Latina*. México: FCE.
Slutzky, Daniel (1973). "Tenencia y distribución de la tierra en la región NEA- Chaco- Formosa- Informe final", septiembre. Buenos Aires: CFI.
Sunkel, Osvaldo y Giglio, Nicolo (comp.) (1980). *Estilos de desarrollo y medio ambiente en América Latina*. México: F.C.E., tomos I y II.
Suriano, José y Ferpozzi, Luis (1992). "El cambio global. Tendencias climáticas en la Argentina y el mundo", en *Ciencia Hoy*, n° 18, vol. 3.
Valenzuela, Cristina (2000). "Factores determinantes de las decisiones agrarias. Consideraciones acerca de los efectos de la estructura fundiaria y la exclusividad productiva en la agricultura chaqueña", en *Boletín de Estudios Geográficos*, n° 96. Mendoza: Facultad de Filosofía y Letras. Universidad Nacional de Cuyo.

Zarrilli, Adrián (1996). "Crisis agraria y ecología. Los límites de la producción rural pampeana. 1930-1950", en *Noveno Congreso Nacional y Regional de Historia Argentina*. Buenos Aires: Academia Nacional de la Historia.
Zarrilli, Adrián (1999). *Transformación ecológica y precariedad económica en una economía marginal. El Gran Chaco argentino, 1890-1950*. Miami: LASA.
Zarrilli, Adrián (2004). "Transformación ecológica y precariedad económica en una economía marginal. El Gran Chaco argentino, 1890-1950", en Barriera, Darío y Roldán, Diego (comps.). *Territorios, espacios, sociedades: agenda de problemas y tendencias de análisis*. Rosario: Editorial de la Universidad Nacional de Rosario.

Fuentes

Consejo Federal de Inversiones (1973). *Diagnóstico sobre fabricación de resinas fenólicas. Provincia del Chaco*. Buenos Aires: Serie Técnica 22.
Denis, Pierre (1983). *La valorización del país. La República Argentina. 1920*. Buenos Aires: Ediciones Solar (primera edición, París, 1920).
Garrasino, Luis (1955). *Problemas forestales argentinos. Asociación productores industria forestal de Misiones*. Buenos Aires.
Koutche, Vsevolod (1936). "La riqueza y los rendimientos de los bosques chaqueños de quebracho colorado", en *Almanaque del MAN*. Buenos Aires: Ministerio de Agricultura de la Nación.
La Forestal al Servicio de la Grandeza Argentina (s/f), Buenos Aires: La Forestal, p. 52.
Lebedeff, Nicolás (1933). "Algunas observaciones sobre los bosques chaqueños", en *Publicación Nº 3 de Contribución al conocimiento de los bosques*. Buenos Aires: Ministerio de Agricultura de la Nación.

Madueño, Raúl (1942). *Evolución del régimen forestal argentino*. Buenos Aires-México.
Ragonese, Arturo E. (1959). *Política forestal argentina*. Buenos Aires.
Ratti, Luis (1952). "La cuestión forestal argentina", en *Culto Forestal*, n° 1. Buenos Aires.
Seelstrang, Arturo (1971.) *Informe de la Comisión Exploradora del Chaco*. Buenos Aires: Editorial Universitaria de Buenos Aires.
Tortorelli, Lucas (1941). "Importancia económica de la explotación racional de nuestros bosques", en *Anales. Sociedad Rural Argentina*, vol. 76, n° 3. Buenos Aires.
Tortorelli, Lucas (1956). *Maderas y bosques argentinos*. Buenos Aires: Orientación Gráfica Editora.

La historia rural invisible

Marginalidad en los márgenes.
Formosa (1910-1960)

NOEMÍ M. GIRBAL-BLACHA[1]

Somos un pueblo de paciencia, no cortamos rutas, tenemos mucha paciencia, desde 1492 que tenemos paciencia, pero el Estado debe escuchar, no pedimos regalos, tienen que cumplir la ley. Acá vivieron nuestros antepasados, no es de empresarios ganaderos ni de Gendarmería, es del Pueblo Pilagá (Saturnino Miranda, Federación Pilagá, 2012).

1. Planteo del problema

Más allá de los resultados derivados de cada uno de los ciclos productivos referidos al azúcar, la explotación forestal y el algodón, propios del Nordeste argentino (NEA), es posible afirmar que como parte de la marginalidad nordestina, existen subáreas territoriales –como ocurre con el territorio fronterizo de Formosa, colindante con el Paraguay– que resultan disociadas y postergadas aun al interior del propio Gran Chaco Argentino. Formosa, desde un punto de vista geográfico, forma parte del Chaco Central y sus límites son naturales (ríos Teuco-Salteño y Bermejo al sur, lindante con el Chaco; el río Pilcomayo al norte y al este el río Paraguay; estas dos últimas vías fluviales marcan el

---

[1] CONICET-CEAR/UNQ. noemigirbal@gmail.com

límite con la República del Paraguay) a excepción del trazado al oeste, que linda con Salta, conformado por la llamada "línea Barilari" (Linares Quintana, 1937: 57). El sistema de tenencia de la tierra va acompañado de la desertificación que es característica de gran parte del territorio formoseño. Se trate del este, del centro o del oeste, la conservación de los recursos naturales con modelos productivos heterogéneos –en medio de un aprovechamiento desordenado y escasa tecnología– es compleja y mucho más en el oeste árido de Formosa. Ganadería y actividad forestal –en la década de 1870 se calculan en unos dieciocho los obrajes en actividad en el Territorio– agravan esas condiciones, y a ellas se suma la importante presencia del aborigen desprotegido y la calidad de ocupantes precarios que predomina y apuestan a la explotación en el corto plazo y al uso intensivo de la tierra, de modo que se posterga el crecimiento económico regional y se da paso a la erosión del suelo. La vinculación de Formosa es más firme y directa con el mercado internacional que con el interno (Slutzky, 2011: 113).

La parte central de este Territorio Nacional está surcada por una amplia red de canales de drenaje que se extienden, ya avanzado el siglo XX, para impedir las inundaciones, con un impacto directo sobre la zona y su ecosistema, al mismo tiempo que reproduce actividades poco rentables, sin el sustento del crédito y sin inversiones que mejoren las condiciones económicas lugareñas (García y Regondini, 1999). La presencia de una numerosa población indígena que el Estado parece ignorar aun en tiempo de la "justicia social", los productores sin capacitación que explotan parcelas escasamente delimitadas y alambradas, atacadas sus producciones por plagas como el vinal y perjudicadas por la erosión, son factores que hacen más compleja la degradación de la tierra en medio de la ausencia de control que debiera ejercer el Estado, para evitar el éxodo poblacional y que, tempranamente, describieran los viajeros como Martín de Moussy y Alcides D'Orbigny, entre otros.

Tal vez por las razones enunciadas, la historiografía tampoco se ha ocupado de estudiar especialmente sus características productivas, políticas, culturales, y de interpretar el accionar de los sujetos sociales, así como el diseño de las políticas públicas –como parte del ejercicio del poder– en este Territorio Nacional fronterizo convertido en gobernación en 1884 e iniciada rápidamente su colonización. El propósito es poder caracterizarlo en el concierto regional y compararlo con otros Territorios Nacionales argentinos, organizados también por la Ley 1532 que les da fundamento institucional y de derecho, basándose en el modelo norteamericano (Borrini, 1991; Leoni de Rosciani, 2001: 43; Ruffini, 2007: 29-138).

Este estudio pretende aproximarse históricamente a un caso específico de ocupación y construcción del espacio; es decir, a "los marginales" –tanto espacios como actores– en un contexto más amplio de marginalidad –característica del NEA– respecto del modelo agroexportador que tiene como protagonista al poderoso puerto de Buenos Aires y sus negocios (Pillet, 2008: 55-95). Esta investigación se propone un análisis en dos planos interrelacionados: el de las alternativas propias del gobierno nacional y el de la lógica territoriana, donde el gobernador tiene limitadas atribuciones y al no pertenecer, por lo general, al lugar que gobierna, las acota aun más en su ejecución. Los jueces letrados, comisarios y jueces de paz completan el plantel de autoridades de mayor significación en estas gobernaciones nacionales, que despliegan un singular y concentrado ejercicio del poder (Girbal-Blacha, 2011). Desde 1907, las llamadas Comisiones de Fomento reunirían a los "vecinos representativos del lugar" –avalados por el gobernador y el Ministerio del Interior– para promover el desarrollo jurisdiccional. Solo en la vida de los municipios tenían participación los habitantes locales a la hora de elegir sus cinco representantes en el Concejo Municipal (cuando se tratara de poblaciones con más de mil habitantes). En los Territorios Nacionales como el de Formosa

> la actividad política restringida al ámbito urbano, la existencia de escasas comunas y la falta de vinculación entre las distintas zonas que componían cada territorio, obstaculizaron el establecimiento de las estructuras partidarias a escala territorial, así como la formación de una identidad política (Leoni de Rosciani, 2001: 47).

Más allá de la creación y función de la Dirección General de Territorios Nacionales la situación de coordinación de estos espacios no sería tarea sencilla ni política ni socioeconómicamente, sabiendo que el papel del Estado no es unilateral, ya que su participación "tampoco ha tenido un mismo sentido en los procesos de desarrollo rural a través de diferentes realidades nacionales y diversos momentos de la historia" (Lattuada, Márquez y Neme, 2012: 17).

En síntesis, el propósito de este estudio histórico es describir e interpretar las condiciones de pervivencia o supervivencia de Formosa, de sus habitantes como constructores del espacio, de su economía y de sus instituciones como resultado de un ejercicio singular del poder político, durante la etapa en que administrativa y políticamente se definiera y actuara como Territorio Nacional, es decir, hasta promediar la década de 1950.

Mapa 1

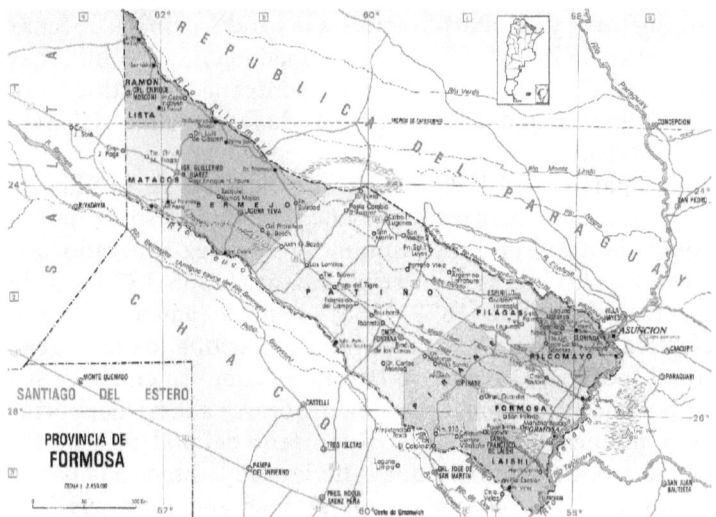

Fuente: http://goo.gl/IA39oh.

2. Formosa. Territorio y actores sociales, entre los orígenes y la crisis de 1930

El proceso de ocupación del espacio y la distribución de tierras del cual participan los funcionarios gubernamentales como parte del ejercicio de su poder actúan como instrumentos que perfilan la historia territoriana de Formosa, con dos etapas claramente definidas: desde 1879 hasta 1930, con una inflexión hacia 1903 caracterizada por los resultados de la aplicación de la llamada Ley Avellaneda y los efectos de la ley nacional de tierras de ese año, la primera; y desde los tiempos de crisis internacional hasta 1960, la segunda, cuando es sencillo advertir la expansión de la superficie del cultivo de algodón y sus limitaciones con la aparición de la fibra sintética hacia los años 1960. "La división de tierras fiscales y la fundación de nuevas colonias implicaron la instalación de alrededor de 5000 nuevos productores y la incorporación, a la producción agropecuaria, entre 1920 y 1947, de aproximadamente dos millones de hectáreas" (Oficina de Lucha contra la Desertificación del Programa de Naciones Unidas de Desarrollo – UNSO/ PNUD, 2000).

A partir de 1879, año de la fundación de la villa de Formosa, en primer término, y de la ciudad, después, por el comandante Jorge Luis Fontana –y una vez superados los efectos de la Guerra de la Triple Alianza (1865-1870) y de la Guerra del Pacífico (1879-1883)– se inicia la incorporación efectiva del territorio a la economía nacional de la Argentina Moderna. Dos fueron entonces, como se enunció, sus actividades principales para incorporarse a la agroexportación, impuesta desde el centro porteño del poder: la explotación forestal-taninera que estuviera supeditada a la fuerte acción de The Forestal Land, Timber and Railways Ltd. radicada en el Chaco santafesino, con algunos cañaverales y el cultivo del algodón a partir de la década de 1920. Los procesos básicos de la organización agraria del territorio a través de diversos mecanismos de apropiación de la tierra acompañan estos ciclos; especialmente el primero de ellos cuando ya se había producido el sometimiento del indígena y entraban en acción las "capacidades estatales", en tanto modos de hacer del Estado (Lattiada, Márquez y Neme, 2012: 18; Iazzetta, 2009). Es en el primer período citado cuando se funda la ciudad de Formosa y la Colonia Formosa (41.360 ha) asociada a ella, participando como pioneros los paraguayos ya residentes y los inmigrantes franceses de la zona pirenaica. Se inicia de este modo la ocupación territorial formoseña en dirección este-oeste (Slutzky, 2011: 114).

La región natural chaqueña que integra Formosa, es "una extensa área sobre la cual convergieron las culturas aborígenes propias, el avance espontáneo de los pastores salteño-bolivianos por el oeste", así como el inmigrante paraguayo atraído por las fuentes locales de trabajo o bien expulsado de su tierra de origen (Borrini, 1991: 7). Los nexos con Salta trascendieron los tiempos de creación de la gobernación de Formosa y entre 1891 y 1901 fueron dos salteños quienes la gobernaron: el general Napoleón Uriburu (1891-1893), ex expedicionario en la campaña de Julio A. Roca contra los indios y también gobernador del Chaco, y el coronel que participara de la guerra del Paraguay y de las expediciones al Chaco Austral, José María Uriburu (1893-1901). Formosa –una gran frontera a modo de franja extendida circunscripta por los ríos Pilcomayo, Paraguay, Teuco y Bermejo– cuenta entonces con una gran superficie boscosa, rica en quebracho taninero y con suelos fértiles en el este, que están bajo la propiedad del Estado nacional y parecen reunir las mejores condiciones productivas.[2] Una situación que pronto atraería la atención de los especuladores y dejaría consecuencias negativas para este Territorio Nacional.

El Estado poseía, según lo estipulaba la Ley 817 de Inmigración y Colonización del 19 de octubre de 1876 (Ley Avellaneda) y la 2875 modificatoria de la anterior, las herramientas para hacer posible la adjudicación de la tierra pública (Cárcano, 1972). Es la Ley de 1876 el fundamento jurídico que guiaría la ocupación de los territorios y su organización; siendo el inmigrante el instrumento capaz de desarrollar la economía agropecuaria que se pretende impulsar. Territorio y legislación se conjugan, pero no siempre los resultados de la aplicación se corresponden con los objetivos estipulados en las leyes. Son estas las bases impulsoras de una colonización privada que hará un uso particular y eficiente de la especulación, y generará la concentración de tierras públicas para entregarla a manos

---

[2] Territorio Nacional de Formosa: *Memorias, 1885-1899*, Resistencia-Chaco, IIGHI-UNNE, 1979, pp. 24-28.

de grandes propietarios.³ La Oficina Central de Tierras y Colonias dependiente del Ministerio del Interior y vinculada con el Departamento de Inmigración fomenta la colonización esencialmente de base agrícola.

En Formosa y desde fines del siglo XIX, un gran porcentaje de las tierras se enajenan a favor de concesionarios particulares, que a fines del decenio de 1920 registra –según la Dirección General de Tierras– diez concesiones de 80.000 hectáreas cada una, una de 79.457, una de 32.500, una de 20.000 y finalmente otra de 4.773 hectáreas. Algo menos de un millón de hectáreas habían pasado a manos privadas como producto de la aplicación de las leyes de 1876 y 1891 mencionadas, además de unas 200.000 hectáreas otorgadas directamente por el Poder Ejecutivo en calidad de premios o donaciones (Slutzky, 2011: 115-116). La concentración territorial improductiva o depredadora de los recursos naturales se hace dueña de Formosa.

A partir de 1888 las concesiones demarcan sus límites con participación de agrimensores contratados por el gobierno nacional. Tres años después la ley 2875 trata de reorganizar aquellas que no cumplen con la exigencia del poblamiento y la mensura. La Ley 1552 de revalidación de títulos que hubieran sido otorgados por otras provincias o previo a la delimitación de los Territorios Nacionales del Chaco y Formosa completaría ese propósito de ordenamiento territorial, aunque con poco éxito. La enajenación de tierras adquiere a principios del siglo XX un perfil definido que favorece a los concesionarios privados que aportan inmigración y capital, conforme a la impronta liberal de los gobiernos de entonces. Hacia 1890 el Comisario General de Inmigración informa que en Formosa se habían vendido 162.650 hectáreas a un precio oficial de $

---

3   Programa de Naciones Unidas de Desarrollo - UNSO/PNUD. Oficina de Lucha contra la Desertificación. Secretaría de Desarrollo Sustentable y Política Ambiental e Instituto de Colonización y Tierras Fiscales (2000). *Tenencia de tierra en la provincia de Formosa*. República Argentina. Informe final. S.D.T.

0,76 la hectárea, mientras que en el Chaco la venta registrada alcanzaba las 15.000 hectáreas a $ 0,93 la hectárea.[4] Las costas de los ríos Paraguay y Paraná merecieron por su situación geopolítica un interés preferencial, más allá de las dificultades en limitar y mensurar las parcelas, al menos hasta la promulgación de la Ley de Tierras 4167 de 1903 (vigente hasta 1950). El desarrollo administrativo y comercial en el lado oriental formoseño tendrá sus epicentros en Formosa y Clorinda. De todos modos, tempranamente *El Eco de Formosa* afirmaría desde sus páginas –el 18 de enero de 1890– las características del abandono que el territorio sufre por parte del gobierno nacional y los escasos frutos de la colonización que se pretendiera alentar.[5]

La mencionada Ley de Tierras Públicas de 1903 se encarga de limitar la extensión de tierras a otorgar por persona o sociedad, y así inaugura en Formosa una etapa de impulso a la colonización –aunque poco orgánica en su desarrollo– así como al asentamiento de colonos y el incentivo a la agricultura. Se establece un precio mínimo por hectárea para la venta de tierras en $ 2,50 para chacras y quintas, que se podían pagar en seis anualidades, aunque el valor había sido de $ 1, cuando fueran sacadas a remate. De todos modos, el precio de compra era por entonces el más barato de todo el país, más allá de las pautas normativas y al margen de lo dispuesto por la ley de inmigración y colonización en su artículo 104 (introducir 250 familias agricultoras en un plazo de cuatro años), que rara vez se cumple. Del conjunto territorial, el oriente formoseño resulta el primero en poblarse y producir, por su conveniente situación geopolítica fronteriza, aunque no siempre la reinversión de ganancias se haga en la misma región y ante un sugestivo silencio del poder oficial de turno.

---

4   Ministerio de Agricultura (1901). *Digesto de leyes, decretos y resoluciones relativas a tierras públicas, colonización, inmigración, agricultura y comercio. 1810-1900*. Buenos Aires: Ministerio de Agricultura-Cía. General de Billetes de Banco, p. 210.
5   *El Eco de Formosa*, Formosa, 18 de enero de 1890, p. 2.

De poco serviría haber creado en 1890 una Comisión Auxiliar de Inmigración en el Territorio de Formosa, si su funcionamiento no mantiene la regularidad que indica la normativa. La estadística del Departamento General de Inmigración así lo manifiesta, cuando en las cinco colonias de Formosa (Formosa, Aquino, Cano, Monte Lindo y Villa Emilia) se registra una internación de 206 colonos en total y sólo 13 seis años después,[6] radicados mayoritariamente en las cercanías de la ciudad capital y sobre la costa del río Paraguay. Más allá de los reclamos gubernamentales y de los guarismos que arroja el Segundo Censo Nacional de 1895 indicando una población para Formosa de 4829 habitantes (36,6% de origen paraguayo), la colonización −tanto privada como oficial− va acompañada de la indigencia. Una situación que se plasma en los discursos, va más allá de las estadísticas y se advierte en las imágenes de la vida cotidiana.

Poner en producción agrícola las tierras del lugar, a fines del siglo XIX, tiene un costo de $ 150 por hectárea, "cifra que para un agricultor independiente, sin capital propio ni crédito oficial, era prácticamente imposible de obtener" (Borrini, 1991: 24). Solo la Colonia Oficial Formosa, con 1537 habitantes (incluida la capital), y la concesión privada Bouvier, con 776 pobladores, se destacan del conjunto por la producción de sendos ingenios azucareros. En dos décadas la estadística indica que 1700 eran las hectáreas puestas en producción, de las cuales un 65% corresponden a caña de azúcar. Lejos de la situación ocurrida en la "pampa gringa", aquí el Estado retrotrae a su dominio gran parte de la propiedad raíz pero, de todos modos, no logra radicar colonos. Si bien tierra, capital y trabajo constituyen en cualquier territorio la base de su enriquecimiento, resulta indiscutible que la ausencia de una burguesía establecida y fuerte en el Territorio Nacional de Formosa contribuye

---

[6] República argentina. Departamento General de Inmigración (1891 y 1897). *Memoria 1890 y 1896*. Buenos Aires, s.d.t.

progresiva y sostenidamente a su postergación productiva y a la ausencia de un crecimiento poblacional y económico progresivo; lo cual torna atractivo el espacio para los inversores de la pampa húmeda y el eje metropolitano, en tanto ámbito para colocar, sin mayores requisitos, sus respectivas rentas marginales.

Desde 1883 se inicia la modernización de la actividad azucarera en Formosa, con la instalación de dos fábricas procesadoras de caña dulce y destilería en la costa del río Paraná, que a pesar de su importancia local, están lejos de competir con el poderío azucarero del Noroeste argentino que registra su epicentro en Tucumán. En el filo del siglo XX ya no se importa azúcar en este territorio nordestino y el gobernador destaca la liquidación de los precarios ingenios de madera y hierro (Ramírez, 1983: 35).[7] Entre 1893 y 1894 el ingenio "Formosa" marcará rumbos en la modernización azucarera del Territorio bajo la dirección del empresario de origen húngaro Mauricio Mayer, quien encabezara la firma Mayer-Bonaccio[8] y entre 1897 y 1899 presidiera el Centro Azucarero Nacional. Las innovaciones tecnológicas serían tenidas muy en cuenta como parte de las mejoras de esta agroindustria, más allá de la crisis de superproducción ocurrida en 1896.[9] El segundo de los ingenios azucareros de Formosa es el Bouvier, que está bajo la dirección de los empresarios tucumanos del azúcar: Nougués Hermanos. El poder de las oligarquías vecinas se extiende rápidamente a este Territorio Nacional de frontera.

El occidente árido formoseño, por su parte, pronto se convierte en un inmenso territorio fiscal poco poblado, a pesar de estar limitado por dos importantes vías fluviales –Pilcomayo y Bermejo– que desembocan en el río

---

7 Pillado, Ricardo (1896). *Política comercial argentina.* Buenos Aires: Talleres de la Oficina Meteorológica Argentina, pp. 13-14.
8 El ingenio La Teutonia, de Bonaccio y Cerrano, se fundó en 1889 en Pilagá, cerca del río Paraguay; la empresa precidió la de la firma Mayer-Bonaccio.
9 Centro Azucarero Argentino (1944). *Cincuentenario del Centro Azucarero Argentino.* Buenos Aires, pp. 32-33.

Paraguay, del sistema hídrico del Chaco. Los departamentos Ramón Lista, Matacos, Bermejo y gran parte de Patiño, "llevan el sello de una colonización pastoril impulsada por *puesteros* autodenominados norteños", además de desarrollar la práctica de la horticultura (Borrini, 1991: 29).

El Gobernador José María Uriburu es quien intenta radicar población a través de la Colonia Florencia, fundada hacia 1870, con regular éxito y en un límite directo con las tierras privadas de la Compañía de Navegación del Bermejo. En la colonia se advierte una activa presencia –entre los 219 habitantes– de salteños y bolivianos, según el Censo Nacional de 1895. Una población que se triplicaría hacia 1902. Colonización pastoril y reducciones indígenas son las dos formas más comunes de poblar la zona. Campo Grande es el paraje más habitado en el territorio de la Colonia Florencia.[10] Más allá de los orígenes, las condiciones de vida de los criadores –dependientes de los grandes hacendados o puesteros de ganado vacuno o caprino– no resultan muy distintas a las de los aborígenes.[11]

Precisamente, en abril de 1900 en el sudoeste de la Colonia Formosa los franciscanos (por decreto del gobierno nacional) conforman las Misión Indígena de San Francisco de Asís, de Laishi, en una superficie de 74.000 hectáreas. Congregan allí a unos 6000 indígenas. El general Lorenzo Vintter se hace cargo desde 1901 hasta 1904 de la gobernación de este Territorio Nacional, y desde esa función promoverá la colonización agrícolo-pastoril y la exploración del río Pilcomayo. Por entonces se funda la fábrica de extracto de quebracho La Formosa, de gran importancia

---

[10] Golpe y Gutiérrez, Leopoldo (1903). "Informe de La Florencia presentado al Gobernador del Territorio de Formosa", en *Boletín de Agricultura y Ganadería* 55, año III. Buenos Aires, pp. 367-374.
[11] Astrada, Domingo (1925). *Expedición al Pilcomayo*. Buenos Aires: Robles y Cía. De Chapeaurouge, Carlos (1925). *Plano catastral de la República Argentina*, s.d.t., folio 18.

para la región y liderada por el industrial Alberto Bracht con importantes negocios de importación y exportación en sociedades anónimas del eje metropolitano. En los inicios del siglo XX, los campos ubicados al este de dicha colonia habrán de conformar dos nuevas colonias para ampliar la ocupación del oeste formoseño, mediante el compromiso de fraccionamiento a cargo de los sectores privados que obtuvieran la adjudicación de tierras por parte del gobierno. El decreto del 27 de setiembre de 1904 reserva unas 15.000 hectáreas para crear dos reducciones indígenas, que también quedarían bajo la administración privada de Domingo Astrada,[12] aunque la dilatada gestión para fijar los límites entre Salta y Formosa demoraría la concreción de estas iniciativas, que pretenden aproximar las costumbres y formas de vida de criollos, inmigrantes e indígenas (Colazo, 1994: 142-144). Más allá del pedido de la Dirección General de Territorios Nacionales al Ministerio del Interior, en 1915, para llevar a cabo una reorganización administrativa de dichos Territorios que redujeron de 12 a 9 los departamentos que integraban Formosa, la lejanía del ferrocarril y la variable navegabilidad del río habrían de relativizar esta propuesta de las colonias del km 503 y del km 467, las que terminarían por unirse en julio de 1921 para conformar la colonia agrícola pastoril Coronel Dorrego, sobre una superficie de 250.000 hectáreas (Borrini, 1991: 36).

Con la llegada del riel al territorio –proyectado por el ingeniero cordobés Enrique Faure– en 1908, 1.377.573 hectáreas pasan a manos de unos pocos propietarios de grandes extensiones. El Estado deja así de lado una adecuada distribución de la tierra, capaz de asegurar un sistema productivo eficiente y equitativo que la ley propone, para dar lugar, en cambio, al desplazamiento de los ocupantes originarios en favor de importantes sociedades dedicadas a la depredación del bosque de quebracho, sin la exigencia

---

[12] Astrada, Domingo (1906). Expedición al Pilcomayo. Buenos Aires: Robles y Cía.

de reforestar el lugar. Al mismo tiempo, las localidades más importantes que se situaban en las costas del Bermejo y el Pilcomayo se reorganizarían en torno a la expansión del ferrocarril (Romero Sosa, 1967: 218-221).

Más allá de la legislación vigente en materia de distribución y tenencia de la tierra, la parte central del territorio formoseño, alejado de las vías fluviales y ferroviarias, resultaría un desafío para la proyectada colonización de la última subregión en ser ocupada.[13] En octubre de 1905 por decisión del Ejecutivo Nacional se prohíbe la enajenación de tierras fiscales, aun de aquellas que se hubieran donado, arrendado o vendido con anterioridad a la Ley de Tierras de 1903. Para los Territorios Nacionales y en especial para Formosa, se inicia otra etapa. Grandes latifundios y baja productividad es la ecuación que se gesta.

Una colonia agrícolo-pastoril –la más extensa del territorio– y otra exclusivamente pastoril –General Viamonte– son los únicos ecos de la colonización de este Territorio Nacional nordestino de frontera (Borrini, 1991: 42-45). La primera registra antecedentes en 1865, cuando la esposa del presidente del Paraguay, Elisa A. Lynch, adquiere a su gobierno 437.500 hectáreas al sur del río Pilcomayo. Una vez concluida la Guerra de la Triple Alianza con la consecuente fijación de límites fronterizos en 1870, Lynch solicita a las autoridades argentinas la fracción del territorio que le pertenece. A pesar de sus reclamos, en mayo de 1883 el Ejecutivo argentino desestima la pretensión. Un año más tarde, la Ley 1552 de derechos posesorios que permitía reclamar por predios heredados induce a Enrique Solano López (h) a solicitar la posesión que heredara de su madre. El presidente argentino Miguel Juárez Celman reconoce los títulos y, más tarde, otorga las escrituras correspondientes. La solución es provisoria ya que la decisión de Juárez

---

[13] Programa de Naciones Unidas de Desarrollo - UNSO/PNUD. Oficina de Lucha contra la Desertificación. Secretaría de Desarrollo Sustentable y Política Ambiental e Instituto de Colonización y Tierras Fiscales (2000), op. cit.

Celman será anulada en 1911 por la Corte Suprema de Justicia (Sbardella, 1980: 296-299), lo cual genera varias dificultades a quienes ya habían comprado algunas parcelas del predio. Para zanjar el asunto, el Estado argentino dedicaría la zona del litigio para la constitución de una colonia agrícola pastoril. Las publicaciones periódicas se hacen eco cada vez con más asiduidad de la situación local imperante, pero sin que esta publicidad suponga un cambio real y efectivo de la situación.

Desde noviembre de 1915 es el semanario formoseño *Nueva Época* el que desde sus páginas promueve "la defensa de los intereses del territorio, el progreso y el fomento" local, ocupándose de temas comerciales, educativos, judiciales, administrativos, agricultura, ganadería, colonización y la situación generada por la conflagración mundial. La defensa de los pueblos originarios y el enfrentamiento con el partido radical marca la impronta de esta publicación periódica, que desde febrero de 1917, comparte público lector con el bisemanario *La Voz del Pueblo*. En dos de sus cuatro páginas se difunden las noticias locales y nacionales, mientras en las otras dos predomina una variada publicidad que da el auspicio a este periódico. El semanario localista *La Semana*, que aparece en enero de 1923, también se convierte en eco (más que los anteriores) de los intereses específicamente formoseños, destaca los vaivenes de la gestión político-administrativa del Territorio y adhiere a los principios de "Orden y Patria" de la Liga Patriótica Argentina, creada en 1919 bajo la dirección del nacionalista doctrinario Manuel Carlés.[14]

Con la asunción –en 1916– del presidente radical Hipólito Yrigoyen al gobierno nacional, la colonización vuelve al escenario como parte del incentivo a la productividad en tierras fiscales y se alienta la conformación de un sector de medianos productores, aunque con predominio de una ganadería extensiva. Casi un 50% de las colonias

---

14 *La Semana*, Formosa, 26 de diciembre de 1924, p. 1.

creadas en Formosa entre 1876 y 1930 lo fueron en tiempos de la primera gestión yrigoyenista (Slutzky, 2011: 116). El año anterior a la asunción del presidente Yrigoyen, el ferrocarril atravesaba el Territorio longitudinalmente desde Formosa a Las Lomitas (fundada en 1914 y situada en el centro de Formosa) y completaba así el nexo funcional, como bisagra entre el oeste del Chaco salteño, referenciado en los productores ganaderos, y el este vinculado al Paraguay, Misiones y Corrientes. Más allá del ferrocarril se advierte la presencia de los pueblos originarios wichi, pilagá, nivaclé y qom. Cambia el escenario y el centro formoseño se beneficia.

El Ejecutivo decidirá retrotraer a poder del Estado aquellas tierras adquiridas transgrediendo la Ley de Tierras de 1903, tomar conocimiento de las superficies que se encuentran en esas condiciones y de la situación legal de sus habitantes, así como hacer una distribución equitativa de estas tierras públicas (Girbal-Blacha, 1989). Ganado, agricultura y explotación forestal se conjugan para dar singularidad económica a esta sección del Territorio Nacional de Formosa. De todos modos, en términos globales, el crecimiento de la producción agropecuaria y de la población registran –para 1914– porcentajes similares, que en ambos casos superan el 4% anual, cuando el tamaño predominante de las explotaciones oscila entre 0-25 hectáreas (27% del total) y entre 1000-5000 hectáreas (29% del total) (Borrini, 1991: 66-68). El censo consigna, además, que el 38,1% de la población de Formosa es, por entonces, de nacionalidad paraguaya (Bolsi y Meichtry, 1982: 23).

Cuadro 1. Población y tierras en Formosa (1888-1916)
Población – Propietarios – Superficie (ha)

Año	Total	Argentinos	Rural	Total	Argentinos	Total	Tierra fiscal vendida-arrendada	Tierra fiscal libre
1888	—	—	—	—	—	—	—	—
1895	4829	2392	3292	319	128	—	73.582	—
1908	—	—	—	—	—	10.725.800	—	—
1914	19.281	10.057	14.995	1324	742	—	2.083.808	7.328.191
1916	—	—	—	—	—	—	—	8255

Fuente: Censos Nacionales. Elaboración propia.

Cuadro 2. Superficie cultivada (ha) y ganados en Formosa (1888-1916)

Año	Total cultivado	Vacuno	Equino	Lanar	Valor total m$n
1888	702	—	—	—	—
1895	3265	41.424	3136	2439	—
1908	1180	233.724	16.194	22.483	6.323.569
1914	23.250	379.092	21.601	33.010	16.856.757
1916	18.170	—	—	—	—

Fuente: Carcano, Miguel Ángel (1972). *Evolución histórica del régimen de la tierra pública 1810-1916*. Buenos Aires: Eudeba, pp. 408-409.

Del total cultivado en Formosa, la caña de azúcar –un producto típico en tiempos de modernidad– representa uno de los guarismos más bajos de toda la región azucarera del Norte argentino (100 ha en 1913) y la producción de azúcar alcanza a 647 toneladas de un total regional de 277.819 toneladas para ese mismo año.[15] Cuenta el territorio con solo dos ingenios valuados en m$n 1.292.071, de los cuales un 45% corresponden a los terrenos y el resto a construcciones fijas, maquinarias y enseres para esta industria. También en este rubro representa el porcentaje más bajo de la región azucarera. Una situación que se repite cuando se evalúa el uso de la fuerza motriz y los capitales invertidos, pero no para el personal ocupado en el cual ocupa el quinto lugar de la región, precediendo a Corrientes y Salta, como expresión de la escasa tecnología utilizada en esta agroindustria en el espacio formoseño.[16]

En tanto región fronteriza y limitada por ríos, resulta destacable el número de vapores y veleros entrados del interior y el exterior a los puertos de Formosa (646, transportando 325.878 toneladas), Bermejo (467, transportando 262.880 toneladas), Bouvier (332, transportando 238.790 toneladas) y Pilcomayo (313, que transportan 231.212 toneladas), con un notable predominio de los veleros y vapores del interior y los provenientes de zonas de la frontera.[17]

En 1918 se crea una comisión para recorrer los Territorios Nacionales del Chaco, Misiones y Formosa que en poco más de un año produciría informes de diagnóstico para aplicar una renovada puesta en producción de la tierra pública y alentar la radicación de medianos y pequeños propietarios dedicados a la ganadería o la agricultura. El objetivo es llevar a cabo una distribución ordenada del espacio, formalizando la concesión cuando las mensuras estuvieran aprobadas, de modo provisorio cuando no hubiera aún mensura definitiva, y precario cuando el área objeto de la entrega pudiera variar en superficie al momento de practicarse la mensura. A ritmo lento este sistema no daría los

---

15 Tornquist, Ernesto (1920). *El desarrollo económico de la República Argentina en los últimos cincuenta años*, Buenos Aires: E. Tornquist y Cía. Ltda., p. 49.
16 Ibídem, pp. 51 y 55.
17 Ibídem, pp. 197-200.

frutos esperados y la zona central formoseña solo se poblaría cuando el Chaco austral expulsara población. Sin transitables vías de comunicación, sin inmigración suficiente, sin tierras mensuradas y con una burocracia centralizada, el reparto efectivo de la tierra se pospone y solo la ganadería podría alcanzar algún nivel de prosperidad.[18] La marginalidad regional del territorio se acentúa.

Como diría el economista Alejandro Bunge en los inicios de la década de 1920, "con todo, no puede hablarse aún de una verdadera política de fomento",[19] en una Argentina agraria que demora en adoptar el embarque a granel de sus cereales hasta entrados los años de 1930. En algunos Territorios Nacionales del Nordeste las ganancias del precio del algodón no quedan en manos del productor sino de los acopiadores y desmotadores que operan en Formosa, por ejemplo. Se sostiene que

> si los precios que pagan los acopiadores y desmotadores no mejoran para el agricultor, se derrumbará la producción algodonera en Formosa, pues el precio que ofrecen de 195 a 205 pesos por algodón en bruto, apenas salva al agricultor de los gastos de cultivo[20].

La cuestión central –que no se comenta– es que en esa zona hay una sola instalación desmotadora que anula la competencia, y así asegura a la empresa –y solo a la empresa– un buen margen de ganancia. Los productores piden al Ministerio de Agricultura que envíe una desmotadora de algodón para atender las necesidades de los colonos que de ese modo podrían vender el producto directamente en Buenos Aires con un precio adecuado, pero no logran

---

[18] Ministerio de Agricultura (1928). *Memoria de la Dirección General de Tierras en el período administrativo, 1922-1928*. Buenos Aires, pp. 66-68.
[19] Bunge, Alejandro (1922). *Las industrias del Norte. Contribución al estudio de la nueva política económica argentina*. Buenos Aires: sin editor, p. 225.
[20] *La Gaceta Algodonera*, Buenos Aires, 31 de mayo de 1926, año 2, n° 2228, p. 11.

resultados efectivos esperados. Es otra faceta interesante y excluyente de lo que significa vivir en los márgenes del territorio argentino.

En Formosa no existen épocas fijas donde retrocede o aumenta el desempleo.[21] Sí, se produce la ocupación de unos mil obreros en la cosecha de algodón, que al concluir deja a esos trabajadores vacantes en el territorio (muchos de ellos vienen del Paraguay, son indígenas). En la capital territoriana y sobre el río Paraguay se consigna la existencia de dos fábricas de tanino, la Compañía de Quebracho Formosa y Quebrachales Dubosc, que suelen suspender a sus trabajadores tres meses al año; en esos casos son 200 los obreros sin ocupación, pero todos ellos permanecen en la ciudad, a la espera de la reapertura de las fábricas, ocupándose en distintos trabajos temporarios.

En resumen: la desocupación en este Territorio se reduce a muy pocos braceros, pero sí hay desocupados en el ambiente de la capital por falta de empleos en qué ocupar el elemento joven que sale de las escuelas con 6to grado, y no teniendo escuelas superiores deben ocuparse en el comercio, estando este muy saturado.

Se trata de una visión parcial y particular de una compleja situación socioeconómica por la cual pasa Formosa, atravesada por el ferrocarril de este a oeste y cuyo primer tramo llega a Las Lomitas en 1915, para dar lugar al transporte de rollizos de quebracho más que para radicar población y diversificar la producción de manera sostenida. Por lo tanto, y de acuerdo con estas declaraciones, casi no hay migraciones de desocupados; es más frecuente el arribo de población paraguaya a Formosa. Para incrementar población y producción el gobernador propone para 1922: contrarrestar la indolencia del trabajador paraguayo, así como fomentar −en su reemplazo− el arribo de

---

21 Junta Nacional para Combatir la Desocupación (Ley 11896) (1938). *Memoria 1937*. Buenos Aires, pp. 133-135.

trabajadores europeos (servios, alemanes, polacos) y, además, "la distribución racional de las tierras, que representan la fuente de producción agrícola y ganadera por excelencia, se llegaría a la creación de extensas colonias y, con ellas, al aumento de la población y de la producción". [22] Recién entonces se dispone incentivar las industrias de aceite de algodón, de tanino, de azúcar y de alcohol de maíz. La superficie algodonera formoseña representaba en los años 20 alrededor de un 15% de la superficie total cultivada en el Territorio, solo un anticipo del 60% que representaría en 1937. En este contexto, el movimiento poblacional tiene que ver con que

> se producen migraciones de indígenas tobas y matacos, que cada año son conducidos a los ingenios de azúcar de la provincia de Salta, en número que oscila de trescientos a quinientos, siendo llevados por contratistas, por vía férrea y traídos nuevamente a sus puntos de partida, una vez concluidas las tareas de la zafra. [23]

Quien responde a la encuesta considera que no es este un problema significativo, porque los indios siempre regresan a las tolderías.

El interior semiárido de Formosa tendría algún impulso poblador al amparo del ferrocarril Formosa-Embarcación como parte de esta ocupación colonizadora de la periferia territoriana hacia el centro, que tuviera lugar hasta fines del siglo XIX; pero aun así, a mediados de la década de 1930 la población de Formosa es de 54.786 habitantes. En términos económicos, la producción ganadera es la que aquí predomina. "En 1920 el ganado bovino ascendía a 450.000 cabezas, repartiéndose a todo lo largo del territorio, aunque con diferencias marcadas en su distribución. La región central contenía aproximadamente un 16% del total"

---

[22] Ibídem, pp. 134-135.
[23] Ibídem, pp. 134-135.

(Borrini, 1991: 49). Esta cifra se duplicaría una década más tarde, hasta convertirse en la fuente principal de ingresos de esta porción del Territorio Nacional. Los departamentos del centro de Formosa son los que más crecen si se pondera el conjunto de población urbana-rural. El poblamiento resultaría particularmente intenso pero desigual entre 1920 y 1950. Es este un período en el cual la población rural se incrementa en todo el territorio, y pasa de un 73,4 % en 1920 a un 77,2 % en 1947.

Cuadro 3. Territorio Nacional de Formosa. Población.
Años: 1920, 1947, 1960

Total habitantes	19.093	113.790	178.526
Crecimiento medio anual (%)	5,3	3,4	2,7

Fuentes: Ministerio del Interior (1923). *Censo General de los Territorios Nacionales. 1920.* Buenos Aires. Presidencia de la Nación. Ministerio de Asuntos Técnicos (1952). *Cuarto Censo General de la Nación, 1947.* Buenos Aires: Editorial Kraft. Poder Ejecutivo Nacional (1960). *Censo Nacional de Población. 1960.* Buenos Aires: INDEC.

Si se pondera la tasa media anual de crecimiento de la población total por quinquenios, se advierte la postergación que no pocos actores sociales denuncian ante el poder político para el caso del Nordeste del país. En el Chaco, entre 1920-1925 dicho incremento alcanzaba al 12,72% y en 1955-1960 solo era del 1,14 %; para Formosa los guarismos oscilaban entre el 11,68% para el primer período y el 4,33 % para el segundo, con un importante deterioro ecológico de la zona oeste formoseña, sin dudas la más desértica del Territorio (Chacoma, 1994);[24] Misiones seguirá un declive similar, pasando del 10,15% en el primer quinquenio a un

---

[24] De Gasperi, Luis (s/f). "La desecación ambiental del oeste formoseño". Buenos Aires: IDIA 96.

3,95% entre 1955 y 1960 (Lattes, 1979: 24). Las desigualdades se sostienen y se afianzan en el transcurso del tiempo, mientras que el poder local no logra consolidar su presencia, cuando decide postergar una radicación auténtica y completa. En suma, "la micropolítica siempre es susceptible de reproducir los modos de subjetivación dominantes" (Abélès y Badaró, 2015: 55).

3. Un Territorio Nacional complejo. De los años 30 a la provincialización

La falta de título de propiedad resulta una limitante aunque no un factor determinante en el proceso de organización de un verdadero mercado de tierras, ya que quienes son simples ocupantes sin derechos de propiedad no practican legal y legítimamente operaciones de compra-venta registradas. La transferencia de la propiedad raíz suele ser informal. En el centro-oeste formoseño, especialmente, los límites entre propiedades son altamente flexibles. Los protagonistas activos de este mercado son, por lo general, los grandes productores y las empresas. La situación económica es precaria para muchas familias rurales frente a condiciones que benefician la concentración de tierras en pocas manos, lo cual sustenta a los grandes propietarios y alienta la especulación (Mazacotte, 1999). De todos modos, las tierras fiscales a las cuales tienen acceso los colonos y el crecimiento de la demanda interna de algodón permiten un poblamiento más productivo desde los años 30 cuando se amplía discretamente la frontera agrícola; aunque el Censo Algodonero de 1936 consigna para Formosa que solo un 0,2% son propietarios algodoneros, en tanto un 86,6% registra la categoría de ocupantes con escasa capacidad económica. Al mismo tiempo, la tradicional explotación forestal formoseña daría paso en los años 30 –con motivo de la crisis internacional– a la producción de tanino, que merece el interés de la inversión extranjera, que hacia finales del decenio controla con las ganancias así obtenidas más del 20% de los establecimientos ganaderos de este Territorio Nacional.[25]

También en materia de organización político-administrativa el gobierno surgido en 1930 implica dilemas y desafíos. Entre ellos, el Ejecutivo Nacional se muestra proclive a la provincialización de los Territorios Nacionales; así lo sostenía el general Agustín P. Justo en su campaña electoral para ocupar la Presidencia de la Nación. Pero el sustento político de Justo, la Concordancia, manifestaría su oposición a esta iniciativa, y propondría solo modificaciones a la Ley 1532, como una forma de aplazar los cambios políticos sustantivos. La conversión de los Territorios en provincias es colocada "entre paréntesis" por decisión de la Dirección de Territorios Nacionales a partir de 1934 (Leoni de Rosciani, 2001: 57). Formosa y Neuquén redefinen entonces sus límites; por lo tanto su posibilidad de llegar a convertirse en provincias se debilitaba aun más que para el resto de los Territorios. Se establecerían entonces consejos territoriales de administración al no tener la jerarquía suficiente para contar con legislaturas. El Estado ancla uno de sus pilares en la territorialidad y lo demuestra.

En 1938 y en 1940 la Ley 1532 sufre nuevas reformas, aumenta las exigencias en el número de habitantes (200.000 habitantes) y en sucesivas etapas de jerarquización para que un Territorio Nacional pueda convertirse en provincia. En esos primeros años de la década de 1930 el Congreso Nacional recibiría varios proyectos de los diputados socialistas independientes (Roberto Noble y Bernardo Sierra) y los senadores José Nicolás Matienzo (1933), tucumano de origen y militante radical, y el jujeño y ex yrigoyenista Benjamín Villafañe (1934), quienes más directamente accionan

---

[25] Baque, Santiago y Begué, Pablo (1933). *La industria del extracto de quebracho ante los poderes públicos. Informe presentado a la Comisión Nacional del Extracto de quebracho por los miembros de la misma, representantes de la S. Quebrachales Fusionados*. Buenos Aires. Rossi.

desde el campo legislativo para alentar el proceso de provincialización. De todos modos la acogida en la población de los Territorios no resultaría positiva. Se estima que quienes opinan sobre el tema poco conocen de la vida en esas jurisdicciones y de sus necesidades.

Una de las propuestas legislativas más originales es la del diputado Demetrio Bruira –activo socialista radicado en La Pampa y luego en Buenos Aires–, quien desde 1932 e integrando luego la Comisión de Territorios Nacionales del cuerpo legislativo, va más allá de la provincialización territoriana y propone la creación de la provincia Chaco-Formosa con capital en Resistencia (Chaco). Una iniciativa que reitera en 1934 y 1936 –sin insistir en este criticado acople– para consolidar este espacio nordestino, otorgando amplias atribuciones a los municipios e incorporando progresistas leyes laborales, capaces de contemplar los requerimientos locales que el gobierno nacional parece ignorar. Entre 1939 y 1941, radicales y socialistas presentarían varios proyectos para provincializar los Territorios Nacionales, pero en ninguno de ellos se incluiría a la postergada Formosa (Leoni de Rosciani, 2001: 58-59).

La extensión de los derechos constitucionales es el común denominador de todos estos proyectos, cuando el gobierno federal insiste en la necesidad de "argentinizar" los territorios, como una extensión de otras expresiones sociales, políticas, económicas y culturales de las décadas de 1930 y 1940. Aumentar el control social frente al avance de la población extranjera con sus ideales socialistas y anarquistas es el objetivo en el cual se pone énfasis. Se tensan, así, las políticas de Estado que llevan a enfrentar estos avances y al bandolerismo, y se crea la Gendarmería Nacional en 1938 (Mari, 2006 a: 1-25; 2006 b: 316-318). La orientación y los alcances de la reforma política es lo que se discute y el Ejecutivo Nacional trata de posponer los avances que los proyectos legislativos sostienen. En el ámbito de los Territorios, por su parte, se alienta el asociacionismo que impulsan las distintas colectividades, mientras que el mosaico social conspira a la hora de plantear propuestas de unanimidad sobre el tema. Además, cada Territorio Nacional tiene sus particularidades y en el conjunto, Formosa aparece desdibujada.

En 1933 se lleva a cabo el *Primer Congreso de Municipios de los Territorios Nacionales*, que se reúne en Buenos Aires para discutir temas comunales, pero que deriva en discusiones acerca de la ampliación de la ciudadanía buscando la participación parlamentaria en unos casos y la total provincialización en otros (Misiones, Chaco, La Pampa). Producto del congreso se crearía un Organismo Permanente de Municipios y Comisiones de Fomento de los Territorios Nacionales, con sede en Buenos Aires, y cuya primera acción estaría referida a buscar la representación legislativa a nivel nacional de dichas jurisdicciones (Leoni de Rosciani, 2001: 61). Dos años más tarde se realiza el *Segundo Congreso de Municipalidades Territorianas* en la Capital Federal. Formosa y Neuquén solo cuentan entonces con dos municipios cada uno, mientras que La Pampa ocupa la punta con treinta y cinco municipios electivos; contando, además, con treinta y seis Comisiones de Fomento (integradas por los vecinos más caracterizados del lugar), en tanto Formosa carecía de ellas. La marginalidad aun dentro de los márgenes respecto del modelo que tienen estos Territorios es evidente y difícil de corregir; especialmente porque el territorio "puede ser entendido como un sistema en el que se manifiestan conexiones entre sus elementos o subsistemas o como patrimonio". En suma, el territorio puede representarse "como una nueva cultura", o como "un bien no renovable", y el estudio de la situación formoseña lo confirma (Pillet, 2008: 12).

Desde abril de 1926 y hasta 1933, el semanario radical yrigoyenista *El Imparcial* se haría eco de esos vaivenes socioeconómicos de Formosa, auspiciando su consolidación política a partir de la ampliación de la ciudadanía, que permanece restricta para los Territorios Nacionales. Son las pujas políticas las que ocupan los mayores espacios en esta publicación periódica, aunque el uso del presupuesto municipal no escapa a la lectura crítica de *El Imparcial*. Por su parte, *El Censor*: órgano defensor de los intereses del territorio desde julio de 1926 expone las cuestiones sociales más álgidas formoseñas: la prostitución, la pobreza, el contrabando, la "vida del hampa", procurando con sus comentarios inducir a la moralidad y la ética.[26] Desde *El Nacional*, aparecido en junio de 1930 en Formosa y para fines de ese año ya desaparecido, así como desde *La Voz Popular*, que se editara entre 1933 y 1951, se promueven la divulgación y la información acerca de los aspectos más singulares del Territorio, que se suman a las hojas sueltas, proclamas, manifiestos y panfletos aparecidos alternativa y conjuntamente a lo largo del tiempo, para denunciar las irregularidades cometidas en Formosa al amparo de los gobiernos militares, dirían.

La vida de los aborígenes –que retrata el médico Esteban Laureano Maradona en 1936– es de pobreza extrema aun avanzado el siglo XX.

> Más de 50.000 indios existentes en los territorios de Formosa y Chaco –según el cálculo oficial del último censo– se mueren de hambre, arrastrando una vida miserable, en su pauperismo consuetudinario; porque hay que decirlo: es mínima la indiada redimida y concentrada en las reducciones oficiales, misiones religiosas y aun particulares, tanto que nos inhibe para hablar de su progreso social.[27]

Una situación que se prolonga en el tiempo "ante la vista y paciencia de las autoridades que parecieran complacerse con su explotación, por su fría indiferencia y la inexplicable inercia que manifiestan". [28] Refiriéndose a la explotación del indio en Formosa, este médico que viviera en el territorio por más de media centuria, sostiene:

---

[26] *El Censor*, Formosa, 23 de setiembre de 1933, pp. 2-3.
[27] Maradona, Esteban Laureano (1937). *A través de la selva*. Buenos Aires: Talleres Gráficos de la Penitenciaría Nacional, p. 53.
[28] Ibídem, p. 54.

"Cuando un poblador se radica por aquí, cualquiera sea su condición social: de sexo, de nacionalidad, de edad, de religión, el preámbulo de sus aspiraciones ya está escrito: se abre con el consabido proyecto de explotar indios a corto precio y todo lo que se pueda".[29] Es un escenario conocido por la comunidad local y las autoridades nacionales que, por lo general,

> si es una empresa que busca efectuar el talado de un monte, dice el gerente con toda naturalidad: "hay que hacerlo con indios; el desmonte podrán ejecutarlo veinte indios"; lo que menos le preocupa es lo que pueda costar. ¡Ya se les pagará como en ciertos ingenios norteños, con una burra vieja, un puñado de locro, un par de botas del capataz![30]

En los ingenios de Jujuy, Salta y Tucumán se les suele pagar con vales, con tabaco o alcohol; en tanto en los obrajes y en las fábricas de tanino, a esta forma de estipendio se le agregan los trabajos particulares que generalmente no son compensados.

El radicalismo vuelve a poner por escrito los reclamos sociales y esencialmente políticos, entre 1939 y 1942, a través del periódico *Alem*. El objetivo es informar con visión político-partidaria sobre el quehacer ciudadano y sus limitaciones. Una actitud que no tarda en alentar la intervención policial formoseña en tiempos en que el conservadurismo se asienta con fuerza en el Estado nacional (Alsina, 1996: 75-76). El semanario ilustrado *Tribuna Argentina* (1939-1943) intentaría convertirse, por su parte, en la expresión acabada del periodismo independiente, aunque en muchas oportunidades coincidiera con los planteos de los jóvenes radicales yrigoyenistas y denunciara la corrupción en el sistema financiero, judicial y cooperativo local. Se presenta, de todos modos, en abierta confrontación con *La Voz Popular* cuando se acusara al periodismo independiente

---

[29] Ibídem, p. 61.
[30] Ibídem, p. 62.

de estar en connivencia con ciertos sectores poderosos de Formosa. Algunos de sus periodistas son perseguidos e incluso detenidos por manifestar sus opiniones.[31] A pesar de la marginalidad, la prensa local ocupa un espacio importante como caja de resonancia del quehacer regional y nacional para la sociedad formoseña en su conjunto.

En 1939 se convoca a la reunión del *Primer Congreso General de Territorios Nacionales*, en Buenos Aires, con la participación de municipios, comisiones de fomento y distintas organizaciones económicas, gremiales, culturales y sociales territorianas. El pedido central es el ejercicio amplio de la ciudadanía política en todas esas jurisdicciones. Pero ni durante las sesiones de este congreso ni en el que se reuniría al año siguiente, estas aspiraciones se concretan por falta de acuerdo entre las partes y porque las sucesivas reformas de la Ley 1532 generarían un campo de tensiones capaces de dar cuenta de la complejidad del problema de referencia.

Entre 1941 y 1952, *El Norte* sería el periódico local dispuesto a hacerse cargo del abordaje de estos temas y de las alternativas vividas en el Territorio Nacional que cuenta con la publicidad de establecimientos y productos locales (grandes tiendas, estancias, comercios de productos alimenticios, compañías quebracheras y navieras). Cada ejemplar registra una o dos crónicas de parajes del interior formoseño.[32] Mientras tanto, las hojas sueltas editadas por el Partido Socialista también hacen su propio registro de la situación local, especialmente entre 1938 y 1942. El puerto, los talleres, las fábricas de la Compañía Argentina de Quebracho "Formosa" S.A. son los lugares elegidos para difundir –conforme a los códigos partidarios– los ideales socialistas y también criticar a las autoridades y a los comunistas (Alianza Obrera), ante los trabajadores del lugar.

---

[31] *Tribuna Argentina*, Formosa, 29 de abril de 1941, p. 2.
[32] *Tiempo de cambio regional*, Formosa, 3 de enero de 1996, p. 6.

El golpe de Estado del 4 de junio de 1943 inaugura una etapa de mayor presencia estatal en los Territorios Nacionales, que busca ampliar el desarrollo económico y la organización política en ellos. Del conjunto y en una coyuntura marcada por la Segunda Guerra Mundial y la sostenida neutralidad argentina, los Territorios patagónicos reciben la mayor atención y se toman diversas medidas para fortalecer la presencia nacional allí (Leoni de Rosciani, 2001: 62-63).[33] También se crearía por entonces el Territorio Nacional de los Andes con jurisdicción repartida entre Salta, Jujuy y Catamarca. Dos años más tarde –en 1945– el presidente Edelmiro Farell convocaría a la Primera Reunión Nacional de Municipios con la participación de delegados de los Territorios (Ruffini, 2010).[34] La integración que se plantea en esta reunión sería la derivada de la obra y los servicios públicos, tendiente a generar una expansión y una mayor autonomía económica local para plantear luego la autonomía política gradual; es decir, designando gobernadores nativos de los territorios, logrando la representación parlamentaria y por último, pudiendo participar en las elecciones presidenciales.

Estas serían las bases orientadoras de la política del Ejecutivo Nacional en tiempos del peronismo y que el propio Juan Perón plantea en el discurso de clausura allí pronunciado, el 23 de marzo y que, finalmente, se plasma en el Primer Plan Quinquenal de 1947 (Arias Bucciarelli, 2010). Por entonces, *Tribuna Peronista* (dirigida por un ex deportista) es –desde febrero de 1947– un "periódico informativo, doctrinario, gremialista, de problemas, orientación, críticas, argentinismo y cultura", en tanto "único vocero de los postulados revolucionarios y la integral Doctrina Peronista, en el Territorio Nacional de Formosa", que no tarda en

---

[33] Detalles de las modificaciones implementadas.
[34] Ygobone, Aquiles (1945). *La Patagonia en la realidad argentina. Estudio de los problemas económicos, sociales, institucionales de las gobernaciones del Sur.* Buenos Aires: Ateneo, pp. 422-423.

convertirse en un activo divulgador del discurso popular y nacional vigente, "bajo la patriótica concepción de la Justicia Social invocada por Irigoyen y Perón".[35] Este órgano defensor de los intereses "de los obreros, los hacheros, los trabajadores en general" hace uso de un leguaje que evoca la retórica y el estilo peronista en sus páginas: "la oligarquía vacuna", "los expoliadores de los indígenas", "la oligarquía latifundista" son sus actores predilectos y más nombrados en las noticias que este semanario de neto corte político transmite. Las noticias que hacen a la vida territoriana, la situación de los peones de campo, hacheros, obrajeros paraguayos, tucumanos, santiagueños, correntinos que suelen cobrar en especies –en contraste con las grandes estancias y empresas extranjeras– nutren gran parte de las noticias de este periódico.[36]

Las cuestiones económicas parecían acompañar solo parcialmente esta gradualidad que se pretendía instrumentar en el campo político. Respecto de la ganadería, el Paraguay se constituía en su principal mercado de consumo para el ganado criollo en pie, aunque recién en 1935 conformaría la Sociedad Rural local como expresión de la "vocación ganadera" regional que se acentuaría a fines del decenio de 1930 con la mestización sostenida por el crédito del Banco de la Nación Argentina. El índice de mestizaje en el Territorio de Formosa se ampliaba del 13,64 en 1930 al 18,39 en 1947, así como la venta de ganado; pero de todos modos estaba muy por debajo de los índices de los Territorios vecinos, como el Chaco (Valenzuela de Marí, 1999: 3-4).

Entre 1930 y 1960 se produce la expansión del número de pequeñas extensiones dedicadas al cultivo del algodón cuya radicación se iniciara en el decenio de 1920. En este período, las tierras que se otorgan en propiedad alcanzan hasta 100 hectáreas, aunque gran porcentaje de los colonos no consiguen obtener sus títulos, por lo que predomina, en

---

[35] *Tribuna Peronista*, Formosa, 12 de febrero de 1947, p. 1.
[36] *Tiempo de cambio regional*, Formosa, 10 de enero de 1996, p. 7.

consecuencia, la categoría de ocupantes de tierras fiscales. En el año 1947 más de un 60% de la población se radica en asentamientos dispersos y ya el Censo Algodonero de 1936 indicaba que el 63% de los productores algodoneros eran de origen paraguayo, destacando que la expansión del cultivo se orientaba hacia el oriente del Territorio (Chacoma, 1990).[37] La progresiva ampliación del área cultivada especialmente luego de la segunda posguerra y hasta 1960 responde a la expansión del cultivo algodonero. Recién en los años 1960 el algodón sufrirá la competencia directa de la fibra sintética y el retroceso de este cultivo textil y oleaginoso acusaría los efectos de la coyuntura.

Imagen 1

Fuente: Archivo Histórico de Formosa, sección Fotografías. Corrales de la Sociedad Rural de Formosa, Comandante Fontana, s/f.

El Censo Nacional de 1947 registra que el 85,24% de las explotaciones está en manos de ocupantes sin título. La situación no resulta extraña si se recuerda que –por entonces e históricamente– la población indígena quedaba

---

[37] Ver crecimiento discriminado por Departamentos.

excluida de los beneficios sociales y que habría de producirse la matanza de Rincón Bomba, "historia silenciada entre las represiones argentinas".[38]
En abril de 1947 braceros pilagás, tobas y wichís son despedidos sin indemnización del Ingenio San Martín de El Tabacal. Un mes antes habían sido traídos desde el Territorio Nacional de Formosa, con sus pobres enseres, junto a mujeres y niños con la promesa de pagarles $ 6 por día. Una vez en el ingenio propiedad del salteño conservador Robustiano Patrón Costas, la promesa no se respetó y los braceros reclamarían –sin éxito– ante la justicia. Con hambre y empobrecidos regresarían a pie a Las Lomitas (Formosa) y de allí se alojarían en el paraje llamado Rincón Bomba. La Gendarmería Nacional ejerce entonces un férreo control para desplazarlos a lugares más alejados. Los representantes indígenas se esforzarían por mantener una entrevista con las autoridades nacionales y con el propio presidente Juan Perón, o bien que este se trasladara al territorio formoseño para que conociera las miserias por las cuales pasaban en la vida cotidiana. El presidente de la Comisión de Fomento local pediría ayuda al gobernador del Territorio, quien a su vez la tramitará ante el Ministro del Interior.
Ante la situación descripta, el presidente de la nación ordena enviar alimentos, ropas y medicinas para los aborígenes. Los envíos llegan a la ciudad de Formosa en setiembre de ese año y son consignados al delegado de la Dirección Nacional del Aborigen, quien demora la entrega a los damnificados. La ayuda finalmente llega pero diezmada y los alimentos lo hacen en muy malas condiciones sanitarias, durante los primeros días de octubre. El consumo de esos productos desata una intoxicación masiva. Los sobrevivientes ya no son bienvenidos y comienzan a ser sospechosos. Se habla del "peligro indio" y la Gendarmería Nacional actuaría en consecuencia. "En los aborígenes (más

---

38 Aranda, Darío (2012). "Tierra de alguien", en *Revista MU*, mayo (disponible en http://goo.gl/4QAxlq).

de mil) se notaba la existencia de gran cantidad de mujeres y niños, quienes portando grandes retratos de Perón y Evita avanzaban desplegados en dirección nuestra". En la tarde del 10 de octubre se inicia una feroz matanza, que se convertiría en persecución para quienes logran escapar de ella. Los enfrentamientos se suceden hasta el 5 de noviembre y la población civil acompañaría esta persecución. La Gendarmería cree

> que al llegar la noche atacarían avanzando sobre Las Lomitas; efectuamos tiros al aire desde todos lados para dispersarlos. El tableteo de la ametralladora, en la oscuridad, debemos recordarlo, impresiona bastante. Muchos huyeron escondiéndose en el monte, al que obviamente conocían palmo a palmo,

según reconoce la fuerza armada fronteriza (Comandante Mayor (R) Teófilo Ramón Cruz).[39]

A diferencia de la masacre de Napalpí ocurrida en 1924, que encontrara lugar de discusión en el Congreso de la Nación y condujera a la creación de una Comisión Investigadora, las noticias de la matanza de Rincón Bomba se tornan confusas y contradictorias. Públicamente no se inicia ninguna investigación.

> Extraoficialmente, informamos a nuestros lectores que en la zona de Las Lomitas se habría producido un levantamiento de indios. Los revoltosos pertenecen a los llamados pilagás quienes, según las confusas noticias que tenemos, vienen bien provistos de armas [...] ya se habrían producido algunos encuentros, no se sabe si con los pobladores de la zona o tropas de la Gendarmería Nacional.[40]

---

[39] Zamudio, Teodora (2008). "Matanza de Rincón Bomba", en *Derecho de los Pueblos Indígenas*, Buenos Aires, Facultad de Derecho-UBA (disponible en http://goo.gl/AdpI25).
[40] *Norte*, Formosa, 11 de octubre de 1947, p. 1, col. 5

Son anuncios que se reiteran –de modo más o menos similar– en otros periódicos de fuera del Territorio Nacional, como *El Intransigente* de Salta y *El Territorio* de Resistencia (Chaco). Es este último el que el 20 de octubre de 1947 no duda en afirmar que

> en los últimos tiempos, estos indígenas carecían de lo más indispensable para el sustento diario, viéndose precisados no pocas veces a incurrir en hechos delictuosos para proveerse de alimentos. Las tierras prometidas y la creación en el lugar de escuelas, como así la entrega de elementos de trabajo, semillas, etc., nunca se concretaron, mientras que las gestiones por el logro de esa ayuda eran recibidas de manera violenta, tal si existiera el propósito de condenar a millares de seres humanos a la inanición. [41]

Formosa es un territorio postergado en múltiples aspectos más allá de la labor desempeñada por algunas órdenes religiosas como la de los franciscanos (Sbardella, 1993). Estos ejemplos aquí consignados son contundentes. Cuando en diciembre de 1948 aparece el periódico doctrinario *Justicia Social*, brega por la concertación entre capital y trabajo, critica la falta de contención social en materia de salubridad, educación, trabajo, haciendo responsable de la situación al gobernador Rolando de Hertelendy. Se hace eco de la voz de los aborígenes cuando señala en sus páginas que los indígenas no piden cargos públicos sino herramientas de trabajo, transcribiendo leyendas y hechos de la historia de los pueblos originarios. Dos años más tarde, en marcado contraste, el periódico peronista *Hoy*, con claro perfil partidario, recogía noticias varias del Territorio pero para poner el acento en los temas deportivos, culturales y de acción social. Pinturas de la vida cotidiana que contrastan a su vez con las planteadas desde las páginas de *Unidad*, órgano del partido comunista local, y *Voz Radical*, en tanto expresión

---

[41] *El Territorio*, Resistencia, 20 de octubre de 1947, p. 3.

mensual de la UCR de Formosa y desde donde se denuncian los desalojos intempestivos, el autoritarismo peronista, el corporativismo gremial. La adjudicación de superficies reducidas destinadas a la agricultura pretende acelerar el proceso de creación de pequeñas propiedades (entre 10 y 15 ha por productor en la zona este de Formosa). Entre 1947 y 1960, los censos indican que el número de explotaciones de pequeña escala se incrementa, y aumentan las menores de 25 hectáreas del 42,13% al 59,17%. El cultivo del algodonero, los colonos instalados como ocupantes en tierras fiscales y la consolidación de las pequeñas propiedades operan como efectos negativos para el desarrollo territoriano, al menos hasta 1958, cuando Formosa pasa a ser provincia y la administración de las tierras resulta competencia de la gestión local.[42] Pequeñas parcelas (menos de 25 ha), de baja rentabilidad, son las que predominan y casi un 70% pertenecen a esta categoría en el período intercensal 1947-1960. Se trata de una situación que intentará corregirse a partir de 1960, con un resultado que muestra el crecimiento de propietarios de un 14,13 % en 1960 hasta 42,4% en 1974, como producto de los cambios políticos nacionales y la conversión del Territorio en provincia. Territorio, política, poder y actores sociales se conjugan, aun para acentuar la marginalidad en relación con el modelo imperante en el país.

Para 1947 los establecimientos en propiedad provienen de las primeras distribuciones de tierras fiscales. La mayor parte de las explotaciones de reducida dimensión, menos de 25 hectáreas, practican la agricultura; mientras que las grandes extensiones se dedican a la ganadería y la explotación forestal. Si bien las parcelas pequeñas predominan, solo abarcan el 1,21% de la superficie total de la provincia. Esta situación sumada al monocultivo del algodón afecta

---

[42] Programa de Naciones Unidas de Desarrollo - UNSO/PNUD. Oficina de Lucha contra la Desertificación. Secretaría de Desarrollo Sustentable y Política Ambiental e Instituto de Colonización y Tierras Fiscales (2000), op. cit.

el recurso natural suelo y también la calidad de vida de la población, al contar con la precariedad sobre la propiedad del suelo y el pequeño tamaño de las parcelas. En consecuencia, proliferan los productores que complementan sus ingresos trabajando como cosecheros en las grandes extensiones del Gran Chaco Argentino.

Las explotaciones ganaderas y forestales en tierras fiscales representan en 1947 un 65% de la superficie y son otorgadas en concesión, en venta, arrendamiento o pago de pastoreo de un número de cabezas en el primer caso; y mediante el pago de aforo en el caso de las forestales (Slutzky, 2011: 125). La mayor concentración de grandes propiedades en pocas manos se da hacia el este formoseño, donde primeramente se privatiza la posesión de tierras. En las zonas con mayor desertificación difícilmente el ganadero busque arraigarse adquiriendo o arrendando tierras y prefiere pagar el derecho de pastoreo con las consecuencias derivadas de la inestabilidad productiva que esta situación genera.

Tampoco el cooperativismo encuentra arraigo generalizado en territorio formoseño. La División de Cooperativas de la Secretaría de Industria y Comercio informa en ese año acerca del desarrollo cooperativo en la Argentina. Chaco (veintisiete cooperativas) y Misiones (dieciséis cooperativas) figuran en un lugar de relieve en cuanto a la representación asociativa y desde 1945-1946 la estadística da cuenta del estado de la situación. Con relación al capital suscripto, el Chaco concentra $ 4.737.740; en tanto en el monto de operaciones, ocupa el quinto lugar y Misiones el sexto, con $ 32.296.214 y $ 11.563.268, respectivamente. Por estos años, de los 900 organismos cooperativos existentes en el país, 154 son cooperativas agrícolas; 30 algodoneras; 99 de consumo; 91 de crédito; 107 de electricidad; 14 de seguros urbanos; 6 de seguros rurales; 261 tamberas; 71 varias urbanas; 23 varias rurales; 28 vitivinícolas, frutícolas y hortícolas; 16 tabacaleras y yerbateras. En el grupo de cooperativas algodoneras que son en el Nordeste argentino las más importantes, se registran 30 entidades de esta clase distribuidas de la manera siguiente: Santa Fe/1, Córdoba/1, Corrientes/2, Santiago/2, Chaco/23 y Formosa/1. El número total de asociados es de 8353, el capital suscripto $ 4.328.004 y el monto de las operaciones realizadas alcanza a $ 31.952.365.[43]

Desde los inicios del gobierno de Juan Perón, las preocupaciones de este se concentrarían en dos cuestiones esenciales respecto de los Territorios Nacionales. Si bien el Ejecutivo Nacional pretendía llegar a la provincialización de aquellas áreas administrativas, resulta mayor el temor por los disturbios que se generarían en caso de ampliar la ciudadanía y convertirlas en provincias. En segundo lugar, las condiciones económicas de esas jurisdicciones no parecían ser suficientes para otorgarles la jerarquía provincial como para sustentarse con sus propios recursos.[44] En 1947 el Congreso de Gobernadores de los Territorios Nacionales plantea medidas preliminares conducentes a una posible provincialización: aumentar las atribuciones de los gobernadores, incrementar el número de juzgados e impulsar la obra pública y la educación. Al año siguiente una comisión especial del Senado apuntaría sus propuestas en el mismo sentido, al igual que el presidente Perón con la sanción de la Ley 13.494 de 1948, por la cual se fortalecía el poder de recaudación e inversión de los municipios situados en los Territorios.

Es la reforma de la Constitución Nacional realizada en 1949 la que habilita a los habitantes de los Territorios Nacionales a elegir presidente y vice de la nación. Una acción que ejercerían en las elecciones nacionales de 1951, que reelegiría a Perón para un segundo mandato presidencial. En ese contexto, el ministro del Interior Angel

---

[43] *La Cooperación. Órgano de la Asociación de Cooperativas Argentinas*, Buenos Aires, 7 de mayo de 1948, n° 1017, p. 3.
[44] Presidencia de la Nación (1947). *Plan de Realizaciones e Inversiones 1947-51*. Buenos Aires: Imprenta del Congreso.

Borlenghi tendría a su cargo el discurso para reforzar la autoridad de los gobernadores y municipios pero sin alentar decididamente la provincialización –al menos en todos los Territorios Nacionales– por las razones ya enunciadas y por el riesgo implícito.[45] Para Borlenghi "no hay obligación de transformar en provincias a los territorios", además entiende que "los territorios son nacionales, o sea que quedan sujetos al gobierno del poder central", y por último, que "la legislación que los debe regir debe ser especial".[46] Aunque los delegados territoriales actuarían entre 1952 y 1955, lo harían con poderes recortados y, en general, para apoyar iniciativas del Ejecutivo Nacional. De todos modos, Formosa no logra obtener entonces representante alguno.

El Congreso Nacional mostraría mayor preocupación por este tema, de parte de los legisladores radicales. De los catorce proyectos presentados en ambas cámaras por radicales y oficialistas, referidos a la provincialización, solo seis de ellos incluyen a Formosa. De todos modos, los movimientos provincialistas radicados en los distintos Territorios tendrían que aproximarse al oficialismo si pretendían alguna opción de injerencia en las medidas a tomarse. En breve plazo se constituye la Agrupación de Territorianos Provincialistas "General Perón", que elevaría propuestas al Legislativo Nacional e insistiría ante Juan y Eva Perón para que se designaran gobernadores nativos. El éxito resultaría escaso, porque los cambios que el peronismo lograría implementar en la vida de los territorianos dejarían su huella positiva a favor del gobierno de Juan Perón. Anarquistas, socialistas y comunistas perdían terreno entre los trabajadores locales por la ampliación de los derechos laborales y la "justicia social" que el peronismo instaura a través de las delegaciones regionales de la CGT y más allá de

---

[45] Presidencia de la Nación (1950). *Tercera Conferencia de Gobernadores*. Buenos Aires: Imprenta del Congreso.
[46] Cámara de Senadores del Congreso Nacional (1950). *Diario de Sesiones*, p. 1599.

ellas, especialmente en el Chaco y La Pampa; Territorios Nacionales que serían respaldados en sus reclamos para convertirse en provincias, por Eva Perón como presidenta del Partido Peronista Femenino, a partir de 1951 y con un éxito casi inmediato "marcado por la impronta peronista, la centralidad de la CGT y la exclusión de los opositores" (Leoni de Rosciani, 2001: 70).

Es el Segundo Plan Quinquenal presentado en 1953 ante el Congreso Nacional, el que deja asentado en la norma el importante papel que han de jugar las cooperativas agrarias en su ejecución. El capítulo X del plan es el que afirma que el Estado aspira a que ellas participen: [47]

a. en el proceso de colonización y en la acción estatal y privada tendiente a lograr la redistribución de la tierra en unidades económicas adecuadas;
b. en la producción, mediante la utilización racional de los elementos básicos del trabajo agropecuario;
c. en la comercialización directa de la producción de sus asociados;
d. en el proceso de comercialización y defensa de la producción agropecuaria en los mercados internacionales;
e. en la transformación primaria de la producción agropecuaria de sus socios;
f. en la acción estatal que tiende a suprimir toda intermediación comercial innecesaria; y
g. en la acción social directa a cumplirse en beneficio de los productores agrarios.

Política, cooperativismo y crédito estrechan sus lazos y entre octubre y noviembre de 1953, en apoyo a las propuestas de planificación impulsadas por el gobierno, se lleva a cabo en la provincia de Buenos Aires (San Nicolás) el Segundo Curso de Cooperativismo Agrario, organizado por el Ministerio

---

[47] Presidencia de la Nación. Subsecretaría de Informaciones (1953). *Segundo Plan Quinquenal.* Buenos Aires, p. 175.

de Asuntos Agrarios bonaerense para gerentes, empleados y socios de cooperativas. Están presentes de manera activa los funcionarios –encabezados por el gobernador Carlos V. Aloé, quien toma a su cargo la clase inaugural–, las entidades cooperativas y reconocidos estudiosos del accionar cooperativo.[48] Es un llamado a la participación activa de los productores cooperativizados, para hacer posible los objetivos del Segundo Plan Quinquenal y dar consistencia a la recomendación del presidente Juan Perón para que la sociedad argentina produzca más y consuma menos. Un argumento que funciona en la región pampeana y solo en algunas áreas de las regiones marginales; pero este no es el caso de Formosa.

Mientras tanto, el discurso oficial del gobierno nacional promete tierra fiscal apta para la siembra destinada a los agricultores de Formosa, Chaco y Corrientes. En octubre de 1953, el presidente de la nación sostiene con firmeza: "La tierra será para quien la trabaja, es el lema que inspira al general Perón en su obra de progreso colonizador agrario algodonero y de engrandecimiento de todo el norte del país". Exponía en esa visita "que a todo hombre que desee trabajar la tierra y la haga producir, no le faltará su predio donde pueda formar su chacra y su hogar".[49] Dichos y hechos que no parecen corresponderse en lo sustantivo con la realidad que significa habitar en los márgenes, más allá de la "justicia social" doctrinaria, que alcanza a solucionar muchos problemas de los desamparados habitantes de la región, pero deja pendientes otros de envergadura, que si fueran solucionados permitirían a quienes los padecen afirmar su independencia y su dignidad, evitando los efectos perniciosos del patronazgo y el clientelismo político. De esa prédica

---

48 Aimar A. Balbi (1953). "El cooperativismo en el Segundo Plan Quinquenal", en Provincia de Buenos Aires. Ministerio de Asuntos Agrarios, *Segundo Curso de Cooperativismo Agrario 1953. Segundo Plan Quinquenal*. Buenos Aires, diciembre, vol. II, pp. 3-9.
49 *La Gaceta Algodonera*, Buenos Aires, 31 de octubre de 1953, año 30, n° 357, pp. 1-2.

doctrinaria y reaccionando contra el comunismo, se hace cargo la Alianza Libertadora Nacionalista, que inicia su accionar en Formosa hacia 1953.[50]

Cuadro 4. Explotaciones agropecuarias (%)

Régimen legal	1947		1960	
	Número de explotaciones	Superficie	Número de explotaciones	Superficie
Propietarios	2,31	18,61	4,65	14,13
Arrendatarios	4,28	2,00	4,23	1,91
Medieros	0,60	0,08	0,71	0,08
Ocupantes	85,24	71,06	66,23	68,94
Otras formas	7,57	8,25	24,18	14,94
Total	100	100	100	100

Fuente: Censos Nacionales 1947, 1960. Elaboración propia.

En 1958 Formosa alcanza –como se enunció– la categoría de provincia, y la administración de las tierras será competencia de los organismos locales, según lo establece el artículo 35 inciso 2 de su Constitución, que encarga al Estado "la distribución equitativa de la tierra, considerada como bien de trabajo, a los fines de su explotación racional, a un precio justo en relación a su rendimiento". También en el capítulo II de la Ley Fundamental de la flamante provincia, referido al "Régimen Económico" hay disposiciones relativas a las explotaciones agropecuarias: "la tierra pública será dividida, para su mejor explotación, en unidades económicas, para su adjudicación a los trabajadores rurales atendiendo a su especialización y al

---

50 *Tiempo de cambio regional*, Formosa, 23 de febrero de 1996, p. 7.

número de familiares a su cargo" (art. 38). Se trata de unidades no menores de 100 hectáreas, que podrían adjudicarse en venta o arrendamiento con opción a compra (art. 39) (Lugo, 1990) una vez que la provincia mensure y amojone la tierra pública, en un todo de acuerdo con la legislación nacional sobre el asunto, excepto en lo referente a la donación de tierras que remite a una legislación más antigua (Cárcano, 1972: 433-434). Dos años después el censo nacional de 1960 la presenta como una de las provincias argentinas con mayor cantidad de propiedades de dimensiones reducidas. Por entonces la crisis algodonera que afectara fuertemente al Chaco no incide de igual modo en Formosa, donde los pequeños productores adoptan nuevos cultivos como citrus y hortalizas, que ofician de paliativos para superar el crítico momento (Girbal-Blacha, 2005: 91-120).

La adjudicación de tierras fiscales se rige por la Ley de Tierras 113 del 19 de julio de 1960 –que regula la colonización tanto como las tierras fiscales– y su Decreto Reglamentario (1539/60), que establece desde los años 1960 un proceso a través de quienes "ejercen una ocupación pacífica" y practiquen una "explotación regular, tendrán derecho a que se les adjudique en venta una unidad de explotación, dentro de la superficie que ocupen" (art. 28), y conseguirán así el título de propiedad. "La base del régimen es la propiedad de la tierra racionalmente subdividida, y el mismo será desarrollado por intermedio de un organismo técnico creado al efecto por el Poder Ejecutivo" (Cárcano, 1972: 434).

La legislación vigente permite entonces la venta y el arrendamiento por un lapso de cinco años; define a la unidad económica como de tipo familiar, es decir, la que cuenta "con su solo producido, el mantenimiento, la previsión y el progreso social del productor y su familia" (art. 20). En principio los beneficiarios del Régimen de Colonización y Tierras Fiscales resultan ser principalmente grandes y medianos ocupantes, aunque quedan inhibidos los grandes propietarios de más de 10.000 hectáreas, las sociedades anónimas o en comandita por acciones (Cárcano, 1972: 434-435). De todos modos, al amparo de esta ley se concede un 29% de los títulos de propiedad en la provincia de

Formosa, y se da prioridad a los ocupantes establecidos en unidades económicas de nacionalidad argentina, que sean socios de cooperativas agrarias, domiciliados en la región, con familia numerosa y apta para el trabajo rural, que cuenten con herramientas y algún capital, de ser posible.[51] Son preferencias que ya se consignan en la Ley de Colonización 12.636 de 1940 y quienes resultan adjudicatarios deben pagar no solo el precio estipulado sino las tasas e impuestos, se comprometen a producir mejoras, cultivar, mensurar el predio, combatir las plagas y no transferir la concesión sin tener la autorización pertinente (Cárcano, 1972: 435).

Entre 1947 y 1960 "se inician alrededor de 4500 nuevas explotaciones, la mayoría de ellas dedicadas a la producción algodonera y ubicadas en tierras fiscales que ocupan el 67% de la superficie cubierta, una de las proporciones más altas del país" (Slutzky, 2011: 132). Es el censo de 1960 el que aún sigue mostrando para Formosa formas de tenencia de la tierra "no determinadas", identificadas mayoritariamente con tierras fiscales. Para los años de 1960, todavía registra solo el 1,5% de su superficie bajo cultivo, con una marcada persistencia de un sistema de propiedad territorial que dificulta la racionalidad en la producción agrícola. El resto del espacio formoseño lo ocupan la ganadería extensiva y la explotación forestal.

La postergación que sufre el Nordeste argentino y especialmente Formosa se derivan de la falta de una activa promoción por parte del Estado y del aislamiento respecto del eje del modelo agroexportador en que se encuentra sumido el territorio; la ausencia de una gran burguesía allí radicada y la movilidad de sus fronteras territoriales. Mientras que en 1947 el 8,3% de la superficie chaqueña está cultivada, en Formosa solo el 1% del área ocupada lo está. Guarismos que crecen al 14% y al 1,5% en los años 1960, respectivamente.[52]

---

[51] Programa de Naciones Unidas de Desarrollo - UNSO/PNUD. Oficina de Lucha contra la Desertificación. Secretaría de Desarrollo Sustentable y Política Ambiental e Instituto de Colonización y Tierras Fiscales (2000), op. cit.
[52] Slutzky, Daniel (2011), op. cit., p. 121.

De todos modos en 1960 –cuando se alcanza el guarismo más alto en el cultivo del algodón– el 74% del total cultivado en Formosa se corresponde con la superficie algodonera. En el oeste formoseño, por su parte, el avance de la desertificación dificulta aun la explotación ganadera de subsistencia, nómade y donde el caprino terminaría desplazando al vacuno. En el este formoseño, en cambio, la ganadería de mejor calidad atrae a los inversores de la región pampeana. Mientras que la producción taninera se mantiene en alrededor de las 20.000 toneladas anuales.

Cuadro 5. Gran Chaco Argentino.
Distribución relativa de la población (%), según censos

Total del país	1895	1914	1947	1960
Corrientes	6,1	4,4	3,3	2,7
Chaco	0,3	0,6	2,7	2,7
Formosa	0,1	0,2	0,7	0,9
Misiones	0,8	0,7	1,6	1,8
Sgo. del Estero	4,1	3,3	3,0	2,4

Fuente: Recchini de Lattes, Zulma y Lattes, Alfredo (1974). *La población de Argentina*. Buenos Aires, p. 98.

Cuadro 6. Explotaciones y superficie según la escala de extensión (%)

Escala de extensión – has	1947 (1)	1960	
	Número de explotaciones	Número de explotaciones	Superficie
Hasta 5	17,80	21,18	0,14
De 5 a 25	24,33	37,99	1,07
De 25 a 50	11,00	18,14	2,24
De 50 a 100	9,37		
De 100 a 500	7,47	9,21	8,75
De 500 a 1000	6,31		
De 1000 a 5000	20,51	12,19	53,83
De 5000 a 10000	2,27	0,92	13,98
Más de 10000	0,94	0,37	19,99
TOTAL	100	100	100

Fuente: Censos Nacionales 1947, 1960. Oficina de Lucha contra la Desertificación del Programa de Naciones Unidas de Desarrollo – UNSO/PNUD (en colaboración con la Secretaría de Desarrollo Sustentable y Política Ambiental e Instituto de Colonización y Tierras Fiscales) (2000). *Tenencia de tierra en la provincia de Formosa. República Argentina. Informe final*. S.D.T.
Nota: no se incluyen establecimientos de tamaño desconocido.
(1): No hay información de la cantidad de hectáreas según la escala de extensión.

La postergación social propia de la vida en los márgenes es parte de una "guerra callada", la que libran los pobres. Aquellos acerca de los cuales "sabemos todo: en qué no trabajan, qué no comen, cuánto no pesan, cuánto no miden, qué no tienen, qué no piensan, qué no votan, en qué no creen. Solo nos falta saber por qué los pobres son pobres" (Galeano, 2014: 329) y la historia suministra numerosos ejemplos, algunos de los cuales se han abordado en estas páginas.

4. Reflexiones acerca de la ruralidad en los márgenes

En 1917, Max Weber (1864-1920) publica –como parte de los debates sobre la ciencia como profesión– un artículo donde incursiona sobre la conveniencia de no hacer juicios de valor en la sociología y en la economía, por la diferencia lógica existente entre la constatación de los hechos y la valoración de ellos. Para Weber las ciencias sociales solo enuncian, relatan, aunque dicha afirmación no implique que no resulten de ellas análisis científicos. En otras palabras, en la sociedad pueden ser objeto de análisis sus características, las acciones políticas, económicas, sociales y culturales, sus lógicas, sus causas y consecuencias, aunque "libre de juicios de valor" (Weber, 2010: 11-14).

El estudio aquí realizado usando como base principal fuentes originales que se refieren a Formosa y su territorio, su legislación y condición ciudadana, así como al ejercicio del poder y sus actores, puede prescindir de la valoración en el sentido weberiano, porque la documentación básica da cuenta de la compleja realidad en la cual viven quienes al menos tienen voz y son visibles para el sistema a través de sus presentaciones, reclamos y denuncias ante la justicia y las diversas instancias legales. Entre la esfera científica y la de los juicios de valor pretende situarse este trabajo, que apela, en primer lugar, a la descripción histórica sustentada en fuentes documentales primarias, para presentar "el difícil arte de hacer región" (Boisier, Sergio) e interpretarlo.

Por otra parte, si la realidad es "un continuo heterogéneo" (Rickert, Heinrich) que se puede racionalizar a través de conceptos construidos para poder abordarla, es posible afirmar que esa realidad se convierte en Historia cuando se la contempla desde casos particulares como el que aquí se estudia (Weber, 2010: 24-25). No se trata de hacer un juicio de valor, una interpretación subjetiva, sino de establecer acciones empíricas –en tanto hechos– capaces de explicar las causales de la realidad en un lugar y en un tiempo determinados.

Si una política exitosa es siempre "el arte de lo posible", parece sustantivo advertir que la posibilidad de formularla y llevarla adelante se da actuando concretamente sobre las causas que la realidad muestra, trascendiendo las diferencias. Es esta la pretensión de este trabajo que analiza a través de la construcción y ejecución de las políticas desplegadas desde el Estado, el vínculo complejo y heterogéneo que se genera entre el agro, el territorio y el poder como parte de las redes que tejen sus nexos con los sujetos sociales radicados en el espacio formoseño.

La situación que se genera trasciende la importancia que el aparato estatal despliega para influir directamente sobre la economía, la sociedad y el ambiente, mediante una creciente burocratización de la ruralidad;[53] en tanto forma de relación generada entre la sociedad y los espacios rurales, desde donde se "construye el sentido social de lo rural, la identidad y se moviliza el patrimonio de dichos espacios".[54] En esta relación hombre-espacio se advierte cómo se elabora la apropiación simbólica, valorización y aprovechamiento del patrimonio, como integrante de la dimensión social de los territorios rurales.

El imaginario social pondera la ruralidad como un proceso subjetivo de "toma de conciencia de la población de formar, y ser parte de un espacio rural más allá de tener residencia en él. Las imágenes y representaciones que los

---

[53] Romero, Juan (2012). "Lo rural y la ruralidad en América Latina: categorías conceptuales en debate", en Psicoperspectivas. Individuo y Sociedad, vol. 11, n° 1. Chile: Pontificia Universidad Católica de Valparaíso (disponibles en http://goo.gl/KiV3lb).

[54] Sili, Marcelo (23 de abril de 2009). "¿Qué es la ruralidad?", en http://goo.gl/cXygXq.

sujetos tienen sobre las actividades, respecto de las costumbres, sobre sí mismos y sobre los otros, les permiten a los hombres vinculados a las áreas rurales construir y reconstruir sus propias representaciones y símbolos",[55] y resignificar su propia historia rural, como lo muestra la población formoseña. Se trata, en suma, de "una dinámica de identidad que le da sentido al lugar y una dinámica de valorización de los recursos que no es totalmente deslocalizable" (Giarraca, 2001),[56] que compone un proceso integral capaz de tender lazos entre la macro- y la microhistoria.

Bibliografía

Abélès, Marc y Badaró, Máximo (2015). *Los encantos del poder. Desafíos de la antropología política*. Buenos Aires: Siglo XXI Editores.
Alsina, José (1996). *1875-1996. Diarios y periódicos formoseños. Un ensayo historiográfico*. Formosa: Universidad Nacional de Formosa.
Arias Bucciarelli, Mario (2010). "Tensiones en los debates parlamentarios en torno a la provincialización de los Territorios Nacionales durante el primer peronismo", en *Quinto Sol* 14, Santa Rosa-La Pampa, enero-diciembre (versión digital).
Bolsi, Alfredo y Meichtry, Norma (1982). "Realidad y política migratoria en el Nordeste Argentino", en *Cuadernos de Geohistoria Regional* 7. Resistencia: IIGHI-CONICET.
Borrini, Héctor Rubén (1991). "Ocupación y organización del espacio en el Territorio de Formosa (1880-1980)", en IIGHI *Cuadernos de Geohistoria Regional* 24. Resistencia-Chaco: IIGHI.

---

[55] Ibídem.
[56] Ibídem.

Carcano, Miguel Ángel (1972). *Evolución histórica del régimen de la tierra pública 1810-1916*. Buenos Aires: Eudeba.

Chacoma, Jorge Daniel (1990). "Distribución de la población en Formosa: ambiente, ferrocarril y algodón (1920-1947)", en *X Encuentro de Geohistoria Regional*. Formosa: Junta de Estudios Históricos y Geográficos de Formosa, 15-16 de junio.

Colazo, Susana (1994). "Domingo Astrada y la colonización del Alto Pilcomayo", en *Cuarto Encuentro de Geohistoria Regional*. Resistencia: IIGHI.

Galeano, Eduardo (2014). *Los hijos de los días*. Buenos Aires: Siglo XXI Editores.

García, Rafael y Regondini, Graciela (1999). *Programa para el manejo racional de los recursos hídricos en la cuenca de Río Pilcomayo*. Formosa: Gobierno de la Provincia de Formosa.

Giarracca, Norma (comp.) (2001). *¿Una nueva ruralidad en América Latina?* Buenos Aires: Colección Grupos de Trabajo de CLACSO. Grupo de Trabajo Desarrollo Rural. CLACSO.

Girbal-Blacha, Noemí (2011). *Vivir en los márgenes. Estado, políticas públicas y conflictos sociales. El Gran Chaco Argentino en la primera mitad del siglo XX*. Rosario: Prohistoria Ediciones.

Girbal-Blacha, Noemí M. (1989). "Política de tierras (1916-1930). ¿Reforma, orden o "reparación" agraria?", en *Conflictos y procesos de la historia argentina contemporánea* 28. Buenos Aires: CEAL.

Girbal-Blacha, Noemí M. (2005). "Algodón, envases textiles y tejeduría doméstica. Propuestas industrializadoras del Estado interventor en la Argentina de los años 1940", en *Revista de Historia Industrial. Economía y Empresas* 27, año XIV. Barcelona: Universitat de Barcelona.

Iazzetta, Osvaldo (2009). "Capacidades estatales, gobernabilidad democrática y crisis global", en *Working Papers Serie: Los rostros de la crisis económica internacional y sus impactos políticos en América Latina*. Buenos Aires: PNUD.
Lattes, Alfredo E. (1979). *La dinámica de la población rural en la Argentina entre 1870 y 1970*. Buenos Aires: CENEP.
Lattuada, Mario; Márquez, Susana y Neme, Jorge (2012). *Desarrollo rural y política. Reflexiones sobre la experiencia argentina desde una perspectiva de gestión*. Buenos Aires: Ediciones Ciccus.
Leoni de Rosciani, María Silvia (2001). "Los Territorios Nacionales", en Academia Nacional de la Historia: *Nueva Historia de la Nación Argentina*. Buenos Aires, Planetat. 8.
Lugo, Emilio Ramón (1990). *Historia parlamentaria de Formosa: 1ra. parte, Convención Constituyente, agosto-noviembre 1957*. Formosa: Gualamba.
Mari, Oscar Ernesto (2006a). "Gendarmería... Entre el Roble y el Laurel", en *Folia Histórica del Nordeste*. Resistencia: IIGHI, pp. 316-318.
Mari, Oscar Ernesto (2006b). "Milicias, delito y control estatal en el Chaco (1884-1940)", en *Mundo Agrario. Revista de Estudios Rurales*. La Plata: CEHR-UNLP, pp. 1-25.
Mazacotte, Víctor (1999). *Tenencia de la tierra y su impacto en el manejo de los recursos naturales*. Formosa: Instituto de Colonización y Tierra Fiscales.
Oficina de Lucha contra la Desertificación del Programa de Naciones Unidas de Desarrollo – UNSO/PNUD (en colaboración con la Secretaría de Desarrollo Sustentable y Política Ambiental e Instituto de Colonización y Tierras Fiscales) (2000). *Tenencia de la tierra en la provincia de Formosa. República Argentina. Informe final de Enrico Formica*. Buenos Aires.
Pillet, Félix (2008). *Espacio y ciencia del Territorio. Proceso y relación global-local*. Madrid: Biblioteca Nueva.

Ramírez, Mirta (1983). "La actividad azucarera en el Nordeste", en *Cuadernos de Geohistoria Regional* 9. Resistencia-Chaco: IIGHI.
Romero Sosa, Carlos Gregorio (1967). "Historia de la Provincia de Formosa y sus pueblos (1862-1930)", en *Historia Argentina Contemporánea (1862-1930)*, vol. IV, sección segunda. Buenos Aires: El Ateneo.
Ruffini, Martha (2007): *La pervivencia de la república posible en los territorios nacionales. Poder y ciudadanía en Río Negro*. Bernal. Universidad Nacional de Quilmes Editorial.
Ruffini, Martha (2010). "Ecos del Centenario. La apertura de un espacio de deliberación para los Territorios Nacionales: la Primera Conferencia de Gobernadores (1913)", en *Revista Pilquen* 12. Viedma, enero-junio (versión digital).
Sbardella, Cirilo (1980). "Las posesiones de Madame Lynch en Formosa", en *Primer Encuentro de Geohistoria Regional*. Corrientes: IIGHI-CONICET.
Sbardella, Cirilo Ramón (1993). *Los diarios de la Misión Laishí*. Resistencia-Chaco: Centro de Estudios "Brigadier Pedro Ferré".
Slutzky, Daniel (2011). *Estructura social agraria y agroindustrial del Nordeste de la Argentina: desde la incorporación a la economía nacional al actual subdesarrollo concentrador y excluyente*. Buenos Aires: IADE, otoño.
Valenzuela de Mari, Cristina Ofelia (1999). "Consolidación de la vocación ganadera en las estancias chacoformoseñas. 1930-1947", en *Décimo Congreso Nacional y Regional de Historia Argentina*. Buenos Aires: ANH.
Weber, Max (2010). *Por qué no se deben hacer juicios de valor en la sociología y en la economía*. Madrid: Alianza Editorial-Sociología.

Fuentes y publicaciones periódicas

Aranda, Darío (2012). "Tierra de alguien", en *Revista MU*, mayo (disponible en http://goo.gl/0DmyCw).
Astrada, Domingo (1906). *Expedición al Pilcomayo*. Buenos Aires: Robles y Cía.
Balbi, Aimar A. (1953). "El cooperativismo en el Segundo Plan Quinquenal", en: *Segundo Curso de Cooperativismo Agrario 1953. Segundo Plan Quinquenal*. Buenos Aires: Provincia de Buenos Aires. Ministerio de Asuntos Agrarios, diciembre, vol. II, pp. 3-9.
Baque, Santiago y Begué, Pablo (1933). *La industria del extracto de quebracho ante los poderes públicos. Informe presentado a la Comisión Nacional del Extracto de quebracho por los miembros de la misma, representantes de la S. Quebrachales Fusionados*. Buenos Aires: Rossi.
Bunge, Alejandro (1922). *Las industrias del Norte. Contribución al estudio de la nueva política económica argentina*. Buenos Aires: sin editor.
Cámara de Senadores del Congreso Nacional (1950). *Diario de Sesiones*: 1599.
Centro Azucarero Argentino (1944). *Cincuentenario del Centro Azucarero Argentino*. Buenos Aires.
De Chapeaurouge, Carlos (1925). *Plano catastral de la República Argentina*, s.d.t., folio 18.
De Gasperi, Luis (s/f). "La desecación ambiental del oeste formoseño". Buenos Aires: *IDIA*, p. 96.
El Censor. Formosa, 23 de setiembre de 1933, pp. 2-3.
El Eco de Formosa. Formosa, 18 de enero de 1890, p. 2.
El Territorio. Resistencia, 20 de octubre de 1947, p. 3.
Golpe y Gutiérrez, Leopoldo (1903). "Informe de La Florencia presentado al Gobernador del Territorio de Formosa", en *Boletín de Agricultura y Ganadería* 55, año III. Buenos Aires, pp. 367-374.
Junta Nacional para Combatir la Desocupación (Ley 11896) (1938). *Memoria 1937*. Buenos Aires.

La Cooperación. Órgano de la Asociación de Cooperativas Argentinas. 7 de mayo de 1948, n° 1017. Buenos Aires, p. 3.
La Gaceta Algodonera. Buenos Aires, 31 de mayo de 1926, año 2, n° 2228, p. 11; 31 de octubre de 1953, año 30, n° 357, pp. 1-2.
La Semana. Formosa, 26 de diciembre de 1924, p. 1.
Linares Quintana, Segundo V. (1937). *Derecho público de los territorios nacionales.* Buenos Aires: Porter Hermanos.
Maradona, Esteban Laureano (1937). *A través de la selva.* Buenos Aires: Talleres Gráficos de la Penitenciaría Nacional.
Ministerio de Agricultura (1901). *Digesto de leyes, decretos y resoluciones relativas a tierras públicas, colonización, inmigración, agricultura y comercio. 1810-1900.* Buenos Aires: Ministerio de Agricultura-Cía. General de Billetes de Banco.
Ministerio de Agricultura (1928). *Memoria de la Dirección General de Tierras en el período administrativo, 1922-1928.* Buenos Aires, publicación oficial.
Norte. Formosa, 11 de octubre de 1947, p. 1, col. 5.
Pillado, Ricardo (1896). *Política comercial argentina.* Buenos Aires: Talleres de la Oficina Meteorológica Argentina.
Presidencia de la Nación (1947). *Plan de Realizaciones e Inversiones 1947-51.* Buenos Aires: Imprenta del Congreso.
Presidencia de la Nación (1950). *Tercera Conferencia de Gobernadores.* Buenos Aires: Imprenta del Congreso.
Presidencia de la Nación. Subsecretaria de Informaciones (1953). *Segundo Plan Quinquenal.* Buenos Aires: Presidencia de la Nación.
República Argentina. Departamento General de Inmigración (1891 y 1897). *Memoria 1890 y 1896.* Buenos Aires, s.d.t.
Romero, Juan (2012). "Lo rural y la ruralidad en América Latina: categorías conceptuales en debate", en Psicoperspectivas. Individuo y Sociedad, vol. 11, n° 1. Chile: Pontificia Universidad Católica de Valparaíso (disponible en http://goo.gl/wHUdRC).

Sili, Marcelo (2009). "¿Qué es la ruralidad?", 23 de abril, en http://goo.gl/KGvCHh.
Territorio Nacional de Formosa (1979). *Memorias, 1885-1899*. Resistencia-Chaco: IIGHI-UNNE, pp. 24-28.
Tiempo de cambio regional. Formosa, 3 de enero de 1996, p. 6; 10 de enero de 1996, p. 7; 23 de febrero de 1996, p. 7.
Tornquist, Ernesto (1920). *El desarrollo económico de la República Argentina en los últimos cincuenta años*. Buenos Aires: E. Tornquist y Cía. Ltda.
Tribuna Argentina. Formosa, 29 de abril de 1941, p. 2.
Tribuna Peronista. Formosa, 12 de febrero de 1947, p. 1.
Ygobone, Aquiles (1945). *La Patagonia en la realidad argentina. Estudio de los problemas económicos, sociales, institucionales de las gobernaciones del Sur*. Buenos Aires: Ateneo.
Zamudio, Teodora (2008). "Matanza de Rincón Bomba". En: *Derecho de los Pueblos Indígenas*. Buenos Aires: Facultad de Derecho-UBA (disponible en http://goo.gl/KyXMqc).

Mujeres, familia y derechos en la construcción del Chaco algodonero (1920-1960)

ALEJANDRA DE ARCE[1]

Nuestra palabra: [Como mujeres del campo exigimos] la estabilidad en la tierra que labramos, a fin de asentar sólidamente nuestros hogares y asegurar la integridad de nuestras familias; estabilidad que se hará efectiva mediante una amplia reforma agraria. Mejor asistencia sanitaria, médica y de maternidad; mayores facilidades educacionales (Nuestras Mujeres, UMA, 20/12/1947, p. 4).

1. Introducción

Desde principios del siglo XX, la introducción de la producción algodonera en el Nordeste argentino se adecua a las demandas del modelo agroexportador y del poder asentado en la región pampeana. El algodón transformará el territorio a través de nuevas técnicas agronómicas, de la redistribución la población –motivada por el fomento estatal– y se convertirá en el centro de los conflictos entre los actores involucrados en su producción, industrialización y comercialización. La presencia –o ausencia– del Estado y sus agencias quedaría expresada en las demandas de las familias agricultoras, que no siempre encuentran soluciones. Cuando el *oro blanco* se convierte en una promesa para quienes optan por su cultivo, el trabajo femenino cotidiano ocupa un lugar indiscutible en las chacras del Nordeste (NEA).

---

[1] CONICET-CEAR/UNQ. aledearce@gmail.com

El análisis del lugar que ocupan las familias agricultoras y el trabajo femenino en la producción y algodonera del NEA requiere, en primer lugar, la comprensión del análisis *regional* como parte de un estudio socioeconómico *nacional*, en el cual deben tenerse en cuenta escalas relacionales y valorizaciones sociales que abarquen tanto el espacio cotidiano, regional y estatal como la consideración de los juegos de intereses que operan entre estos niveles, como se refiere desde la teoría en el capítulo 1 de este libro (Girbal-Blacha, 1997; Chiozza y Carballo, 2006).

Este estudio parte de la concepción del espacio como producto histórico-social, resultante de múltiples acciones e intereses individuales y colectivos. La cohesión de dicho espacio está asegurada por relaciones-tensiones históricamente variables y dinámicas entre la dotación de recursos naturales, las formas de organización de la producción, el comercio, el consumo y la red de instituciones.[2] Al mismo tiempo, se comprende que

> es la "puesta" en valor y producción del territorio la que, de acuerdo a las determinaciones históricas, económicas, técnicas, culturales, dentro de las cuales se incorporan las variables físicas (el suelo valorizado-intervenido por la sociedad) generan un dinámico y cambiante espacio geográfico. A su vez, el medio físico influye las actividades humanas en un ida y vuelta permanente pero no como algo externo a ellas sino como un todo integrado. En cada contexto histórico, el medio físico lleva la impronta de la sociedad y viceversa; es decir, que los determinismos físicos juegan su papel en tanto componentes de una geografía construida históricamente (Barsky, 2000: 5).

Un enfoque regional advierte la desigualdad en el acceso a los recursos que la sociedad genera, por parte de los distintos sujetos sociales, como también las relaciones de

---

[2] Véanse además Valenzuela (2006), Rofman (1999), Girbal-Blacha (1997, 2008), Manzanal (2007), Campi (2005).

poder vinculadas a cada estructura social; asimetrías y posiciones que se transforman a través del tiempo e implican modificaciones en la organización territorial (Girbal-Blacha, 1997). El reconocimiento de la dimensión temporal y sus manifestaciones en el espacio requiere considerar el tiempo como ajeno a la voluntad humana, en tanto devenir, asociado con la técnica, la tecnología y el desarrollo de los medios de transporte; y finalmente, otros tiempos que tienen que ver con las permanencias de los sistemas sociales, que interactúan con el espacio habitado y permiten establecer periodizaciones (períodos de estabilización, de transformación o de sustitución de un sistema social por otro) (Chiozza y Carballo, 2006: 51-53).

El enlace entre lo micro- y lo macrohistórico requiere considerar distintas escalas de análisis y comprender las relaciones espaciales de poder inter- e intrarregionales (Revel, 1998). Al mismo tiempo, el microanálisis demanda estudiar la percepción del espacio a nivel de las prácticas sociales y desde las perspectivas de los actores. En este sentido, debemos considerar la circulación de una concepción de la región con delimitaciones y fronteras marcadas por lo sensible; como "un entorno que determina una apropiación individual de lo que es exterior. Pero que sea individual no excluye, por supuesto, que esta apropiación se produzca a través de recursos o mecanismos que son colectivos" (Fernández, 2008: 234).

La identificación de relaciones territoriales "horizontales" se referirá a los dominios de la contigüidad (*el espacio concreto*), mientras que el espacio virtual (abstracto) que incorpora el estudio de las redes sociales definirá las verticalidades, formadas por puntos distantes unos de otros unidos por procesos sociales. Entre ellos, el *espacio de todos* conjugará un área o zona donde la gente vive y trabaja en un espacio virtual, compuesto de redes y tramas que operan en él (Manzanal, 2007: 41-42).

Las configuraciones sociales del espacio se encuentran lo suficientemente arraigadas en el "sentido común" (en tanto sistema simbólico) para ser objetos de representaciones colectivas. De esta manera, las características de lo regional-rural (o lo urbano) operan como "realidades percibidas"; se traducen en discursos que orientan las prácticas sociales y se fundamentan en valores culturalmente construidos. La naturaleza misma de lo rural condiciona los procesos económicos, políticos y sociales que suceden en un mismo territorio, como expone en el capítulo anterior Gustavo Zarrilli (Paniagua y Hoggart, 2002). Influyen en la conformación regional una superposición entre los espacios individuales vividos y el esfuerzo organizativo –coherente, no coherente– de las instancias políticas, administrativas y económico-productivas, en constante transformación. Así, las trayectorias individuales de los sujetos y las maneras con las que interiorizan las informaciones que emanan del medio garantizan la variedad de los comportamientos y relaciones socio-espaciales, dentro de un marco colectivo de recursos y limitaciones (Chiozza y Carballo, 2006: 68-69).

La adopción de una perspectiva microanalítica y regional supone poner en el centro de la discusión los contextos y experiencias de los actores, abriendo la posibilidad de comprender y producir reflexiones que puedan dar cuenta de "la forma en que las personas experimentan sus condiciones de vida y buscan (o no) transformarlas" (Fernández, 2008: 243).

Entonces, se comprende que el análisis *regional* forma necesariamente parte de un estudio socioeconómico *nacional* en el cual deben tenerse en cuenta escalas relacionales y valorizaciones sociales que abarquen tanto el espacio cotidiano, regional y estatal al mismo tiempo que se consideran los juegos de intereses que operan entre estos niveles. En la producción social del espacio regional se sintetizan "relaciones entre capacidades diferenciales para transformar, producir e imponer acciones y voluntades, sea bajo resistencia o no, bajo conflicto o no" (Manzanal, 2007: 33).

En este capítulo se intentará reconstruir e interpretar la complejidad de la producción algodonera chaqueña desde una perspectiva que enlace las dimensiones macro- y microsociales, centrando el foco de análisis en las mujeres como actores sociales del territorio. A partir de la confrontación de diversas fuentes se analizarán las exigencias de las mujeres por adecuadas condiciones de vida, la denuncia de las desigualdades de acceso a los recursos, así como los límites que impone el sistema de género –y el medio rural– a la participación política activa. Para ellas, habitar en los márgenes significará resistir a la subordinación y redefinir, en las prácticas, las expectativas que establecen el "deber ser" de las mujeres en los hogares rurales chaqueños a mediados del siglo XX.

2. Algodón y desarrollo marginal en el Nordeste argentino

En los años veinte coinciden la declinación de la explotación forestal en el Nordeste argentino (NEA) –actividad que introdujera a la región en el concierto agroexportador– y la expansión del área sembrada con algodón. Un cultivo que se convertiría en el sustento regional por muchos años. En la división del trabajo nacional, el espacio abarcado por el NEA constituiría un área marginal en el proyecto de desarrollo nacional, cruzada por tensiones de clase intrarregionales y contradicciones interregionales, derivadas de la condición de Territorios Nacionales que detentan entonces la mayoría de las zonas que lo integran (Borrini, 1996; Campi,2005). Sin una burguesía local establecida, la organización del NEA como economía monoproductora de algodón no entra en crisis mientras dura la etapa de sustitución de importaciones (1930-1952). Se conjugan una fuerte dinámica de crecimiento económico, una redistribución de ingresos, mientras crece el mercado interno y se amplían las oportunidades de inversión de los empresarios nacionales (en su mayoría originarios de la región pampeana) (Girbal-Blacha, 1993). La expansión del NEA coincide con su papel abastecedor de frutas, yerba mate, tabaco y algodón; como también de proveedor de mano de obra para las industrias concentradas en el área metropolitana bonaerense (Valenzuela, 2006: 41; Bruniard, 1978).[3]

Los datos estadísticos disponibles representan las delimitaciones administrativas reconocidas para el NEA por el Estado nacional. En 1914, la población rural nordestina representa alrededor del 9% del total del país, mientras que desde 1947 a 1970 oscilaría entre el 15% y el 20% de los habitantes rurales de la Argentina. La tasa de crecimiento intercensal 1914-1947 indica para el NEA el 31,5 por mil anual, lo que ubica al Chaco, Formosa y Misiones como destinos preferidos de migración. Crecimiento que coincide con las etapas iniciales del fomento del cultivo de algodón en estos espacios. Mientras que en este período el aumento del total de la población rural del país se desacelera, el Chaco y Misiones resultan escenarios del último gran proceso de migración rural.

Entre 1947-1960, la tendencia general de decrecimiento de la población rural pone al NEA por sobre el promedio del país, sosteniendo la región un crecimiento del 4,3 por mil anual. Mientras que Formosa y Misiones muestran tasas positivas (20,6 y 17,1 respectivamente), Corrientes es la primera provincia del grupo en comenzar un marcado proceso de emigración rural, seguida por el Chaco. De todas formas, en este período 140 mil personas dejan el NEA. Un proceso que se incrementaría en el siguiente lapso intercensal (1960-1970), lo cual muestra, por primera vez, una tasa

---

[3] La dinámica del sector agropecuario nordestino, sus ciclos y aspectos críticos durante el siglo XX es reseñada por Valenzuela (2006: 47-72).

negativa para la región (-10, 5 por mil anual). En esos años, 237 mil pobladores abandonarán el campo en el NEA. El Chaco será la provincia con mayor cantidad de emigrantes (Reboratti, 2007: 89-92).

La compleja situación rural, que incluyera crisis de precios y sobreproducción a fines de la década de 1950, afectaría sucesivos ciclos de expansión y retracción del cultivo del algodón, al ritmo del comportamiento de los precios. Múltiples factores conducirían a la salida emigratoria que se intensifica a partir de los años 1960: la extinción del empuje colonizador, la extensión de minifundio al compás de la fragmentación por herencia, la degradación de los suelos como consecuencia no calculada de la monoproducción algodonera. El reemplazo del algodón por otros cultivos o la diversificación se convertiría en una opción viable para el caso de los productores más grandes. Para los pequeños –cuya subsistencia está empeñada al cultivo del oro blanco– los vaivenes de precios conducen indefectiblemente al "éxodo rural" (Reboratti, 2007: 102; Slutzky, 2012).

Por último, si retomamos la cuestión regional podríamos considerar la distribución espacial del área sembrada con algodón como indicador que integra –en cierto sentido– las propuestas antes mencionadas (NEA y Gran Chaco Argentino), vinculando "espacios vividos y "esfuerzos administrativos". El Territorio Nacional del Chaco, junto al de Formosa y la provincia de Santiago del Estero liderarían el núcleo productivo algodonero entre 1935 y 1936, incluyendo asimismo otras áreas como el norte santafesino, el oeste correntino y algunas zonas de Tucumán (con explotaciones de menor extensión). En su conjunto conforman una *región algodonera* con características socioeconómicas que le otorgan una entidad específica, ligada al ciclo de cultivo de esta fibra textil. Este moviliza flujos de población migrante, organiza colonias, cooperativas y familias en torno a un mismo objetivo: la cosecha de algodón, su envasado y entrega en las desmotadoras. Esta etapa está también sujeta a contingencias climáticas y naturales (plagas) que los trabajadores deben superar dentro de los límites de sus espacios cotidianos de sociabilidad.[4] Esta "comunidad de intereses" –no exenta de conflictos– entre los agricultores y el resto de los actores que tienen su rol en la producción (incluyendo entre ellos a los agrónomos regionales, representantes de la burocracia estatal) contribuiría a delinear otra escala de análisis regional en torno a la explotación del algodón.

Sin embargo, las estructuras socio-productivas exceden estos límites territoriales y, muchas veces, quedan ligadas a decisiones tomadas lejos de las áreas afectadas a este cultivo, que sustenta –como materia prima– un complejo industrial disociado. La primera parte del proceso es el *desmotado* (procedimiento que separa la fibra de la semilla). Luego se industrializa, por un lado, la semilla, como base de la industria aceitera, y por otro lado, la fibra, que sostiene las hilanderías y tejedurías. El desmotado y la obtención del aceite se realiza en la misma región productora, mientras que el proceso textil se concentra en el Gran Buenos Aires (Girbal-Blacha, 2004: 186; Bruniard, 1978).[5] En consecuencia, tanto la política regional –con procesos de provincialización que se retrasan hasta mediados de la década de 1950 y con gran influencia de los gobiernos municipales– como las disposiciones económicas, están ligadas a los actores externos al NEA, en particular para la zona que conformara el principal núcleo productivo, liderado por el Territorio Nacional del Chaco.[6]

---

[4] Esta descripción tiene puntos de contacto con la definición de regiones agroproductivas (Echenique, 2000; Rofman, 1999b).

[5] Besil (1969) señala la extremada concentración industrial algodonera argentina; de las 63 hilanderías existentes en el país en 1965 y 1966, cuarenta y ocho estaban radicadas en Buenos Aires, ocho en Capital Federal y tan solo siete en el resto del país, correspondiéndole dos al Chaco. Es decir, en 1966, el 97,42% del total de los establecimientos algodoneros estaban radicados en Buenos Aires y la Capital Federal (Besil, 1969: 26).

[6] Estudios dedicados al análisis político de la realidad chaqueña: Leoni (en línea, 2008), Marí (2005), Schaller (2010), Moglia (2010), Girbal-Blacha (2011), entre otros.

3. Sembrar es poblar: colonización algodonera en el Chaco

Entre 1920 y 1960 el auge agrícola que experimenta la región del NEA está ligado directamente a la producción algodonera. El lugar privilegiado que ocupa este cultivo y su consiguiente industrialización para esta economía regional reconfigura el espacio habitado y las prácticas de los lugareños (nativos e inmigrantes), mientras que las políticas nacionales favorecen su inserción y desarrollo. La concesión de tierras fiscales y los estudios minuciosos de las zonas propicias para la siembra del algodón realizadas por los agrónomos regionales del Ministerio de Agricultura de la Nación forman parte de un amplio espectro de medidas promotoras de la colonización algodonera en el Chaco, territorio que encabezaría la producción nordestina de esta fibra vegetal.[7] En 1935 se hallan en el Chaco el 79,5% del total de los cultivos de algodón del país.[8]

Ese mismo año se crea la *Junta Nacional del Algodón*. Se trata de un organismo estatal que tiene como misión orientar la producción de dicho textil en los aspectos de orden técnico, industrial y económico "de los cuales dependen en gran parte el éxito de los cultivos y la colocación remunerativa de los productos".[9] La intensificación de la intervención

---

[7] Según las estimaciones de la *Revista para el sector algodonero* que difunde el Ministerio de Agricultura, Ganadería y Pesca de la Nación, la superficie sembrada en el Chaco al 3 de septiembre de 2015 era de 252.300 ha, sobre un total de 523.680 ha de la región algodonera. Superficie que representa el 48,18% de las hectáreas sembradas de algodón en el país (seguido por Santiago del Estero, 24,92%). Disponible en *Algodón. Informes y boletines* http://goo.gl/zGQcND.
[8] Ministerio de Agricultura de la Nación (1936). *Censo Algodonero de la República Argentina 1935-36*. Buenos Aires, p. 56. La Chacra, "El algodón en la Economía Argentina", octubre de 1935, p. 49. En la campaña 1957-1958, a la producción algodonera chaqueña corresponde el 67,5% del total nacional (Besil, 1969: 24).
[9] Ministerio de Agricultura de la Nación (1940), Junta Nacional del Algodón, *Reglamento interno. Decretos y resoluciones relacionados con la creación y funcionamiento de la Junta Nacional del Algodón*. n° 52. Buenos Aires, p. 9.

de las autoridades públicas –que invitara a participar en las decisiones de la Junta a los principales interesados en la producción, la industria y el comercio del algodón– tendría como finalidad la preparación y ejecución de un plan directivo de fomento, vigilancia y ayuda, que contemplara aspectos culturales, técnicos y comerciales que permitieran orientar la producción de los tipos más adecuados a cada zona algodonera.[10]

Cuadro 1. Población y hectáreas sembradas de algodón en el Chaco
1920-1970

Año	Total ha sembradas	Total población
1920	12.000	60.564
1934	177.480	214.160
1947	309.400	430.555
1960	423.900	543.331
1970	267.000	566.613

Fuente: Osuna (1976: 111).

Vinculado principalmente a un mercado interno que se fortalece en este período, el algodón se extiende rápida y exitosamente en toda la región. Su siembra y recolección contribuyen al afincamiento de colonos –inmigrantes internos y externos– que llegan para instalarse con sus familias en las chacras, tentados por la promocionada rentabilidad de este cultivo. Además, una considerable mano de obra estacional –santiagueña y correntina– acude a la

---

[10] Ibídem, p. 10.

cosecha del algodón, luego de la zafra azucarera y el cese de actividades en los obrajes, lo que da cuenta de la movilidad social en estos territorios.[11] Las características de esta cosecha, que se realiza casi completamente en forma manual, encauzan el ingreso de muchos braceros a la planicie centrochaqueña –principal área algodonera–, quienes, con el afán de aumentar sus ganancias llegan con sus familias para la recolección del *oro blanco*. Esta circunstancia, junto al ciclo del cultivo del algodón, promueve una ocupación permanente de los migrantes y el arraigo de sus grupos familiares. Los buenos cosecheros son incorporados por el colono como trabajadores mensuales para las tareas de raleo y carpida. Luego, siguen como aparceros y al cabo de dos o tres años se convierten ellos también en colonos que ocupan tierras vírgenes y amplían el área algodonera (Bruniard, 1978: 67-69).

En este sentido, la política de distribución de tierras y colonización agraria promovería la ocupación y el crecimiento económico regional sobre la base de la agricultura familiar. Aunque este mismo proceso no favorece un régimen de tenencia de la tierra que contribuya a afianzar al colono (Bruniard, 1978; Schaller, 2005; Carlino, 2009). Entre 1938 y 1939 los ocupantes representan el 47,44% de las explotaciones algodoneras y manejan el 45,25% del total de la superficie sembrada en el Chaco (Brodersohn, Slutzky y Valenzuela, 2009: 85). Entre 1960 y 1969, la crisis del algodón produce una intensa transformación en la distribución de la tierra. En los departamentos especializados en el monocultivo algodonero (O'Higgins, Comandante Fernández, Independencia, Maipú y Quitilipi) la crisis implicaría una situación dificultosa para la pequeña producción familiar (explotaciones menores a 100 ha). Este sector se ve obligado a dejar sus campos, transfiriéndolos

---

11 Para ampliar véanse Girbal-Blacha (2007), Maeder (1996), Schaller (2005), Valenzuela (2006: 37-53), Brodersohn, Slutzky y Valenzuela (2009), Barsky y Gelman (2009).

a otros productores, lo que origina una reconcentración de la tierra y un mayor índice de la superficie bajo dominio privado. En 1960, el 40,1% de las explotaciones agropecuarias continúa en manos de productores afincados en tierras fiscales, mientras que los propietarios controlan el 46,4% de ellas (gráfico 1). La emigración sería otro rasgo distintivo de la crisis algodonera y oficiaría como alternativa a la precaria situación de muchas familias que otrora pusieran sus esperanzas en el oro blanco chaqueño (Girbal-Blacha, 2007; Brodersohn, Slutzky y Valenzuela, 2009; Slutzky, 2012).

Si durante el período en estudio tiene lugar un proceso de decadencia en el proceso de mecanización y un retroceso en la difusión estatal de tecnologías para el agro en la región pampeana, las dificultades que atraviesa el NEA –como espacio marginal– se acentúan. Esta situación conduce a un "monocultivo con escasa mecanización y una menor tecnificación de esta actividad rural" (Girbal-Blacha, 2004: 194). Las máquinas cosechadoras deben someterse a reiteradas pruebas antes de "recoger el algodón con el mismo cuidado que se pone en la recolección a mano" y su adquisición no parece sencilla, aun superadas las pruebas de aptitud.[12] Estos ensayos persisten en el tiempo, involucrando agricultores y técnicos del INTA (Estación Experimental Las Breñas), maquinarias nacionales e importadas.[13] El algodón seguirá siendo –por largo tiempo– un cultivo que requiere grandes cantidades de braceros y cosecheros, siempre escasos en relación con las hectáreas sembradas. Los reclamos de los colonos por falta de brazos son frecuentemente

---

[12] *La Chacra*, "Máquinas para la recolección del algodón", noviembre de 1932, pp. 95 y 97; "Para el cultivador de algodón", marzo de 1935, p. 68; diciembre de 1935, p. 58.
[13] *El Territorio*, Resistencia, 15 de marzo de 1960, p. 6.

registrados. Esta situación conduciría a pujas entre agricultores para retener o llevarse a los cosecheros, aun en 1960, cuando su traslado deba ser reglamentado.[14] El régimen de tenencia de la tierra incide también en la capacidad de acumulación de los agricultores algodoneros (con significativa presencia de ocupantes de tierras fiscales), quienes no pueden acceder a los créditos oficiales. La inestabilidad e incertidumbre de los denominados agricultores "intrusos" sería atendida en enero por delegados del CAN enviados a Villa Ángela, para resolver esta situación de ilegalidad de la ocupación de la tierra, que afecta alrededor del 40% de las hectáreas destinadas a la producción agraria en el Chaco.[15] Sin embargo, la redacción de *El Territorio* reclama por la falta de respuestas concretas y seguridad para los colonos que debería otorgar el mencionado organismo.[16] La Dirección de Inspección del Departamento de Tierras y Colonias realiza en febrero de ese mismo año un trabajo integral de regularización, revisión de adjudicaciones y recaudación en una veintena de colonias chaqueñas.[17] Inseguridad jurídica, escasez de brazos y bajos precios por la cosecha –y las expectativas sobre los imponderables climáticos o en relación con el control de plagas– se combinan en las preocupaciones de las familias algodoneras.

---

[14] Gaceta algodonera, Buenos Aires, 29 de febrero de 1924, p. 4; 31 de mayo de 1924, p. 16. AGN, Secretaría Legal y Técnica, Ministerio de Asuntos Técnicos, Caja 473, Iniciativa n° 870/1951, fs.1-3. El Territorio, 19 de enero de 1960, p. 4, 21 de enero de 1960. El 22 de enero frente los reclamos consecutivos, la Comisión Honoraria de Braceros (creada por decreto 2023/58) junto a funcionarios del Ministerio de Agricultura chaqueño, elaboran un plan de fomento de la afluencia de cosecheros que incluye un galpón para alojamiento, pasajes gratuitos en 2° clase del ferrocarril, coordinación para la redistribución local de brazos y atención sanitaria (El Territorio, 22 de enero de 1960, p. 6). El Territorio, Resistencia, 6 de febrero de 1960.
[15] *El Territorio*, Resistencia, 25 de enero de 1960, p. 4.
[16] *El Territorio*, Resistencia, 9 de febrero de 1960, p. 4.
[17] *El Territorio*, Resistencia, 26 de enero de 1960, p. 4.

Gráfico 1. Chaco. Régimen de tenencia de la tierra (en hectáreas), 1960

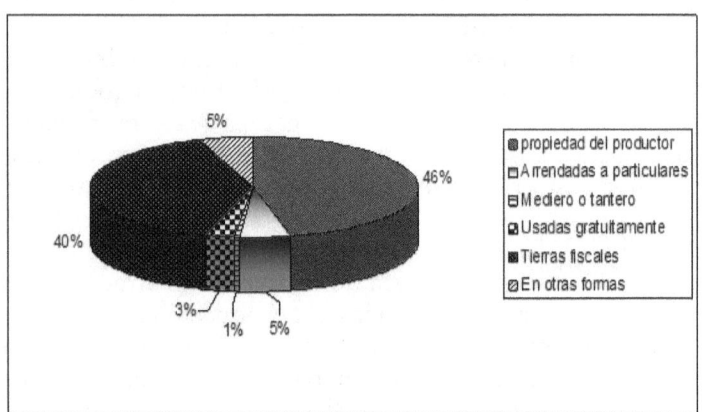

Fuente: elaboración propia sobre la base de CNA 1960.

Por su parte, el Ministerio de Agricultura y Ganadería de la Nación acuerda créditos prendarios como anticipo a la cosecha para los colonos algodoneros (propietarios, arrendatarios con contrato), al tiempo que desde la agencia provincial se promueve la diversificación de los cultivos, que sin restar importancia a la siembra de la valiosa fibra textil, introduzca mejoras en la situación financiera de los agricultores, racionalizando e intensificando la producción.[18]

4. Al ritmo del algodón... Condiciones de labor, condiciones de vida

El cultivo del "oro blanco" conlleva muchas precisiones y detalles que deben ser observados con atención por los productores a quienes, además, se hace responsables de los retrasos del cultivo. Entre esas preocupaciones que se

---

[18] *El Territorio*, Resistencia, 18 de enero de 1960, p. 4, p. 6.

detallan –mes a mes– en los *Almanaques* del Ministerio de Agricultura de la Nación se incluyen arduos trabajos en los meses más calurosos del año, dedicados a una población escasamente alfabetizada.[19] Los cuidados culturales de esta fibra textil exigen más a las familias productoras que a la naturaleza (Bruniard, 1978; Muello, 1948). Los colonos que se orientan hacia el cultivo del algodón operan en chacras de entre 25 y 100 hectáreas de este textil, aunque el promedio de siembra y cosecha alcanza apenas las 18 ha, quedando el resto de la chacra, baldía u ocupada con animales, quintas de frutales y hortalizas (Moglia, 2008).

Sus condiciones de vida son muchas veces desestimadas, sus viviendas precarias e inadecuadas para el medio en que viven, sin atención para la salud o educación para sus hijos. La Ing. Elisa Bachofen señala estas deficiencias al Consejo Agrario Nacional durante el *Segundo Congreso Algodonero* de 1940.[20] Las condiciones de tenencia de la tierra –su calidad de "intrusos"– evitarían el abandono de los ranchos provisorios, mientras que la obtención del título de propiedad fomentaría una explotación más racional y arraigada, en la que introducir mejoras (Muello, 1948:152-153). Hacia 1945, sigue vigente la situación que releva el CNA de 1937, ratificando que el hombre del campo chaqueño y su familia continúan "siendo parias" y que es en este territorio donde se encuentra proporcionalmente la mayor cantidad

---

[19] Man, *Almanaque*, 1937-1938; 1949. *LC*, 3/1935, pp. 61 y 68; 12/1935, pp. 59-61. Véase *Censo Nacional de Población 1960*, tomo VI, p. XXXII.

[20] Man, *Segundo Congreso Algodonero Argentino*, Buenos Aires, 3 al 7 de diciembre de 1940, p. 37. Otras ponencias en el mismo Congreso apuntarán la necesidad del fomento de la enseñanza textil, de la educación primaria especializada, del crédito y la solución al problema de la vivienda económica y la provisión de agua potable para las poblaciones de las zonas rurales (pp. 33-43). Los trabajos recomendados para ser publicados en el mencionado congreso se detienen más en los aspectos económicos y técnicos de la producción algodonera que en las condiciones sociales de labor de los agricultores.

de viviendas de paja y barro (6348). Vivienda y propiedad de la tierra son aspectos complementarios para explicar la inestabilidad de los agricultores.[21]

Más allá de las diferencias agroecológicas de las zonas en que es cultivado y que se detallan en el capítulo anterior, el algodón demandará a sus vigilantes cuidadores mano de obra estricta y labores básicas que no pueden ser desestimadas. El *raleo* mediante azada de las plantas débiles, la *carpida* para eliminar las malezas y favorecer la absorción de agua son tareas que requieren dedicación plena, continuada e intensiva. La *desinfección* se suma a estas prácticas para lograr el preciado objetivo: los blancos capullos maduros. En cada nuevo ciclo, el preparado y roturado de la tierra requiere específicos conocimientos que son transmitidos de padres a hijos o entre vecinos, como también mediante la acción de los agrónomos regionales (en Resistencia, Colonia Benítez, Roque Sáenz Peña). En las explotaciones más pequeñas el arado más empleado es el de rejas a tracción de bueyes; solo en las grandes fincas, se utilizan tractores mecánicos. Las rastras de discos o de dientes con tracción animal son las más difundidas entre los colonos chaqueños.

La cosecha manual concentra el máximo esfuerzo de aquellas familias dedicadas a la producción algodonera: un período desparejo de floración y fructificación (desde febrero hasta la primera helada) abre la posibilidad a tres o cuatro subcosechas para conseguir todos los lóbulos maduros, uno a uno. En esta instancia culminante "todos los brazos son útiles: hombres, mujeres y niños se inclinan ante el rey algodón".[22] La recolección a mano requiere muchos cuidados de los cosecheros: se sacan uno a uno los capullos, con cuidado de no arrastrar partes de hojas o restos de la planta pues desmerece su valor. Los copos se depositan en un delantal

---

[21] *Chaco y Formosa*, "La vivienda rural en Chaco y Formosa evidencia que existe un problema que debe ser resuelto", Resistencia, agosto de 1945, pp. 10-11.
[22] Véanse Bruniard (1978); *Gaceta algodonera*, 31 de marzo de 1924, p. 8.

de lona o arpillera que el cosechero tiene atado a su cintura y cuando lo completa, lo vacía en una lona de mayor tamaño, extendida a un extremo de las líneas para llevar luego el algodón al tendal –hecho de tablas o tejido– donde se deja secar dos días. Como la tarea no requiere "ningún esfuerzo, sino resistencia al clima" se aconseja el empleo de mujeres y niños de más de ocho años.

Los braceros indígenas cosechan entre 30 y 50 kilogramos al día, pero "un buen trabajador" alcanza a recoger más para obtener un buen jornal, afirma un agrónomo regional en 1948. Un jornalero puede cosechar con 10 a 12 horas de trabajo diarias un promedio de 70 a 90 kg de algodón. El precio que se paga en esos años oscila entre $ 0,15 y $ 0,30 por kg de fibra con semilla. La mano de obra indígena no es la preferida, en todo caso, y es disputada también por la zafra de la caña en los ingenios salto-jujeños. Los buenos jornaleros, debido a la dinámica de tierras, se convierten en nuevos colonos, "ocupantes" de tierras fiscales y acceden al crédito que los beneficia para comenzar su propia plantación algodonera. El trabajo familiar intensivo es la norma a seguir en el Chaco de mediados del siglo XX, pues no hay como el cuidado dispensado a lo propio.[23]

Diversos medios de comunicación locales –públicos y privados– instan a los productores a plantar intensivamente, utilizando mano de obra familiar en vez de depender de trabajadores contratados. Argumentos difundidos ampliamente en la década de 1930 intentan establecer como unidades óptimas de producción a las pequeñas chacras, con extensiones de 50 a 70 hectáreas, donde el concurso de los mismos miembros de la familia del agricultor, varones y mujeres, atendiera todos los cuidados que exige el

---

[23] Muello (1948) cita las formas en que los colonos –gringos, en estas anécdotas– utilizan diversas estrategias para hacer frente a las plagas: reclaman en la plaza de Charata por el "Verde de París", insecticida para el combate de la oruga del capullo, o se preocupan por la recolección de los capullos "bajos" (que maduran en la base de la planta). Véase además Beck (2001).

algodón.[24] Hacia 1933, se estima que hay aproximadamente 25.000 personas involucradas en la producción algodonera, con un promedio de siete personas en cada familia: padre, madre y cinco hijos (Guy, 2000).

La *Gaceta algodonera*, autodenominada publicación defensora de plantadores e industriales del algodón, comprende que las familias numerosas pueden evitar los gastos de mano de obra de la cosecha (los más importantes del costo de producción) pues pueden "fácilmente atender y cosechar 30 a 50 hectáreas, las que darían ganancia, por solo su trabajo, de unos $ 4000 anuales, ya que la cosecha de una hectárea de algodón cuesta $ 100".[25] Sin embargo, la gran demanda y la escasez de braceros siguen complicando a los agricultores a fines de los años sesenta. Las diferencias entre las inversiones en dinero y esfuerzo y las ganancias efectivas –fundadas por largos años en altas cotizaciones anunciadas al inicio de la siembra o recolección– de los agricultores chaqueños redundan en demandas a las autoridades reguladoras por la actualización de las disposiciones a favor de los plantadores.[26]

De acuerdo con la estructuración por género en las chacras algodoneras el jefe de familia se encarga del cuidado del algodón, en principio, con sus hijos o hijas mayores, pues el proceso de siembra está escasamente mecanizado. Las tareas culturales –ya descriptas– son llevadas a cabo por toda la familia, mientras que las madres y alguna de sus hijas son responsables de los quehaceres domésticos rurales. No falta en las indicaciones de la prensa o folletos que llegan,

---

[24] *La Chacra* reafirmaría esta advertencia a los agricultores chaqueños: "Hay en el agricultor de la región algodonera [...] una tendencia a cultivar una extensión de algodonal mucho mayor de lo que es posible atender con los miembros de la familia, la que compuesta de seis personas, por ejemplo no debería dedicarse a cultivar más de diez hectáreas" (*La Chacra*, diciembre de 1935, p. 60). También difundirá el mismo consejo por parte de la Junta Nacional del Algodón (*La Chacra*, junio de 1946: 20).
[25] *Gaceta algodonera*, 30 de abril de 1924, p. 9.
[26] *El Chaco. Revista Mensual*, Federación Económica del Chaco, Resistencia, octubre-noviembre de 1952, p. 20.

o no, a manos de las agricultoras, la insistencia en instalar una huerta para la alimentación familiar y otros emprendimientos de avicultura o ganadería menor.[27] Asociado a esta divulgación granjera existe un discurso que recuerda las consecuencias negativas de la monocultura: la pérdida del cultivo del maíz, del tártago o el maní, como productos que dieran una segunda oportunidad al agricultor en caso de pérdidas con el algodón, tanto como su rotación favorece el no agotamiento de los suelos y el alejamiento de plagas.[28]

En 1937, de las 18.335 explotaciones registradas por el CNA, 15.044 están dedicadas al cultivo del *oro blanco*, es decir, el 82%.[29] Entonces, un total de 83.769 personas trabajan en las explotaciones agropecuarias chaqueñas. El 58% de ellas pertenecen a la familia del productor, mientras que el personal fijo representa el 9% y el 33% restante son los trabajadores (hombres, mujeres y niños) transitorios.[30] Del total de 18.196 productores, el 57,84% declaran estar casados, un 16,31% ser solteros, un 5,9%, viudos y el 19,94% se indica como "otros estados". Julio César Urien[31] señala en 1942 la irregularidad en la constitución de las familias en el Chaco. A partir de los reportes de las Comisiones de Fomento locales apunta que

> se los ha invitado [a los agricultores] a que regularicen su situación por medio de la concertación del matrimonio, haciéndoles ver, entre otras cosas, que, en esta forma, sus

---

[27] Urien, Julio (1942). "La tierra pública y la población en algunos territorios nacionales", en *Servir. Revista de Escuela de Estudios Argentinos*. Buenos Aires, año VI, n° 65, p. 21, noviembre.
[28] "La monocultura es un pésimo modo de explotación, pues un fenómeno meteorológico o patológico cualquiera (langosta, heladas, etc.), que reduzca o destruya todo el trabajo, deja al colono sumido en el mayor desamparo por otro año más (Muello, 1948: 47-48).
[29] *CNA*, Buenos Aires, 1937, p. 46; p.132.
[30] *CNA*, Buenos Aires, 1937, p. 159.
[31] Diputado por la provincia de Buenos Aires, funcionario de carrera en el Ministerio de Agricultura de la Nación. Entre 1940 y 1943 se desempeña como director de Tierras.

hijos heredarán sin dificultad la tierra que ellos trabajaron, porque son muchos los casos en que las mujeres, sobre quienes prevalece el instinto de maternidad, anotan a sus hijos a su nombre, evitando así que, por cualquier contingencia de la vida, les puedan ser arrebatados.[32]

A fines de los años cuarenta, vuelve a insistirse en la necesidad de "brazos y atención constante de la familia del agricultor" para la obtención de una buena calidad del producto y mayor economía, instando a limitar la extensión de acuerdo al potencial de trabajo familiar (Muello, 1948, s/n). Las demandas del algodonal alejan a los hijos de los productores de las aulas escolares. Solo el 44,5% de ellos acceden a algún nivel de instrucción.[33]

Cooperativas, créditos del Banco de la Nación y el incremento de desmotadoras instaladas contribuyen al aumento de las hectáreas sembradas y actúan como estímulo para los plantadores. El cooperativismo algodonero –nucleado en organizaciones de segundo grado a mediados de los años 1930– garantizaría a los colonos la comercialización conjunta de la producción, almacenes para superar el aislamiento de las colonias, semillas, seguros agrícolas y, en algunos casos, también les ofrecería el desmotado. Su crecimiento y diversificación de funciones hacen necesaria la reestructuración administrativa, con personal a tiempo completo. También se ofrecen servicios de transporte, asesoramiento jurídico, médico, boticario, etc. Se sugiere que, a pesar del arraigo de las cooperativas, estas no pueden competir en la década de 1930 con las firmas acopiadoras, responsables por el desmote de alrededor del 88% del algodón en 1937 (Girbal-Blacha, 2007; Moglia, 2008).

---

[32] Urien, Julio (1942). "La tierra pública y la población en algunos territorios nacionales", en *Servir. Revista de Escuela de Estudios Argentinos*. Buenos Aires, año VI, n° 65, p. 21, noviembre. Sobre las funciones de las Comisiones de Fomento en el Territorio chaqueño, véase Girbal-Blacha (2011).
[33] CNA 1937, p.140.

Hacia 1952, y como producto de las disposiciones del Plan de Emergencia Económica implementado por el presidente Juan Perón, se recuerda a los agricultores que pueden trabajar con sus familias en las chacras, si esta actividad constituye su único medio de subsistencia. Al mismo tiempo, repasa la legislación vigente –Estatuto del Peón (1944)– para los trabajadores permanentes, y se evocan las medidas que rigen el empleo temporario de peones desde el Centro de Oficios Varios: traslado, alojamiento que cuente con condiciones elementales de amplitud e higiene, implementos de trabajo sin cargo, suministro de mercaderías a precios oficiales, agua y elementos de higiene.[34] Ese mismo año, el CNA consigna que en las explotaciones agropecuarias chaqueñas viven 231.118 personas, y son declarados como productores y familiares que laboran en ellas, 83.107 agricultores (61,36%), mientras que los trabajadores fijos representan el 11,01% y los transitorios, el 27,62%.[35]

En 1960, el total de explotaciones agropecuarias registradas por el CNA asciende a 26.853, de las cuales el 80% se dedican a la producción algodonera. Trabajan allí 88.505 personas. Los productores y sus familias representan entonces el 75% encargado de las labores agropecuarias, mientras que el personal fijo asentado es del 12% y los trabajadores transitorios compondrán el 13% del total.[36] Los hogares censales rurales y particulares registrados ese mismo año totalizan 62.823. La mayoría de ellos está compuesto por familias que tienen entre tres y siete hijos.[37] La

---

[34] *El Chaco. Revista Mensual*, Federación Económica del Chaco, Resistencia, octubre-noviembre de 1952, pp. 10, 12.
[35] CNA, 1952, p. 44. Las estimaciones se realizan en noviembre, a un mes del comienzo de la siembra del algodón, por lo que disminuye la cantidad de personal transitorio afectado a su cuidado.
[36] Secretaría del Consejo Nacional de Desarrollo (1969). *Personas que viven y que trabajan en las explotaciones agropecuarias*, Chaco, CNA 1960, Buenos Aires, s/d., s/n. INDEC, *Censo Nacional Agropecuario*. Buenos Aires, p. 5.
[37] CNA (1960), tomo VI, "Zona chaqueña", p. 115. No hay datos comparables para los CNA de 1937 y 1947. Los hogares censales particulares comprenden "a todos los ocupantes de una vivienda particular, entendiéndose como

producción algodonera sostendría en el tiempo su carácter familiar, la inseguridad respecto a la propiedad de la tierra, el creciente asociativismo para superar los problemas de comercialización y la precariedad de las condiciones de vida y labor de los agricultores.

5. Desigualdades y resistencias: trabajo femenino y participación política en los algodonales

Las mujeres rurales desarrollan sus trabajos en el hogar y participan en las actividades del campo en los emprendimientos familiares, dado que la unidad productiva no está separada espacialmente de la doméstica. Además, pueden desarrollar tareas en el mercado de trabajo. Así, el reparto de las labores en los hogares implica una determinada dotación de recursos económicos (monetarios) por parte de cada uno de sus miembros, y un diferente poder de negociación sobre la distribución de esos recursos. En las chacras, "el control del dinero es un componente importante del control social; el control de los hombres sobre las mujeres, así como el control de los mayores sobre los más jóvenes" (Stølen, 2004: 106). Si el dinero es el referente social de valor, se entiende que los trabajos "no productivos" (no remunerados) tienen menor significación social y resultan casi invisibles. El *trabajo doméstico* es un conjunto de tareas que satisfacen las necesidades familiares, genera valores de uso consumibles por la unidad doméstica e implica elementos de planificación, organización y gestión.[38] Confiada

---

tal aquella vivienda o domicilio separado o independiente, usada por una familia u otro grupo de personas con o sin vínculos familiares, pero que viven juntos bajo un régimen familiar, o por una persona que vive sola" (CNA, 1960, p. LIII).

[38] "Un objetivo medular de las estrategias de promoción de la igualdad de género se refiere a la transformación de la división tradicional por sexo del trabajo, división que ha sido ampliamente reconocida como fundamento de la subordinación económica y social de las mujeres. En virtud de tal divi-

mayoritariamente a las mujeres, la llamada "reproducción social" recibe escaso o nulo reconocimiento por pertenecer al ámbito privado-doméstico. Asimismo, es necesario tener en cuenta que estas asignaciones de tareas en la organización jerárquica de las familias –construida sobre las variables sexo y edad– están relacionadas con el *ciclo de vida familiar*, es decir, con las etapas que atraviesa la unidad familiar desde su constitución a su disolución, y con el *ciclo agrícola* (que establece pautas de distribución de trabajo y recursos, de cooperación y solidaridad). De esta manera, las *estrategias familiares de vida* corresponden a los comportamientos de los individuos que se relacionan con la conformación y mantenimiento de las unidades familiares (hogares) para asegurar su reproducción biológica y desarrollar prácticas –económicas y no económicas– indispensables para la optimización de las condiciones materiales y no materiales de la existencia de la unidad (Torrado, 2003; Schiavoni, 1995, 2003).

Además, la condición de las mujeres y su poder dentro de la organización familiar varía en relación con la tenencia de la tierra y el sistema agrario regional; en función de los niveles de tecnología disponibles y de la densidad de población. Al mismo tiempo, la cultura regional es un factor que incide en la participación de las mujeres en las tareas agrícolas (Boserup, 1989; Deere y León de Leal, 1981).

---

sión, en la mayoría de las sociedades, la responsabilidad principal por el trabajo remunerado ('trabajo productivo') recae sobre los hombres, mientras que la correspondiente al trabajo no remunerado que se realiza en los hogares y la comunidad ('trabajo reproductivo') se asigna a las mujeres. Pese a constituir un soporte indispensable del trabajo 'productivo', el trabajo no remunerado ha permanecido invisible en términos de su contribución al desarrollo económico y social. Esta invisibilidad con respecto a sus aportes a la producción y al bienestar se ha traducido en desventaja frente al acceso a recursos económicos y de protección social por parte de quienes asumen su realización –fundamentalmente las mujeres–" (Organización Panamericana para la Salud [2008]. *La economía invisible y las desigualdades de género. La importancia de medir y valorar el trabajo no remunerado*. Washington, d.c.: Organización Panamericana para la Salud).

5.1. Trabajar en las chacras algodoneras

¿Cómo caracterizar la situación de las mujeres en los trabajos culturales del algodón? Según se consigna en el *Censo de Territorios Nacionales* de 1920, las mujeres que trabajan –se presupone que en forma remunerada– en la agricultura son tan solo 253 argentinas y 1379 extranjeras de un total general de 3713 personas registradas en este rubro. Mientras tanto, aquellas argentinas ocupadas en "artes manuales o industria" suman 1636 y sus congéneres extranjeras 471. Entre los jornaleros se registran en total 7745 personas, más solamente 117 serán mujeres (102 argentinas, 15 foráneas). No se realizan mayores aclaraciones sobre las cifras mencionadas, ni sobre la definición de las profesiones. Vale destacar entonces, como se ha hecho reiteradamente, que los criterios censales desestiman el trabajo de las mujeres en el campo, y que, al mismo tiempo, ellas mismas están impedidas de asumir su identidad como trabajadoras ante la interrogación de su condición de ocupación.[39]

En 1937, las mujeres registradas como parte de la familia del productor (del que no se especifica el género) en las explotaciones agropecuarias y que trabajan en ellas son 14.697. Bajo la categoría "niños" se encuentran 13.265 agricultores, de los cuales tampoco podemos conocer el género. Mientras tanto, entre el personal remunerado, 931 mujeres se desempeñan como trabajadoras permanentes y 4300 lo hacen en forma transitoria al momento del levantamiento del censo. Entonces, en términos globales se estima que el 24% de las personas que trabajan en las explotaciones agropecuarias (donde el 82% de estas se dedica a la producción algodonera) son mujeres. A las debilidades de los datos del censo de 1920 puede agregarse que la indistinción por sexo de los niños impide conocer el número total de trabajadoras rurales (CNA, 1937: 159).

---

[39] Censo General de los Territorios Nacionales 1920, Territorio del Chaco, 1923, p. 460.

Gráfico 2. Productores y familiares que trabajan en las explotaciones. Chaco, 1937

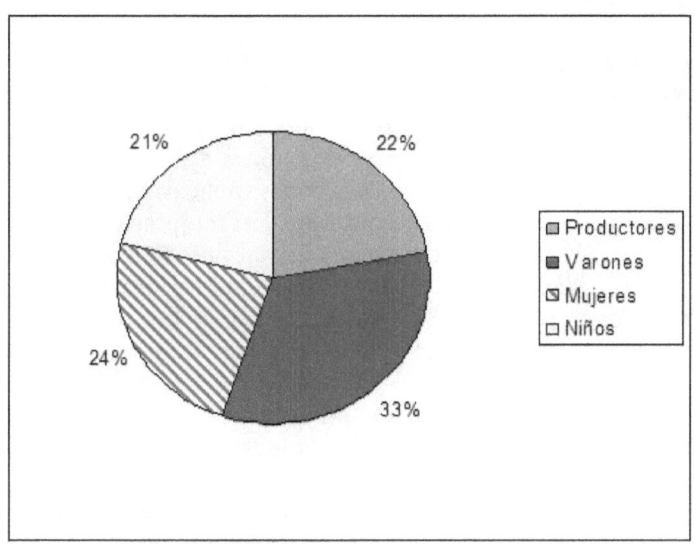

Fuente: elaboración propia sobre la base del CNA 1937.

El análisis de los datos presentados por el Censo Nacional de Población de 1947 muestra que la población rural femenina clasificada como ocupada en el Chaco representa el 16% del total. Aquellas que se definen como "sin ocupación económicamente retribuida" representan el 93% de la mencionada categoría. Aquí el 87% declara como condición de actividad realizar "quehaceres domésticos", clasificación exclusivamente femenina de las cédulas censales que no comprende la complejidad del trabajo doméstico rural, mas se halla naturalizada tanto para las mujeres como para quienes las encuestan. De quienes son computados en la producción agropecuaria, la población femenina asciende a 13.457 trabajadoras, lo que constituye el 15% del total.[40] En 1960, las cédulas censales registrarán por primera vez a aquellas que se autodenominan *productoras*. Sin embargo, ellas representarían en el caso chaqueño, solo el 5% del total de los productores registrados. Entre las personas que viven en las explotaciones agropecuarias, las mujeres constituirán el 46% y quienes son clasificadas como trabajadoras componen solo el 18%. Las mujeres vinculadas a la familia del productor que son remuneradas representan el 4% de quienes laboran en las explotaciones (26.853 establecimientos y el 80% se dedica a la producción algodonera). Mientras tanto, quienes trabajan sin retribución económica constituyen el 9% del total del personal de las explotaciones. El número de las trabajadoras permanentes asciende a 577 (0,6% del total), mientras que las que realizan tareas transitorias son 1974 (2,2%). De las personas ocupadas en actividades relacionadas con la agricultura, silvicultura, caza y pesca la población femenina representa el 23,1% del total (7221 mujeres).

5.2. Derechos en suspenso y conciencia femenina

Entre 1920 y 1960, se modifica en Argentina el estatus jurídico de las mujeres. En 1926, la sanción de la Ley de Ampliación de la Capacidad Civil de la Mujer (11.357) reconoce igual capacidad para ejercer derechos y funciones civiles entre hombres y mujeres, ya sean estas solteras, divorciadas o viudas. Las independiza legalmente –mientras hubieran alcanzado la mayoría de edad– de la tutela masculina como trabajadoras y administradoras de sus propios bienes y recursos monetarios. No obstante, la ley

---

[40] Ministerio de Asuntos Técnicos, *IV Censo General de la Nación 1947*, tomo I. Buenos Aires: Dirección Nacional del Servicio Estadístico, p. 471.; INDEC, *Cuadros inéditos. IV Censo General de la Nación, año 1947. Características económicas de la población*, n° 2, pp. 84-85, 170-171.

dejaba a las mujeres casadas en condiciones inferiores que sus congéneres, sosteniendo la tutela y venia marital para la gestión de su patrimonio, herencia y la patria potestad de los hijos (Giordano, en línea).

En 1947, la Ley 13.010 reconoce los derechos políticos de las mujeres, que las habilita para elegir representantes y ser elegidas. Consecuencia de su promulgación es la compleja organización del empadronamiento femenino. Mientras Eva Perón articula el Partido Peronista Femenino, otras agrupaciones políticas que ya cuentan con mujeres en sus filas, como el Partido Comunista Argentino, intentan acercarse a las futuras electoras y convocarlas a participar activamente (Valobra, 2010).

Cuando la provincialización del Chaco (y la del resto de los Territorios Nacionales) es todavía una demanda sin concreción, la sanción de la ciudadanía femenina (1947) se convierte en un derecho "en suspenso" para las chaqueñas, cuya inclusión en la política es doblemente aplazada: en tanto habitantes de los Territorios Nacionales y en tanto mujeres.[41]

Sin embargo, a pesar de que los territorianos –no solo las mujeres– carecieron de canales directos para la participación en el ámbito territorial y nacional, la utilización de otros mecanismos de vinculación entre la sociedad civil y el poder político se expresa en la creación de diversas asociaciones vecinales, uniones gremiales y cooperativas que se insertan en la esfera pública municipal y comunal (Leoni, 2008).

Entonces, ¿cómo se involucran en esta singular vida pública las mujeres algodoneras? ¿Cuáles son sus reclamos? Temma Kaplan propone el concepto de *conciencia femenina*, que permite comprender cómo la extensión al ámbito

---

[41] El Chaco se provincializa en 1951 (con el nombre de Presidente Perón) y sus habitantes se convierten en ciudadanos de pleno derecho para los comicios de ese mismo año. El peronismo obtendrá el 81% de los votos (Leoni ,2008; Ruffini,2005).

público de las "responsabilidades privadas" de las mujeres –reproducción de la vida familiar– se convierte en el motor de su acción colectiva, politizando en ese proceso las redes de relaciones de la vida cotidiana y acrecentando la conciencia de las mujeres. Cuando sus luchas se identifican con los derechos de género aceptados por la sociedad, en cada tiempo histórico, su movilización conduce a diversos grados de efectividad política (Kaplan, 1990).

Si bien escasos, los espacios de sociabilidad en las colonias algodoneras y en los pueblos surgidos a la vera de los ferrocarriles favorecen la generación de grupos que interpelarán con su accionar a las instituciones comunales.[42] Asimismo, durante los años constitutivos del peronismo histórico crece la visibilidad y participación de las mujeres en la vida pública. Alejadas de los centros de poder, las agricultoras encontrarían diversos canales para demandar por sus familias, sus pueblos, sus condiciones de vida y labor, mientras gestionan sus documentos de identidad para acceder a los beneficios de la "justicia social".

La relación con organizaciones femeninas extra locales tiene antecedentes en la afiliación de algunas algodoneras a la Junta para la Victoria. Su accionar pretendía extender en la década del cuarenta el compromiso popular, la educación cívica y la democracia. Madres de familias numerosas en el campo chaqueño, como Margarita J. de Barraza, residente en Las Breñas, forman parte de esta organización que incluso les brinda ayuda en ocasiones de pérdida de las cosechas (McGee Deutsch, 2012).

Años más tarde, la creación de la Unión de Mujeres de la Argentina (UMA, en adelante) –como movimiento "autónomo" dentro de Partido Comunista Argentino– promovería la movilización político-social femenina, con

---

[42] La estructuración de los partidos políticos en el Territorio es compleja: el socialismo, el anarquismo y, posteriormente, el comunismo arriban con los inmigrantes europeos, mientras que el conservadurismo y el radicalismo exhiben diferentes niveles de arraigo (Leoni, 2008; Girbal-Blacha, 2011).

aspiraciones multipartidarias: sin distinciones religiosas, ideológicas o sociales. Su desafío principal es alejar a las mujeres del fenómeno peronista y articular sus demandas políticas y socioeconómicas. La UMA se organiza con la estructura de filiales barriales, que le permite acercarse al heterogéneo universo femenino, desde las amas de casa a las obreras industriales y trabajadoras rurales (Valobra, 2010).

A la expansión territorial, se suman las intenciones de representar en las páginas de su publicación oficial, *Nuestras Mujeres* (*NM* en adelante), los sufrimientos de las abnegadas "campesinas que [...] en los algodonales chaqueños [...] arrancan con su esfuerzo las riquezas de nuestro suelo" (*NM*, 20/12/1947, p. 3). A sus reclamos por una reforma agraria integral y por el cumplimiento de la entrega de "la tierra para quien la trabaja", se suman cartas de mujeres del campo, que destacan sus arduas tareas y sufrimientos (*NM*, 1/5/1948, p. 3; 15/6/1948, p. 11; 1/7/1948, p. 13). Se aboga por la unión de las agricultoras –en comisiones femeninas de la UMA– para "luchar por la felicidad de sus hijos, compartiendo inquietudes y [para] cortar con la monotonía de sus días" (*NM*, 15/6/1948, p. 11).

Esta convocatoria tiene ecos positivos en el Chaco. En el Departamento Maipú, la Agrupación Femenina Pro Mejoramiento Social de Tres Isletas adhiere su accionar a la UMA (*NM*, 1/2/1948, p. 3). Esta ciudad cabecera de uno de los distritos más alejados de la capital territoriana se funda en 1937 dentro de la colonia agrícola Vélez Sarsfield. Sus pobladores enfrentan grandes dificultades de comunicación para la entrega del algodón en Presidencia Roque Sáenz Peña, centro de acopio más cercano.

Otra agrupación adherida a la UMA en 1948 es el Costurero "La Unión" de Villa Perrando, Resistencia (*NM*, 1/4/1948, p.5). Sus afiliadas recorren las casas de su localidad entregando el periódico de la UMA, construyen en forma conjunta "un ranchito" como sede de la filial-costurero y venden jabón para sustentar sus gastos. El costurero funciona como espacio de sociabilidad en cuanto madres, allí cosen, según se expresa en *NM*, ropas para sus hijos en las máquinas de la agrupación (*NM*, 1/5/1948, p. 2).

El 13 de agosto de 1948 se reúne en Buenos Aires el primer congreso de la UMA. Se eligen en esa ocasión las representantes de la Comisión ejecutiva y del Consejo directivo de la Unión, en los que 69 mujeres evidencian la expansión nacional de este movimiento femenino. Cuatro delegadas chaqueñas integrarían el Consejo Directivo: Herminia B. de Aceval, Leonor de Solelo, Sra. de Varela (Resistencia) y F. R. de Rodríguez (Tres Isletas). Su participación corresponde a la Filial de UMA Resistencia, Villa Perrando-Resistencia, Tres Isletas y Roque Sáenz Peña (*NM*, número especial, 1/9/1948, p. 9).

Los reclamos que realizan las mujeres rurales desde la UMA están centrados en el acceso a la tierra a un precio equitativo y con facilidades de pago, en la participación en las decisiones del Consejo Económico Nacional y en la construcción de maternidades, hospitales, escuelas rurales, técnicas y ambulantes. En tiempos en que el peronismo amplía su presencia y arraigo en el territorio, estas mujeres dirigen su reclamo, que interrelaciona las condiciones económicas de la economía algodonera chaqueña con su situación política en tanto Territorio Nacional. Al mismo tiempo, evocan la realidad cotidiana del trabajo rural, sin límites en las jornadas, ni vacaciones, ni aguinaldos:

> Traigo el saludo de las mujeres del campo chaqueño [...] no tenemos trabajo permanente, solamente durante la campaña algodonera, porque no hay otros trabajos en el Chaco, que tiene tantas probabilidades de ser una provincia –bien digo– tan rica, poniendo hilanderías, fábricas textiles, ya que es la zona que más algodón produce. No se trata solo de poner industrias en las ciudades. Nosotros también tenemos que asegurar el pan de nuestros hijos. Las obreras de Tres Isletas cuando se termina la recolección del algodón quedamos cesantes. [...] Las mujeres tenemos que tirar prendida de la cintura una bolsa que pesa 30 kilos, y a la puesta del sol,

volver a las chozas donde nos albergamos, donde nos queda el trabajo de la cocina y hasta las 9 o las 10 de la noche no nos acostamos. Al venir el día nuestros hombres salen al trabajo y nosotras nos levantamos a preparar la comida para llevar al campo donde se trabaja. Nos toca caminar 30 o 40 cuadras cargadas con la olla de comida y nuestros hijos. Las chozas donde vivimos se construyen de yuyos y los inmensos fríos penetran por todos lados. Yo tengo cuatro hijas mujeres, la mayor de diez años y la menor hace poco tomaba el pecho, a ella me tocaba hacerla dormir en el día en el rastrojo, haciéndole reparo con los yuyos..." (*NM*, 3/11/48, p. 12).

Frente al accionar de la UMA – y del Partido Comunista– en el Chaco, la respuesta del Estado no se hace esperar. Desde el Ejecutivo Nacional se insta a vigilar las prácticas de estas agrupaciones, y las "umistas" chaqueñas no escapan a su control: el jefe de la División de Informaciones Políticas solicita se inicie una campaña periodística en contra de la UMA para dejar al descubierto sus "verdaderos fines políticos y de agitación" (Girbal-Blacha, 2011: 66). Las militantes de la Filial Sáenz Peña rechazan estas denuncias y publican "un volante repudiando el complot y señalando que los causantes son los enemigos tradicionales del pueblo argentino: la oligarquía y el imperialismo que pretende colonizarnos" (*NM*, 3/11/48, p. 14).

Las cartas que dirigen las mujeres a Eva Perón desde diversas localidades del Chaco expresan similares situaciones de precariedad en las condiciones materiales de vida y sobre la desigualdad frente a la justicia. Ejemplo de la carestía de vida y las irregularidades judiciales locales son las misivas dirigidas a Evita para que interceda en la solución de la falta de vivienda o en los problemas de propiedad de los terrenos y desalojos; en los reclamos motivados por falta de trabajo para sustentar a familias numerosas o las denuncias que apuntan la desidia de las autoridades locales respecto a los trámites de otorgamiento de las libretas cívicas, requisito fundamental para ejercer los derechos ciudadanos. Al mismo tiempo, estas cartas evidencian el carácter superador de las demandas "femeninas" por sobre la cuestión partidaria. El 16 de mayo de 1949, las mujeres afiliadas al citado Costurero "La Unión" de Villa Perrando solicitan el auxilio de Eva Perón por las pérdidas de vivienda y ropa causadas por un reciente temporal y para que arbitre la llegada de artículos de primera necesidad que escasean en esa localidad: kerosene, jabón, azúcar, arroz, papas y carbón. Demandan asimismo la llegada de la red eléctrica y de agua corriente.[43]

6. Reflexiones finales

Cuando se estudia la producción agraria se la considera como una realidad exclusivamente técnica y separada de la distribución y el consumo, y "se olvida que el origen de la desigualdad social no radica en el proceso de distribución, sino en la forma en que se organiza la producción" (García Ramón, 1989: 9). La separación, incluso física, entre ambas esferas contribuye a este olvido y a la subvaloración del trabajo femenino que se efectúa en buena parte en la esfera de la reproducción, es decir, en los hogares rurales.

Desde mediados de la década de 1920, el *oro blanco* se convertiría en la oportunidad para el NEA de articularse a los engranajes que sostienen el "progreso nacional" basado en la producción primaria. Tras el "ciclo del algodón" se teje un denso entramado de relaciones sociales que incluyen transformaciones regionales, prácticas productivas, políticas agrarias y familias agricultoras, como parte de complejas y desiguales relaciones de poder.

---

[43] Archivo Histórico Provincial del Chaco, Gobernación del Chaco, Época Territorial, Cartas a María Eva Duarte de Perón, cartas del 16 de mayo de 1949, fs. 72; 3 de noviembre de 1950, fs. 83; 13 de noviembre de 1947, fs. 16; 18 de febrero de 1949, fs. 74; 9 de septiembre de 1948, fs.63. Véanse Girbal-Blacha (2011, 2015).

En este capítulo se aborda la producción del algodón con una perspectiva de género, mientras se advierte la desigualdad en el acceso a los recursos por parte de los habitantes del Territorio Nacional del Chaco, en especial de las mujeres, como actores sociales en la construcción del espacio nordestino. Sus actividades se insertan en un particular entramado de poder político, que se deriva del estatus político territoriano del Chaco durante la mayor parte del período abordado.

El abordaje regional y una mirada microhistórica se combinan para comprender las distintas valoraciones de espacios cotidianos y provinciales y sus relaciones con el Estado nacional, a partir del cotejo de los censos y otros documentos oficiales disponibles como los discursos de otros actores involucrados en el fomento del cultivo algodonero (intelectuales, prensa, corporaciones). Asimismo, se ponderan representaciones e incipientes experiencias políticas de las mujeres rurales.

Si consideramos que la producción algodonera y el incremento de la población se encuentran estrechamente relacionados, podremos apreciar un primer aspecto de la contribución femenina al auge que experimentara el cultivo de algodón entre 1920 y 1960. Madres de familias numerosas, colonas y criollas trabajaban bajo el intenso sol del Chaco, durante sus embarazos y acompañadas con sus bebés e hijos pequeños, para cumplir el sueño del *oro blanco*.

Sin embargo, si ponderamos los datos estadísticos disponibles, no podemos afirmar que su participación –en tanto trabajadoras, productoras– haya sido tan alta. La sub-valoración estadística se suma, en este caso también, a la sub-valoración social del trabajo rural, y en mayor medida, de aquellas tareas productivas (no calificadas como tales) que se realizan en las chacras. La situación de la mayoría de las familias respecto de la tenencia de la tierra tiende a mostrar cierta inestabilidad o inseguridad de quienes invirtieron sus vidas en los campos de algodón. La irregular política de tierras favorece, a largo plazo, la constitución de una estructura agraria basada en el minifundio y la migración en los años sesenta.

Las familias productoras son las responsables del progreso de esta región marginal de la Argentina. Los discursos estatales y privados postulan la necesidad de evitar la excesiva contratación de braceros, en tiempos donde el ahorro es considerado un valor a inculcar en la población. La escasez de brazos haría peligrar muchas veces las cosechas. Las mujeres y los niños son la mano de obra primordial para estas arduas tareas, donde el pago se realiza por kilo de algodón entregado y no discrimina ni género, ni edad del trabajador.

Las limitaciones de las estadísticas construyen una realidad chaqueña donde la población femenina rural es elevada, mas no económicamente activa. Mientras no haya ninguna certeza sobre la cantidad de trabajadoras en los algodonales, su situación en tanto sujetos de derechos políticos y sociales también presenta dificultades a la hora de ponderarlas. En primera instancia es relevante señalar el interés del Partido Comunista por organizar a las mujeres rurales chaqueñas. Cuando la mayoría de las filiales de la Unión de Mujeres de la Argentina se constituyen en Buenos Aires, Santa Fe y Córdoba, las agrupaciones asociadas en Resistencia, Tres Isletas y Roque Sáenz Peña demuestran el interés de las habitantes por integrarse en la vida pública y modificarla.

Sin embargo, su politización se realiza más en función del rol de madres-esposas-responsables del hogar que desde su desempeño como productoras rurales. Desde las filiales de la UMA se intenta concientizarlas sobre sus derechos e instruirlas cívicamente; sumarlas al reclamo por una distribución justa de las tierras, por la construcción de escuelas rurales, en la organización de una campaña contra la carestía de vida. Por el contrario, no dirige su mirada a las desigualdades al interior de las familias, donde las mujeres soportan situaciones violentas: desocupación, ausencia de sus maridos, ilegalidad de sus uniones o apatía (inoperancia) de las autoridades ante sus reclamos. Allí las habitantes del territorio chaqueño interpelarían a Eva Perón, la "protectora de los humildes", con la esperanza de que sus pedidos sean concedidos. Que la apelación se realice desde la *conciencia femenina*, es decir, desde las responsabilidades "propias de su género", no significa que la movilización de las mujeres sea inapreciable, sino que expresa las características que le imprime la realidad regional rural a la participación femenina.

Bibliografía

Bandieri, Susana (2005). "La posibilidad operativa de la construcción histórica regional o cómo contribuir a una historia nacional más complejizada", en Dalla Corte, G. y Fernández, S. (comps.). *Lugares para la historia. Espacio, historia regional e historia local en los Estudios contemporáneos* (2º ed.). Rosario: UNR Editora, pp. 91-117.
Barrancos, Dora (2007). *Mujeres en la sociedad argentina. Una historia de cinco siglos.* Buenos Aires: Editorial Sudamericana.
Barsky, Andrés (2000). "Auge y ocaso de las 'Regiones Geográficas Argentinas' de Federico Daus: de un pasado con certezas a una actualidad de fragmentación". Trabajo presentado en el *2do. Encuentro Internacional Humboldt*, Mar del Plata, 23 al 27 de octubre.
Barsky, Osvaldo y Gelman, Jorge (2009). *Historia del agro argentino. De la conquista hasta comienzos del siglo XXI.* Buenos Aires: Sudamericana.
Beck, Hugo (2001). "Inmigrantes europeos en el Chaco", en *Cuadernos de Geohistoria Regional* nº 39. Resistencia: IIGHI.

Bordagaray, María Eugenia (2008). "Ciudadanía y género en el mundo rural: el caso de la Unión de Mujeres de la Argentina y las 'campesinas' durante el peronismo (1943-1955)", en *Trabajos y Comunicaciones*, n° 34. La Plata: FAHCE- UNLP. En *Noveno Congreso Nacional y Regional de Historia Argentina*. Rosario, 26-28 de septiembre, Buenos Aires, Academia Nacional de la Historia.

Boserup, Ester (1989). "Population, the status of women and rural development", en *Population and development review*, vol. 15. Nueva York: Population Council, pp. 45-60.

Brodersohn, Víctor; Slutzky, Daniel y Valenzuela, Cristina (2009). *Dependencia interna y desarrollo: el caso del Chaco*. Resistencia: Librería de la Paz.

Bruniard, E. (1978). "El Gran Chaco Argentino. Ensayos de interpretación geográfica", en *Geográfica 4*. Resistencia, Chaco.

Campi, Daniel (2005). "Historia Regional ¿Por qué?", en Dalla Corte, G. y Fernández, S. (comps.). *Lugares para la historia. Espacio, historia regional e historia local en los Estudios contemporáneos* (2° ed.). Rosario: UNR Editora, pp. 83-89.

Carlino, Alicia (2009). "Los orígenes de la industria algodonera en el Territorio Nacional del Chaco. Instalación del desmotado y las aceiterías", en *H-Industria. Revista de historia de la industria argentina y latinoamericana*, año 3, n° 5, segundo semestre.

Chiappe, Marta. "La situación de las mujeres rurales en la agricultura familiar de cinco países de América Latina" (disponible en http://goo.gl/IJ0y0C).

Chiozza, Elena y Carballo, Cristina (2006). *Introducción a la Geografía*. Bernal: Editorial UNQ.

Deere, Carmen y León de Leal, Magdalena (1981). "Peasant production, proletarianization and sexual division of labor in the Andes", en *Signs*, vol. 7, n° 2. Chicago, The University of Chicago Press, pp. 338-360.

Echenique, Juan (2000). "Tendencias y papel de la tecnología en la agricultura familiar del Cono Sur", en *Serie Documentos Nº 11*. PROCISUR, BID.

Fernández, Sandra (2008). "El revés de la trama. Contexto y problemas de la historia regional y local", en *Las escalas de la historia comparada*, tomo 2. Buenos Aires: Miño y Dávila.

García Ramón, Dolors (1989). "Género, espacio y entorno: ¿hacia una renovación conceptual de la geografía? Una introducción", en *Documents d'analisi geografica* 14, pp. 7-33.

Giordano, Verónica (2012). *Ciudadanas incapaces. La construcción de los derechos civiles de las mujeres en Argentina, Brasil, Chile y Uruguay en el siglo XX*. Buenos Aires: Editorial Teseo e Instituto de Estudios de América Latina y el Caribe.

Giordano, Verónica (en línea). "Los derechos civiles de las mujeres y el proyecto de reforma del Código Civil de 1936: el acontecimiento, la estructura, la coyuntura" (disponible en http://goo.gl/IWcYfO).

Girbal-Blacha, Noemí (1993). "Explotación forestal, riesgo empresario y diversificación económica: las inversiones argentinas en el Gran Chaco (1905-1930)", en *Revista de Historia de América*, nº 116. Instituto Panamericano de Geografía e Historia, julio-diciembre.

Girbal-Blacha, Noemí (1997). "Cuestión regional-cuestión nacional. Lo real y lo virtual en la historia económica argentina", en *Ciclos*, año VII, vol. VII, nº 12, primer semestre.

Girbal-Blacha, Noemí (2004). "Opciones para la economía agraria del Gran Chaco Argentino. El algodón en tiempos del Estado intervencionista", en Galafassi, Guido (comp.). *El campo diverso. Enfoques y perspectivas de la Argentina agraria del siglo XX*. Bernal: Universidad Nacional de Quilmes.

Girbal-Blacha, Noemí (2007). "El *oro blanco* en el Nordeste Argentino. El algodón como alternativa socioeconómica de una región marginal (1920-1940)", en Girbal-Blacha, Noemí; Ospital, María Silvia y Zarrilli, Adrián (2007). *Las miradas diversas del pasado. Las economías agrarias del interior ante la crisis de 1930.* Buenos Aires: Edición Nacional.

Girbal-Blacha, Noemí (2008). *"El otro país.* Por los caminos de la historia regional argentina", en *Las escalas de la historia comparada,* tomo 2. Buenos Aires: Miño y Dávila.

Girbal-Blacha, Noemí (2011). *Vivir en los márgenes. Estado, políticas públicas y conflictos sociales. El Gran Chaco Argentino en la primera mitad del siglo XX.* Rosario: Prohistoria Ediciones.

Girbal-Blacha, Noemí (2015). "Las mujeres en la ruralidad del Nordeste argentino. Chaco y Formosa (1930-1955)", en *Monografías de Historia Rural,* n°11. Zaragoza: SEHA.

Guy, Donna (2000). "'El rey algodón'. Los Estados Unidos, la Argentina y el desarrollo de la industria algodonera argentina", en *Mundo Agrario,* vol. 1, n° 1, segundo semestre. CEHR, UNLP.

Kaplan, Temma (1990). "Conciencia femenina y acción colectiva: el caso de Barcelona, 1910-1918", en Amelang, J. y Nash, M. (eds.). *Historia y género. Las mujeres en la Europa Moderna y Contemporánea.* Valencia: Edicions Alfons el Magnànim.

Leoni, María Silvia (2008). "La política en el Chaco en la primera mitad del siglo XX. Estructuras de participación, actores y prácticas", en Iourno, G. y Crespo, E. (coords.). *Nuevos espacios. Nuevos problemas. Los territorios nacionales.* Neuquén: EduCo.

Leoni, María Silvia (en línea). "Debates sobre las transformaciones en el Territorio Nacional del Chaco (1918-1930). El papel de la opinión pública chaqueña" (disponible en http://goo.gl/M5CQDz).

Maeder, Ernesto (1996). *Historia del Chaco*. Buenos Aires: Plus Ultra.
Manzanal, Mabel (2007). "Territorio, poder e instituciones. Una perspectiva crítica sobre la producción del territorio", en Manzanal, Mabel; Arzeno, Mariana y Beatriz Nussbaumer (comps.). *Territorios en construcción. Actores, tramas y gobiernos: entre la cooperación y el conflicto.* Buenos Aires: Ciccus.
Marí, Oscar (2005). "Tensiones y fragmentación política en Chaco a principios de los años cuarenta", en *Revista de la Junta de Estudios Históricos del Chaco*, n° 2. Resistencia: Subsecretaría de Cultura.
Mc Gee Deutsch, Sandra (2012). "Argentine Women Against Fascism: The Junta de la Victoria, 1941-1947", en *Politics, Religion and Ideology*, vol. 13, n° 2. Londres: Routledge, pp. 221-236.
Moglia, Leandro (2008). "El movimiento cooperativo agrícola en el Chaco entre los gobiernos de Regulación y Planificación", en *XXI Jornadas de Historia Económica*. Caseros, Buenos Aires.
Moglia, Leandro (2010). "Poder público y cooperativismo agrícola en el Territorio Nacional del Chaco. Del auge algodonero a la provincialización", en Mateo, Graciela; Marí, Oscar y Valenzuela, Cristina (comps.). *Territorio, poder e identidad en el agro argentino*. Buenos Aires: Imago Mundi, pp. 11-25.
Paniagua, Ángel y Hoggart, Keith (2002). "Lo rural. ¿Hechos, discursos o representaciones? Una perspectiva geográfica de un debate clásico", en *ICE. Globalización y mundo rural*, n° 803, noviembre-diciembre. Ministerio de Industria, Turismo y Comercio, Gobierno de España.
Reboratti, Carlos (2007). "Los mundos rurales", en Torrado, Susana (comp.). *Población y bienestar en la Argentina del primero al segundo Centenario. Una historia social del siglo XX*, tomo II. Buenos Aires: Cultura Nación/Edhasa, pp. 85-108.

Revel, Jacques (1998). *Jogos de escalas. A experiencia da microanálise*. Río de Janeiro: Editora Fundação Getulio Vargas.
Rofman, Alejandro (1999). *Las economías regionales a fines del siglo XX. Los circuitos del petróleo, del carbón y del azúcar*. Buenos Aires: Ariel.
Ruffini, Martha (2005). "Peronismo, territorios nacionales y ciudadanía política. Algunas reflexiones en torno a la provincialización", en *Revista Avances del Cesor*, año V, n° 5. Rosario: Universidad Nacional de Rosario, Facultad de Humanidades y Artes, Escuela de Historia, Centro de Estudios Sociales Regional, pp. 132-148.
Schaller, Enrique (2005). "El Estado Nacional y la colonización agrícola en el Territorio del Chaco", en *Revista de la Junta de Estudios Históricos del Chaco*, n° 2. Resistencia: Subsecretaría de Cultura.
Schaller, Enrique (2010). "Política de tierras en la provincia del Chaco (1954-1971)", en Mateo, G.; Marí, O y Valenzuela, C. (comps.). *Territorio, poder e identidad en el agro argentino*. Buenos Aires: Imago Mundi, pp. 41-64.
Schiavoni, Gabriela (1995). *Colonos y ocupantes. Parentesco, reciprocidad y diferenciación social en la frontera agraria de Misiones*. Posadas: Editorial Universitaria, UNAM.
Schiavoni, Lidia (2003). "Aportes de hijas e hijos a las estrategias de vida familiar. Familias pobres urbanas y rurales en la provincia de Misiones", en Wainerman, Catalina (comp.). *Familia, trabajo y género. Un mundo de nuevas relaciones*. Buenos Aires: Fondo de Cultura Económica.
Slutzky, Daniel (2012). "Estructura social agraria y agroindustrial en el nordeste de la Argentina: desde la incorporación a la economía nacional al actual subdesarrollo concentrador y excluyente", en *Documentos del CIEA*, n° 8. Buenos Aires: CIEA-FCE/UBA, pp. 55-75.
Stølen, Kristie A. (2004). *La decencia de la desigualdad. Género y poder en el campo argentino*. Buenos Aires: Antropofagia.

Torrado, Susana (2003). *Historia de la familia en la Argentina Moderna (1870-2000)*. Buenos Aires: Ediciones de la Flor.
Valenzuela, Cristina (2006). *Transformaciones agrarias y desarrollo regional en el nordeste argentino. Una visión geográfica del siglo XX*. Buenos Aires: La Colmena.

Fuentes

Archivo General de la Nación, Secretaría Legal y Técnica de la 2º Presidencia del General Juan Perón. *Fondo documental.*
Archivo Histórico Provincial del Chaco. *Gobernación del Chaco, Época Territorial, Cartas a María Eva Duarte de Perón,* 1947-1950.
Bachofen, Elisa (1926). *El algodón. Consideraciones sobre la industria textil argentina*. Buenos Aires.
Besil, Antonio (1969). *Análisis de las causas del actual cambio en la estructura del sector agrícola en la Provincia del Chaco.* Resistencia: Facultad de Ciencias Económicas, UNNE.
Calvo, Jorge (1946). *El "oro blanco" en la Argentina. Estudio económico social del algodón.* Buenos Aires: Editorial Claridad.
CNA (1937). Buenos Aires.
Curletti, Miriam y Herrera, Yolanda (comps.) (2009). *Historias de mujeres del Chaco*. Buenos Aires: Honorable Senado de la Nación.
Dirección Nacional de Estadística y Censos (1960). *Censo Nacional Agropecuario 1960*. Buenos Aires.
Dirección Nacional de Estadísticas y Censos (1960). *Censo Nacional de Población* 1960. Buenos Aires, tomo VI.
El Chaco. Revista Mensual, Federación Económica del Chaco. Resistencia, octubre-noviembre de 1952.
El Territorio, Resistencia, 1960.

Gaceta algodonera. Publicación defensora de plantadores e industriales del algodón. Buenos Aires, 1929-1940.
INDEC (1947). *Cuadros inéditos. IV Censo General de la Nación, año 1947. Características económicas de la población,* n° 2. Buenos Aires.
INDEC (1969). *Censo Nacional Agropecuario.* Buenos Aires.
Junta Nacional del Algodón (1938). *La planta del algodón. Estudio dedicado a los agricultores.* Buenos Aires: Ministerio de Agricultura de la Nación.
Junta Nacional del Algodón (1940). *Reglamento interno. Decretos y resoluciones relacionados con la creación y funcionamiento de la Junta Nacional del Algodón,* n° 52. Buenos Aires.
Junta Nacional del Algodón (1941). *Boletín Mensual.* Buenos Aires, marzo.
Junta Nacional del Algodón (1942). *Memoria Anual.* Buenos Aires.
La Chacra (1930-1960). Buenos Aires: Editorial Atlántida.
Man, *Almanaque,* 1937-1938,1949.
Ministerio de Agricultura de la Nación (1936). *Censo Algodonero de la República Argentina 1935-36.* Buenos Aires.
Ministerio de Agricultura de la Nación (1937). *Censo Nacional Agropecuario 1937.* Buenos Aires.
Ministerio de Agricultura de la Nación (1940). *Segundo Congreso Algodonero Argentino.* Buenos Aires, 3 al 7 de diciembre de 1940.
Ministerio de Asuntos Técnicos (1947). *IV Censo General de la Nación 1947,* tomo I, Dirección Nacional del Servicio Estadístico. Buenos Aires.
Ministerio del Interior (1923). *Censo General de los Territorios Nacionales 1920.* Buenos Aires.
Muello, Alberto (1948). *Cultivo y explotación del algodonero.* Buenos Aires: Sudamericana.
Nuestras Mujeres. Órgano de la Unión de las Mujeres de la Argentina. Buenos Aires, 1947-1949.

República Argentina, Ministerio de Hacienda, Dirección Nacional de Estadísticas y Censos (1952). *Censo Agropecuario*.

Secretaría del Consejo Nacional de Desarrollo (1960). *Personas que viven y que trabajan en las explotaciones agropecuarias*, Chaco. Buenos Aires.

Urien, Julio (1942). "La tierra pública y la población en algunos territorios nacionales", en *Servir. Revista de Escuela de Estudios Argentinos*, año VI, n° 65, noviembre. Buenos Aires.

La región yerbatera argentina

Estado, territorio y poder, 1926-1953

LISANDRO RODRÍGUEZ[1]

A los 25 años eran viejos
y ninguno había hecho el servicio militar
porque cuando acudían a los lejanos pueblos...
los médicos esquivaban la mirada y escribían: "ineptos".
La patria los rechazaba una vez más...
y ellos se sentían felices, sin comprender
la sentencia de muerte contenida en esa palabra.
Enseguida volvían al yerbal.
Total el yerbal no los rechazaba
mientras pudieran levantar un hacha,
una tijera, un machete.
El yerbal no argüía: "ineptos"
(Varela, 1985: 129).

1. Introducción

En la Argentina se registran –históricamente– desequilibrios regionales como efecto del modelo agroexportador que se consolida a fines del siglo XIX. La región pampeana concentra las tres cuartas partes de la población, la infraestructura y la riqueza productiva del país. En contraste, el NEA –donde se encuentra la región yerbatera– pertenece a los márgenes del modelo y se incorpora tardíamente

---

1 CONICET-CEAR/UNQ. lisandrodriguez@gmail.com

a él (Girbal- Blacha, 2011). Los usos de la yerba mate[2] se remontan al periodo prehispánico, cuando se utiliza como infusión por parte de los pueblos guaraníes y quichuas. En esta etapa existe un tráfico organizado desde los centros de producción, en la Cuenca del Alto Paraná, hasta la costa del Pacífico.[3] La actividad yerbatera se divide en dos etapas: el frente extractivo, que consiste en la apropiación de la planta en su estado silvestre, que se inicia en 1875 con la habilitación –por parte del gobierno correntino– de la extracción en la actual provincia de Misiones (Abinzano, 1985), y la de plantación y producción que se extiende desde 1920 hasta la actualidad.

A partir de 1926, el Estado nacional asume mayor injerencia en el área al propiciar la colonización –específicamente yerbatera– y acentuar la inmigración; factores que modelan el espacio, definen al territorio y dan origen al sujeto social agrario, particularmente al productor, reconocido por la historiografía regional como "colono". Además, se crea una *zona productora excluyente* (Strum, 2006), ya que ningún otro espacio argentino se coloniza a partir del uso de este cultivo. En este sentido, la producción está circunscripta al extremo Nordeste del país,[4] más concretamente a las provincias de Misiones y Corrientes, siendo la distribución entre ambas asimétrica debido a factores históricos (De Sagastizabal, 1984; Stluzki, 2011). El 90% de la producción se sitúa en Misiones y el 10% restante en Corrientes.

En términos económicos se desarrolla un mercado particular cuyo centro de producción se encuentra en la zona productora; pero en la elaboración y distribución operan agentes ubicados –además de Misiones y Corrientes– en la región metropolitana, preferentemente, en zonas

---

[2] Planta perteneciente a la especie *Ilex paraguariensis* y producto que se obtiene a partir de ella. Además de Argentina, son productores de este cultivo Brasil y Paraguay.
[3] Instituto Agrario Argentino (1945). Reseñas: *La yerba mate*, año VI, n° 38.
[4] La temperatura, humedad y composición del suelo de esta región son propicias para el cultivo de yerba mate (Gortari, 2007).

portuarias como Rosario y Buenos Aires. Este fenómeno responde en gran parte a la pugna y posterior enfrentamiento por el dominio de la plaza, por parte de los sectores que intervienen en la comercialización a ambos lados de la frontera: productores, plantadores e importadores argentinos y los señores de los ingenios yerbateros de Brasil (Strum, 2006).

Cuando la Argentina definió su perfil agroexportador y su política de poblamiento, de acuerdo con el modelo económico que prevaleció entre 1880 y 1930, algunas economías regionales alcanzaron cierto grado de desarrollo, caracterizado por la explotación agroindustrial, la orientación hacia el mercado interno y el uso de tecnología simple. Este fue el caso de la yerba mate, un producto cuya extracción y posterior industrialización definieron un tipo de economía en la región de estudio, cuya característica es además un persistente legado cultural conservado desde sus más primitivas formas de organización social (Strum, 2006: 12).

En esta conformación territorial, ejercicio desigual del poder y delimitación poblacional operan, además del Estado, otras instituciones que, con capitales privados poseen los recursos y la capacidad para movilizar inmigrantes, generar cierta infraestructura y definir un territorio a partir del cultivo de la yerba mate. Se evidencia, así, que la construcción de la región yerbatera está atravesada por relaciones de poder, dado que la incorporación masiva a un sistema de actividad de dimensiones regionales se controla –dada la ausencia de una burguesía local– por factores que operan a nivel nacional e internacional (Zarrilli, 2007).

La ausencia de una burguesía local con asentamiento en la región deja un lugar vacante en estos territorios, primero nacional y luego provincial, a los sectores más influyentes de la economía metropolitana y de la región pampeana. Con el tiempo, la explotación de la yerba fue conectando a Misiones, y en general a la región Nordeste argentina, con otros centros importantes como Rosario o Concordia;

sin embargo, su marginalidad se mantuvo a pesar de contar con los rieles de tres compañías ferroviarias y una adecuada red fluvial, lo cual mantuvo el desequilibrio regional que no hizo más que fortalecer la hegemonía de la elite agroexportadora (Strum, 2006: 60).

El área a estudiar en este capítulo –en tanto espacio geográfico con sus componentes naturales y sociales– (Bozzano, 2009: 49) comprende el norte de la provincia de Corrientes, particularmente Gobernador Virasoro y Colonia Liebig, y la actual provincia de Misiones. La base productiva[5] de estos territorios se vincula a los cultivos industriales, de los cuales se destacan la yerba mate, el tabaco y el té y, en menor escala, se desarrolla la ganadería (sur de Misiones y Corrientes). La intención es dar cuenta de la actividad yerbatera, en la que se conjugan distintos elementos, como la producción, industrialización, comercialización y el consumo, y en donde operan distintas instituciones públicas y privadas.

El objetivo es analizar históricamente, la construcción social del espacio y la delimitación territorial sobre la base de la yerba mate. Interesa describir el rol del Estado y las relaciones de poder en la configuración de una región socio-económica ubicada en los márgenes. La delimitación temporal se corresponde con los inicios de la ocupación sobre la base del cultivo, y se extiende hasta la provincialización de Misiones en 1953. Un periodo en el cual las relaciones entre ambos territorios está imbuida de proyectos comunes y de intereses encontrados.

El trabajo se estructura en tres apartados. El primero da cuenta de la conformación de la región yerbatera argentina, el rol que asume el Estado y los intereses privados previos al proceso de colonización, cuya estructura de poder permite comprender –en perspectiva diacrónica– el desarrollo de la actividad y el vínculo entre sus principales actores, al

---

[5] En la actualidad la actividad forestal ha adquirido una importancia destacada en ambas provincias.

tiempo que se puntualiza en las políticas estatales para el sector, particularmente a través de la Comisión Reguladora de la Yerba Mate (CRYM) y los intereses que operan en ella. La siguiente sección focaliza sobre el Norte de la provincia de Corrientes, cuya particularidad es que no registra –al igual que Misiones– un frente extractivo, sino que la yerba mate actúa directamente a partir del ciclo de cultivo. En esta provincia operan entidades de capitales privados vinculadas a la yerba mate, como el Establecimiento Las Marías (empresa que pertenece a la familia Navajas-Artaza con fuerte injerencia en la política regional hasta la actualidad) y la Compañía Liebig, que además de concentrar la producción yerbatera, presentan un fuerte arraigo territorial. La propuesta es reconocer el rol de estas instituciones en la formación del espacio yerbatero correntino y en los vínculos que establecen con el Estado. En la última sección se estudia la relación del Estado Nacional y las compañías colonizadoras en el Territorio Nacional de Misiones. El objetivo es reconocer la incidencia que tiene en la conformación del mayor territorio yerbatero argentino, al mismo tiempo que se pretende identificar –además de los aspectos económicos– las implicancias socio-culturales que resultan de la inmigración y las prácticas gubernamentales.

2. Estado y territorio: la región yerbatera argentina

La "región" consigna diversas perspectivas de análisis, siempre entendida como una construcción histórica. Se la considera como un dato objetivo de la realidad, dada la existencia de ciertos elementos perceptibles y tangibles, que permiten la representación en mapas con fronteras más o menos precisas. Al mismo tiempo, puede ser definida como una construcción social, en tanto considera que la realidad se construye socialmente. Puede ser imaginada y real a la vez, en tanto cobra sentido para los sujetos que la habitan. No obstante, se encuentran representaciones que perciben a la región como una categoría creada para estudiar ciertos tipos de acontecimientos; por lo general esta perspectiva parte de una construcción externa a ella, con fines analíticos, al ser el investigador quien la define, a partir de una relación de variables previamente seleccionadas según sus intereses (Renteria Vargas, 2001). Todos estos elementos se complementan para abordar y definir la *región yerbatera argentina*. Se prioriza la construcción social del territorio, sin desconocer que ella es un recorte específico de la realidad, a la vez que herramienta de análisis

Las regiones no son entidades dadas por la naturaleza (la "región natural"), con lindes precisos e inamovibles y que no están definidas por los límites y fronteras estatales, aunque estos constituyen elementos muy importantes a considerar a la hora de definir sus estructuras y funcionamiento. Las regiones son, en nuestra perspectiva de historiadores, espacios humanizados singulares, que son modificados y se reestructuran, precisamente, a través de la actividad humana (Campi, 2001: 87).

El espacio geográfico que se analiza responde a procesos históricos particulares. El accionar del Estado nacional y las decisiones implementadas permiten aseverar que la región es el resultado de prácticas gubernamentales con objetivos particulares: poblar un espacio marginal, e incorporar estos territorios a la economía nacional a partir de un cultivo que no representa una competencia para la rica pampa húmeda: la yerba mate; recurso que hasta fines del siglo XIX se encuentra en estado silvestre y se explota por compañías privadas, sin la necesidad de radicar población en la zona. En esta etapa inicial, se definen estructuras de poder a favor de compañías privadas que explican los intereses encontrados para el periodo en estudio.

Esta etapa formativa del ciclo fue protagonizada, en primera instancia, por un grupo de grandes empresarios que decidieron volcar sus capitales en la creación de un cultivo hasta entonces absolutamente inexistente (las zonas yerberas de Brasil, Paraguay y Argentina poseían exclusivamente plantaciones silvestres) (Coconi, 1984: 1). El término "región yerbatera argentina" no alude a un espacio homogéneo; en su interior se registran diferencias territoriales, que explican la evolución de la actividad, el rol del Estado, las preferencias de las empresas privadas por operar en determinadas zonas y, particularmente la conformación poblacional asociada al cultivo. En el Norte de Misiones, el frente extractivo se identifica con la explotación de los grandes yerbales y montes naturales; mientras que en el Sur, en la zona de campos, se extiende un frente ganadero que presenta las mismas características de la ganadería correntina. A su vez, en la zona de las antiguas misiones jesuíticas se desarrolla una producción agrícola en pequeña escala, que cede espacio a partir de la colonización por un frente agrícola que modela un nuevo sujeto: el "colono" representante, en un lapso bastante prolongado, de la sociedad nacional (Abinzano, 1985).

Teniendo en cuenta las características de las plantaciones y las posibilidades que ofrece, podemos dividir la región noreste en tres zonas: de campo, mixta y de monte. La importancia de las características de las tres zonas tiene que ver con los costos de producción, ya que del lugar donde se encuentra el yerbal dependerán los costos de implantación y los rendimientos. Los mayores rendimientos, por ejemplo, se registran en la zona de monte Alto Paraná, donde, precisamente, se encuentran implantados los yerbales de mayor superficie. Por el contrario, los rendimientos menores se encuentran en la zona de campo, la cual por otra parte, no disponía de leña suficiente para los procesos de zapecado y torrefacción de la yerba, en sitios próximos (Strum, 2006: 54- 55).

Aunque la delimitación temporal corresponde al inicio de la colonización estatal, es necesario detenerse en acontecimientos anteriores, que delinean estructuras vigentes en el sector yerbatero argentino. En este orden, es necesario destacar que la actual provincia de Misiones –cuya particularidad es poseer el 90% de su territorio con límites fronterizos– constituye hasta inicios del siglo XX, una zona en disputa que involucra a la Argentina, Paraguay y Brasil. Una condición que otorga el carácter extrarregional e internacional al espacio y a las relaciones socio-económicas que se registran en su interior. El objetivo de estos países –y de la provincia de Corrientes– consiste en ejercer algún control territorial en el área, cuya ubicación lo convierte en un punto clave del tráfico comercial de la región.

Los Estados nacionales (Argentina, Brasil y Paraguay) generalmente participaron en la definición de ciertos fenómenos ligados a la producción de la yerba (política exterior, colonización oficial, emigración e inmigración, incentivos a la producción, créditos hipotecarios) y en la resolución de problemáticas de corte local (generalmente ligadas a los sectores que demandaban la protección y el arbitraje de las políticas de gobierno) (Strum, 2006: 23).

Al finalizar la Guerra de la Triple Alianza (1865- 1870)[6] y, particularmente, en la etapa en que Misiones es Territorio Nacional (1881-1953), la presencia del Estado moderno se hace sentir con mayor fuerza. Ilustran este accionar los procesos de delimitación fronteriza y los intentos oficiales de ocupación efectiva del espacio; además de la "argentinización" de la región, a través de la creación de dispositivos para generar una "identidad nacional".

El territorio es una de las primeras condiciones de la existencia del Estado-nación (Oszlak, 2014) y las fronteras son el resultado de las disputas por la delimitación de este. Joel Migdal considera que la imagen de fronteras territoriales, que separan los espacios de control de los diferentes Estados, se amplía por la noción común de que estos encarnan de algún modo al pueblo que está dentro de sus fronteras (Migdal, 2011). Los Estados modernos reclaman

---

6 Para un análisis de la Guerra de la Triple Alianza, véase Doratioto, 2008; Brezzo, 2004.

su derecho exclusivo sobre un territorio[7] y se imaginan a sí mismos como familias, como comunidades horizontales en el sentido que le otorga Benedict Andersón (Grimson, 2000: 15). En este orden, el Estado, aunque separado de la población general del territorio, es la "encarnación" de esa población. Las fronteras territoriales, como el caso de Misiones, sirven a la vez como límites del control del Estado y como delimitación de un pueblo conectado (Migdal, 2011: 36). Acorde con estos parámetros, se definen los límites con el Paraguay. Es un hecho que marca un hito fundamental en el desarrollo posterior del territorio, porque los actores sociales que acuden a la región descubren las inmensas riquezas disponibles (yerba mate y madera), y ponen en marcha las primeras iniciativas en cuanto a su explotación. Un número importante de estos pobladores son de origen brasileño, uruguayo y de otras provincias argentinas. Una vez definidos los límites con el país guaraní, queda pendiente resolverlos con la República Federativa de Brasil. La situación conflictiva radica en la región de los ríos San Antonio y Peperí Guazú, hecho que determina la toma efectiva de la nación sobre esas tierras. Esta medida requiere resolver el problema jurisdiccional sobre ese territorio, a los efectos de colocarlo bajo control federal. Los problemas de límites con el Brasil se resuelven por el fallo del presidente de los EE.UU. Stephen Cleveland, quien actúa como árbitro del litigio en 1895, laudando a favor del país vecino. Misiones pierde una extensión considerable de su territorio (30.200 km2), donde se encuentran importantes riquezas como maderas nativas y yerbales silvestres (Coni, 1929).

El último tramo de la etapa de libre iniciativa se caracteriza por el vuelco casi total del territorio al "oro verde", que convierte a Misiones en una región donde el monocultivo opera como sistema predominante. Para la explotación de estas riquezas, las compañías yerbateras se organizan por

---

[7] Para un análisis del concepto de *territorio*, véase Noemí Girbal-Blacha y Cerdá, 2011; Manzanal, Neiman y Lattuada, 2006.

territorios, y resalta el carácter internacional del espacio y de la actividad. En Argentina operan varias, entre las que se destacan Nicolás Mihanovich, Nuñez y Gibaja, Alfonso Guardile y Portalis y Cía., la empresa Martín y Cía., y la Plantadora,[8] que constituyen verdaderos monopolios del transporte, con fuerte influencia y relación en la estructura del poder político nacional y regional (Alcaraz, 2010). En Paraguay la Industrial Paraguaya S.A. adquiere empresas menores a las que absorbe para ampliar sus operaciones, además de poseer molinos en Asunción, Corrientes y Rosario, en Santa Fe.

En Brasil sobresalen Matte Larangeira, Méndez y Cía., que contratan mano de obra en el Norte y centro de Paraguay, como así también en Posadas, principal centro conchabador[9] de cosecheros yerbateros. En poco tiempo, la primera de las compañías adquiere el monopolio de la extracción de la yerba mate. Se evidencian las relaciones de poder en el vecino país y el vínculo entre Thomaz Larangeira (dueño de la empresa) y el Estado; conexión que le permite obtener ventajas, primero del Gobierno Imperial y luego de la República, como de los gobiernos de Matto Grosso, para la explotación de los yerbales en estado silvestre.

Los beneficios políticos de Thomáz Larangeira no cesaron con la implantación de la República, como ya vimos, pues sus amigos continuaron ocupando altos cargos a nivel estadual y federal. La influencia de Laranjeira era tan grande en los medios políticos que consiguió apartar a nuevos postulantes a obtener arrendamientos de yerbatales (Ronco, 2004: 8).

Este aspecto es fundamental en la conformación de la región yerbatera argentina, porque la Compañía Matte Larangeira no adquiere posesión sobre la tierra; es decir, no

---

8   Niklison, J. (1914). "Informe sobre las condiciones de trabajo en el Alto Paraná". *Boletín del departamento Nacional del Trabajo* n° 26. Buenos Aires: Ministerio del Interior.
9   "Conchabar" se refiere a la actividad de reclutar mano de obra para las actividades del frente extractivo.

moviliza población a la zona, tampoco el Estado brasileño propone un ensayo colonizador en el área, a diferencia de su par argentino.

Al final del siglo XIX y principios del XX, la región del Matto Grosso do Sul se convertirá en objeto de inversiones exploratorias de la yerba mate, natural de allí y abundante, actividad que no preveía fijación poblacional. Terminado el conflicto bélico entre Brasil y Paraguay, una única empresa, la Companhia Matte Larangeira, arrendó y monopolizó tierras que se extendían del Río das Onças e incluían los ríos Dourados, Brilhante, Ivinhema, Paraná e Iguatemi. Con derechos exclusivos y poderes para obstruir la entrada y la permanencia de colonos o competidores, la Cía. Matte contribuyó, sin saberlo o quererlo, para que la zona se mantuviese libre de la presencia intensa de blancos hasta los años 1920/30 (Tomaz de Almeida y Moura, 2004).

En la Compañía Matte Larangeira intervienen también capitales argentinos, que hacen posible la industrialización, principalmente de la yerba canchada, la que trasladan a la Argentina para su molienda y comercialización a precios menores que los obtenidos en Misiones (Ronco, 2004). Este vínculo y los intereses económicos explican las discusiones y enfrentamiento de posiciones entre los plantadores argentinos y los importadores, que se materializan en la Cámara de Diputados de la Nación y, posteriormente, en la Comisión Reguladora de la Yerba Mate (CRYM), al mismo tiempo que revelan las causas de la división y luego del traslado de la compañía brasileña a la Argentina.

Es en la década de 1920 cuando la yerba mate –como ocurre con el algodón chaqueño– comienza a cobrar mayor importancia, al dejar de ser extractivista y convertirse en una actividad agrícola. A la vez, integra a la región dentro del conjunto de áreas del interior argentino destinadas a la explotación de un cultivo agroindustrial predominante. La estructura de actividades conexas lleva a varias empresas a desarrollar el cultivo, la molienda y comercialización; mientras que las compañías de colonización contribuyen al surgimiento de un polo económico y poblacional hasta entonces inexistente en el territorio (Coconi, 1984). Esta modificación da inicio a la industria yerbatera, que demanda mayores inversiones de capital, incorporación de nuevas tecnologías y renovadas formas de organización del trabajo agrario (Rau, 2012).

> Tras infructuosos y reiterados ensayos, a principios del siglo XX se obtuvo el método de germinación artificial [...]. La Compañía Martín y Cía. fue la primera en capitalizar la oportunidad abierta, en 1903 encargó al agrónomo francés Pablo Allain la formación de un yerbal en el departamento misionero de San Ignacio (Coconi, 1984: 1).

La inversión de capitales en la incipiente elaboración de yerba mate, y en otros sectores productivos por parte de determinadas empresas, es otra de las características que se destacan en los inicios de la sistematización del cultivo. Las empresas y compañías no solo poseen en la región tierras destinadas a otras actividades como la ganadería y la industria maderera, sino que un porcentaje considerable pertenece a las esferas económicas más importantes del país y con capitales distribuidos en diversos negocios. Otro aspecto a destacar es que este sector, generalmente, no trabaja por cuenta propia, sino a través de compañías plantadoras o de colonización, a veces con intereses en más de una de ellas simultáneamente (Strum, 2006). También se registran inversores extrarregionales, que en su mayoría provienen del sector pampeano y capitalino, con un limitado aporte extranjero. Como los casos de Barthe y Cía., La Industrial Paraguaya, Empresa Matte Laranjeira y Liebig (Coconi, 1984).

Otra característica la constituye la multiplicidad de conexiones económicas y negocios desarrollada por este sector. Algunos de ellos ya estaban previamente involucrados en la explotación de *Ilex silvestre* o en su molienda. Uno de los casos que mejor conocemos, el de Martín y Cía., se hallaba en esta última situación: la firma tenía como fines principales de su actividad la elaboración, en su molino de Rosario, de yerba canchada (materia prima) que importaba del Paraguay, a la vez que exportaba trigo a este país. Los rubros que especifica el acta constitutiva del mismo establecimiento comprendían la compraventa en general de cereales y frutos del país (granos, semillas, oleaginosas), importación y exportación en general, explotación de estancias, montes, yerbales, molinos harineros y yerbateros, comisiones y consignaciones; poseía numerosas propiedades en diferentes provincias y se hallaba vinculada a importantes empresas de Asunción, además de destacarse como accionista del Banco Paraguayo (creado como filial del Banco Francés del Río de La Plata) (Coconi, 1984: 4).

La particularidad de la yerba mate (al igual que otros cultivos industriales como el algodón) es que está sujeta a los denominados "ciclos de la producción" (expansión o estancamiento por crisis o sobreproducción). Los lapsos del cultivo determinan en gran parte la organización del agro regional (como ocurre con el azúcar en Tucumán y los vinos en Mendoza). En el periodo de estudio se distinguen tres fases: a) se extiende de 1910 a 1931 y se reconoce como el boom yerbatero, o del "oro verde"; b) abarca de 1935 a 1944 (primera etapa de intervención estatal a través de la CRYM), se caracteriza por ser un periodo favorable en relación con el costo de producción y el precio de venta, y c) desde 1945 a 1955, periodo en el que aumentan los costos de producción, más allá de las políticas dirigistas del peronismo (Bartolomé, 1975). Las distintas crisis en el sector generan fases que a su vez definen la composición y variación de las explotaciones agrícolas.

Durante el ciclo del *oro verde* y sobre todo a partir de la segunda década del siglo XX, la vida agrícola en Misiones crece en forma significativa; la superficie plantada con yerba mate pasa de 3500 hectáreas a más de 65.000 en 1940. El ritmo de implantación, que oscila entre 700 y 800 mil unidades anuales en 1920, se incrementa hasta superar los 10 millones en 1927, para mantenerse entre 2 y 8 millones hasta 1935 (Bolsi, 1986). Para el segundo decenio del siglo XX la actividad agrícola yerbatera se consolida y la construcción social del espacio es un hecho. Los cambios que se registran se relacionan, además, con las consecuencias de los movimientos sociales del sur de Brasil y de Paraguay que afectan la producción y comercialización de sus producciones. En esta década, el precio de la yerba mate aumenta, al tiempo que se impulsa una rápida expansión de la producción nacional:

Gráfico 1.

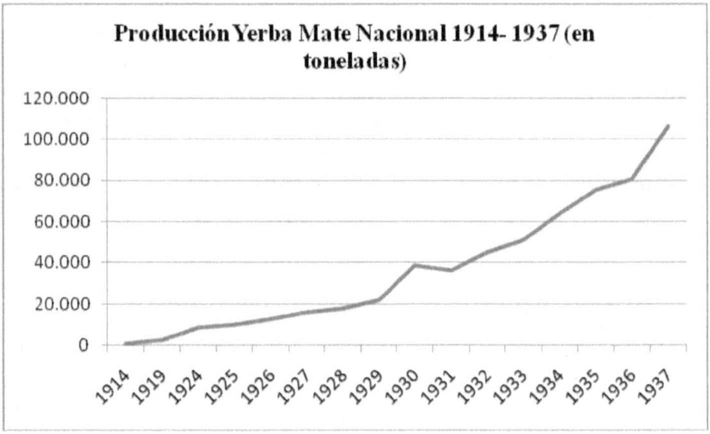

Producción Yerba Mate Nacional 1914- 1937 (en toneladas)

Fuente: elaboración propia con datos del Instituto Agrario Argentino, 1945.

El aumento de la producción yerbatera argentina y, particularmente la capacidad de la industrialización, produce las primeras incidencias entre sectores comprometidos con su comercialización. Los estados brasileños de Santa Catarina y Matto Grosso son los que ven afectados sus intereses, al depender exclusivamente de la exportación de yerba para el mercado consumidor, que se encuentra en mayor porcentaje en la Argentina.

En Brasil, este comercio de importación de yerba molida y canchada a la Argentina se había convertido en vital para dos de los estados que la explotaban, Paraná y Santa Catarina, hasta el punto de haber permitido al primero su separación del estado de São Paulo y su conformación propia. Pero no fue hasta 1915 que la creciente producción misionera causó preocupación en el vecino país, dando lugar a que, a fin de proteger sus intereses, el gobierno del estado de Paraná, en el año 1916, emitiera una ley que establecía derechos diferenciales sobre la yerba canchada y la molida, lo cual favorecía a esta última, seguido por el estado de Santa Catarina, que lo imitó.[10] La devaluación del *mil reis* brasileño redujo en los años siguientes la equiparación oro de estos derechos, y disminuyeron sus efectos sobre los establecimientos elaboradores argentinos, pero ya se había iniciado de este modo la lucha por la supervivencia de la industria molinera de ambas naciones, en la que Argentina resultaría vencedora hacia 1927 (Strum y Magán, 2000: 3).

Los conflictos e intereses no se limitan únicamente a la relación entre producción argentina y brasileña. Los importadores y molineros argentinos se enfrentan con los plantadores locales. A partir de entonces, se evidencian las posiciones de determinados sectores en torno a un cultivo que, aunque catalogado de "marginal", moviliza intereses extrarregionales, al tiempo que la demanda de soluciones incumbe a inversores nacionales, siendo el gobierno nacional el principal interlocutor de los reclamos. Hasta la segunda década del siglo XX, los derechos aduaneros argentinos relativos a la yerba mate permanecen sin alteración. El cambio significativo se registra a partir de 1923, aunque la medida más destacada es la del 24 de marzo de 1924, cuando el gobierno de Marcelo T. de Alvear establece una rebaja del 30% para los derechos específicos y el adicional

---

[10] Matto Grosso y Rio Grande do Sul, al no poseer molinos, no acompañaron esta iniciativa.

que grava a las yerbas brasileña y paraguaya, lo que representa incluso una disminución con respecto a las tarifas que rigen hasta 1923.

Las medidas provocan el reclamo de los grandes plantadores misioneros que no poseen molinos. Los motivos del decreto –según argumentos del Poder Ejecutivo– son que la producción nacional no alcanza a satisfacer la demanda, por lo que se debe lograr un abaratamiento de los artículos de primera necesidad, en beneficio de los consumidores. Además, se intenta preservar el intercambio comercial con las naciones vecinas, particularmente con Brasil, que suprime las franquicias aduaneras de que gozan las harinas procedentes de Estados Unidos, con lo cual facilita la introducción de las argentinas en las plazas del norte de dicho país.

El Estado intervino con una serie de marchas y contramarchas en su política arancelaria, que no hicieron más que empañar los esfuerzos por un acercamiento con el vecino. Para ambos era importante "salvar" el intercambio: Brasil defendía un mercado irreemplazable en lo inmediato, mientras que el gobierno argentino se desvelaba por asegurar la exportación a aquel país de sus más preciados productos, el trigo y la harina (Strum, 2006).

La rebaja en los aranceles aduaneros a la entrada de yerba mate brasileña favorece a los importadores pero actúa en detrimento del productor nacional. Además, ampara a los yerbateros de Brasil y, al mismo tiempo, a los molineros de la Argentina, que se benefician con los bajos costos de la yerba extranjera (Barsky y Gelman, 2009). Es conveniente destacar que los aranceles de 1928 a la importación aluden a la yerba molida, pero no a la canchada, de modo que prevalecen con ello los intereses de los molineros importadores por sobre el productor. Los precios no logran compensar los costos de producción y los plantadores pierden $ 0,04 por cada kilo de yerba elaborada. En 1930 la yerba nacional cuesta $ 4,00 los 10 kilos y la brasileña –en virtud de su política– $ 2,65. Para salvar parte de su capital, los plantadores misioneros se ven forzados a vender sus cosechas a precios irrisorios (Schamber, 2000). En este sentido, las medidas librecambistas del gobierno favorecen a ciertos sectores, particularmente a los de gran poder económico. Una acción que demuestra la influencia en la esfera política, tanto de la Argentina como de Brasil (Strum y Magán, 2000).

Con el desarrollo de la industria yerbatera el molinero se transformó en otro sector privilegiado al lado de los grandes plantadores. Se dedicaban a comprar la yerba canchada fijando el precio en detrimento de los pequeños propietarios y moliéndola, envasándola y estacionándola terminaban el proceso de elaboración. Jugaban un rol muy importante como compradores de la producción y árbitros de la formación de distintos tipos de yerba [...]. Los grandes plantadores poseían sus propios molinos donde completaban el ciclo de elaboración. Incluso algunos eran propietarios de yerbales en Brasil e importaban su propia yerba con un menor costo de producción. La mayoría se encontraban radicados en Misiones y en la Capital Federal. Estos molineros porteños comercializaban la yerba de sus propias plantaciones en Misiones, cuya administración estaba en manos de capataces que utilizaban fuerza de trabajo local (Echeverría, 1984: 10).

Ante la situación de crisis, la producción argentina recurre, como en otras oportunidades, al amparo del gobierno nacional contra las maniobras, no siempre leales, de quienes se proclaman sus adversarios.

Entre la plantación argentina que sale a conquistar su propio mercado y la extranjera que intenta oponérsele, no hay acuerdo posible: el antagonismo no tendrá otra solución que la eliminación gradual de las yerbas extranjeras, según el crecimiento de las cosechas argentinas.[11]

Existen antecedentes que demuestran que toda industria naciente obtiene derechos protectores, por ejemplo con el trigo. Sin embargo, con respecto a la industria yerbatera

---

11 Daumas, Ernesto (1930). *El problema de la Yerba Mate*. Buenos Aires: Publicación editada por la Asociación Argentina de Plantadores de Yerba Mate.

argentina los derechos permanecen sin cambio alguno por 24 años, de 1900 a 1924, durante los cuales "nadie se acordó de ellos" (Coni, 1929). En este sentido, son muchos los intereses y posturas que intervienen en esta producción. El gobernador de Misiones Dr. Héctor Barreyro (1922-1930) afirma que

> las yerbas extranjeras pagan en la actualidad, en que precisamente existe una verdadera industria yerbatera nacional que defender, un derecho de aduana inferior al que han venido pagando durante los treinta años que han precedido a la implantación del cultivo de la yerba mate en el país. Los productores de las yerbas del Brasil, ante la perspectiva de que dentro de algunos años se verán desalojados del mercado consumidor argentino, han organizado el "dumping", con el propósito de destruir nuestra industria. Es así que esta Gobernación con todo el respeto debido, se permite sugerir a V.E. las medidas que, a su juicio, deberían adoptarse en defensa de los plantadores de yerba mate del país [...] supresión del decreto del Poder Ejecutivo del 24 de marzo de 1924, que rebajó los derechos aduaneros de la yerba mate en un 30% sobre los establecidos por la Ley 11.228. Esta supresión disminuiría las ventajas actuales de la producción extranjera para la competencia en nuestro propio mercado.[12]

A pesar de la situación planteada, algunas posturas, como la del ministro de Agricultura Antonio De Tomaso, aseguran que la masiva entrada de yerba brasileña no constituye un *dumping*:

Antes bien este desgraciado ensayo la colonización yerbatera y sus resultados ha perturbado las relaciones comerciales con el Brasil, que era comprador no desdeñable, porque no es desdeñable poder colocar 600.000 o 700.000 toneladas de trigo.[13]

---

12 Revista de Economía Argentina (1928). *La industria yerbatera argentina. Informe del Gobernador de Misiones*, n° 117, marzo. Buenos Aires, pp. 223-224.
13 Ibídem.

Las discusiones tienen eco a nivel nacional y alcanzan a las sesiones de la Cámara de Diputados de la Nación, donde en diciembre de 1924 el diputado demócrata progresista Lisandro de la Torre,[14] refiriéndose a la cuestión de la industria yerbatera, afirma que

> el Poder Ejecutivo ha modificado la Ley 11281 (Ley de Aduanas) por sí y ante sí, y ha concedido por un decreto de 24 de marzo pasado, una rebaja de 30 por ciento en los derechos de importación de las yerbas brasileñas. Es indudable que el Poder Ejecutivo carece de facultades para proceder así, porque no se reúnen en este caso que señalo los requisitos del artículo 76 de la ley de aduana. El Poder Ejecutivo, para justificarse, dijo en los fundamentos de su decreto que la industria harinera argentina había recibido grandes facilidades en el Brasil para la importación de sus productos, y que la misma industria yerbatera argentina resultaría beneficiada con la rebaja, porque ella determinaría la no aplicación de un adicional del 25 por ciento en la exportación de yerba que rige en el Brasil.[15]

La década de 1930 inaugura en la Argentina un nuevo tipo de Estado con fuertes rasgos intervencionistas y que

> define una política más clara en obras públicas, como así también en el control de la producción y control de precios, para lo que crean las juntas reguladoras.[16] Pero el Estado

---

[14] Lisandro de la Torre nació en Rosario el 6 de diciembre de 1868. Abogado. Doctor en jurisprudencia. Fue diputado nacional los años 1912-1916 y entre 1922-1926. Senador nacional de 1932-1937. En 1906 fundó en la provincia de Santa Fe el partido político Liga del Sud. Posteriormente dicho partido se denominó Demócrata Progresista. (Datos en Quién es Quién en la Argentina. Biografías contemporáneas. Buenos Aires. Editores Guillermo Kraft Ltda. 1939).
[15] Lisandro De La Torre (1960). *Obras*. Tomo VI: *Política Agraria y Municipal* (2da. ed.). Buenos Aires: Editorial Hemisferio.
[16] En el marco de la política intervencionista se crearon la Comisión Nacional del Azúcar (Decreto n° 702 de 1928, pero solo se constituyó el 2 de enero de 1931), la Comisión Nacional de Fomento Industrial (Decreto n° 58 del 15 de enero de 1931), la Dirección Nacional de Elevadores de Granos (n° 11.742 del 7 de octubre de 1933), la Junta Nacional de Carnes (Ley 11.747 del 7 de

interventor actúa fundamentalmente en el terreno económico. Se trata todavía de un Estado que no distribuye socialmente la riqueza (Quiroga, 1985).

Los conflictos registrados son antecedentes directos para la creación de un instituto regulador, similar a las Juntas Reguladoras de Carnes, Granos, Azúcar, Algodón, Vinícola, de la primera mitad del decenio de 1930 que culmina en la creación –en 1935– de la Comisión Reguladora de la Yerba Mate (CRYM), precedidas por ciertas medidas tomadas por el Estado nacional, algunas de carácter bilateral, con Brasil. Sobresalen las firmas del Tratado de Comercio y la Carta de Navegación[17] de 1933, ratificados en 1935, previa visita recíproca de los mandatarios de la Argentina Agustín P. Justo y del Brasil Getulio Vargas (Vanderlei, 2008).

En este contexto, y antes de la creación de la CRYM, los productores yerbateros del Brasil deciden inundar de yerba mate el mercado argentino mediante una baja de los precios, hecho que provoca, junto a la producción nacional, una sobreoferta en el mercado local. La situación obliga al presidente Agustín P. Justo a tomar medidas para proteger

---

octubre de 1933), la Junta Reguladora de Granos (Decreto n° 31.864 del 28 de noviembre de 1933), la Junta para Promover las Exportaciones de Carne (Decreto n° 46.299 del 27 de julio de 1934, fue disuelta en 1937), la Comisión Nacional de la Industria Vitivinícola (Decreto n° 46.837 del 11 de agosto de 1934; la Ley n° 12.137 del 24 de diciembre de 1934, crea la Junta Reguladora de Vinos), la Junta Nacional para Combatir la Desocupación (Ley n° 11.896 del 21 de agosto de 1934), la Comisión Nacional de Coordinación de Transporte (Ley n° 12.346 del 5 de enero de 1937), la Comisión de Control de Abastecimiento (decreto n° 40.890 del 8 de septiembre de 1939; esta comisión fue creada para hacer cumplir la Ley 12.591 de precios máximos), la Comisión Nacional de Granos y Elevadores (Ley 12.253 del 5 de octubre de 1935).

17 Este tratado contenía entre sus medidas más importantes la fijación, por parte de los países firmantes (Argentina y Brasil), de un *modus vivendi* en el que se comprometían a no proceder a ningún tipo de aumento sobre los derechos de importación, además se comprometieron a no ejercer prohibición a la importación o exportación. Por este tratado la Argentina también debía retroceder y anular la ley que establecía el 10% *ad valorem* sobre la yerba mate (Magán, 2008).

al productor y regular la actividad nacional, con el fin de intentar evitar un crecimiento desmesurado de la producción de este cultivo. Ante esta situación, por intermedio de la Legislación General Ley N° 12.236 de 1935:

> Art. 1°: Créase con carácter autónomo la Comisión Reguladora de la Producción y Comercio de la Yerba Mate [...]
> Art. 2°: Esta Comisión será presidida por el Ministro de Agricultura o funcionario que este designe y se compondrá de trece miembros nombrados por el Poder Ejecutivo, como sigue: el gobernador del Territorio de Misiones, dos representantes del Ministerio de Agricultura, un representante del Banco de la Nación y otro del Banco Hipotecario Nacional, tres representantes de los plantadores, tres de los elaboradores, uno de los importadores y un representante de los consumidores.[18]

Es al interior del organismo que se evidencian las relaciones de poder y se traslucen los intereses sectoriales. La CRYM está integrada por el gobernador del Territorio de Misiones, dos representantes del Ministerio de Agricultura, uno del Banco de la Nación, uno del Banco Hipotecario Nacional, tres plantadores, tres elaboradores, un importador y un consumidor. Un porcentaje considerable procede de organismos oficiales y en el caso de los plantadores no se menciona, ni se hace diferencia entre los grandes plantadores y los de tierras fiscales para cuyos intereses se legisla inicialmente. Los representantes son grandes plantadores, molineros e importadores; los que se mantienen en distintos cargos de la CRYM hasta 1943 (Echeverría, 1984).

Además de la producción, la comercialización representa un eslabón fundamental, donde operan intereses regionales y externos a la zona yerbatera. Con el objetivo de regular la oferta acorde con las necesidades de consumo se crea por Decreto n° 83.816 de abril de 1936 el Mercado

---

[18] Comisión Reguladora de la Yerba Mate (en adelante CRYM) (1936). *Boletín Informativo*. Buenos Aires.

Concentrador de la Yerba Mate (MCYM). La principal función de esta institución consiste en realizar la venta de la yerba mate de los productores en el momento adecuado y al precio estipulado por la CRYM, además de facilitar al colono almacenamiento y transporte; como así también el pago de su producción y el otorgamiento de un crédito prendario financiado por el Banco de la Nación Argentina.

El Mercado actuará exclusivamente como consignatario y, para mejor cumplir sus fines reguladores exigirá de los plantadores que le consignen su producción, una autorización para efectuar la venta en el momento y al precio que el organismo considere conveniente. El mercado operará sobre la base del crédito agrario prendario otorgado por el Banco de la Nación Argentina a la yerba mate consignada al organismo, sin prejuicio de aceptar otras consignaciones de este producto.[19]

Este es el canal más importante para la comercialización de yerba mate, sin embargo, y en forma paralela, se despliegan formas directas de distribución entre productores, secaderos y molinos, lo que da origen al denominado "mercado libre", es decir, sin la intervención estatal, hecho que denota la presencia de otros actores sociales en la cadena yerbatera. Para controlar la actividad, la CRYM crea el Registro Nacional de Yerbateros, en el que se inscriben con carácter obligatorio, los elaboradores, los importadores y acopiadores de yerba sin desecar (verde) y se crea, además, un Registro Nacional de Plantadores en el que se inscriben todos los cultivadores de yerba mate del país y cuya reglamentación debe propender al mejor cumplimiento de la ley. Por intermedio del Decreto Reglamentario n° 77.473 de 1936, se propone el cobro de un "impuesto móvil" con el objetivo de compensar al productor entre costo y precio de venta, cuando esta última operación no logre cubrir los gastos del productor, como así también destinar ese impuesto a gastos de la CRYM. La compensación a los yerbateros se

---

[19] Ibídem.

efectúa a través del Banco de la Nación en las sucursales ubicadas en las zonas productoras, previo registro de las operaciones de venta.

De acuerdo con el artículo 8° del Decreto del Poder Ejecutivo 23.886 del 20 de junio de 1933 se exige que la yerba mate que se produzca, que circule y se consuma en el país reúna las mismas condiciones establecidas para las importadas. Para la importación, se habilitan los puertos de Buenos Aires, Rosario, Santa Fe, Corrientes, Formosa, Posadas, Paso de los Libres y Bahía Blanca, y se permite el ingreso de yerba mate canchada y molida acorde con los requerimientos de la CRYM, aunque estas quedan eximidas de la presentación del certificado de sanidad de origen.[20] Las gestiones de la Comisión Reguladora influyen en la elevación de los precios que percibía el productor, en la disminución –aunque leve– de las importaciones de yerba mate desde Brasil, como así también en la regulación de los *stocks*.

Tres años después de haberse creado la CRYM se decide, dada la situación de desequilibrio, limitar la producción nacional de yerba mate. La medida apunta a garantizar la compensación de la producción, como así también los gastos de mantenimiento de los yerbales y la amortización e intereses de los capitales invertidos. El límite a la producción se impone en abril de 1938 por Decreto 2992 del Poder Ejecutivo. El presidente de la nación argentina en acuerdo de ministros decreta: "Art. 1: Limítase la producción de yerba mate canchada del año 1938 a cada plantador nacional".[21]

A partir de 1942, y mediante el Decreto 127.748 del Ejecutivo Nacional se amplían los cupos de cosecha, al cumplirse el quinto año de cosechas limitadas, se ha tenido la satisfacción de acordar un sensible aumento a la producción nacional del año en curso. Esta medida corrobora la eficacia de la regulación impuesta a la yerba mate, por cuanto no

---

[20] Ibídem.
[21] CRYM (1938). *Boletín Informativo*. Buenos Aires.

solo se ha conseguido eliminar el *stock* de arrastre, sino que también se ha logrado ir beneficiando a los plantadores nacionales con los aumentos paulatinos del consumo,[22] que está asociado al crecimiento de la población, que demanda 7,5 kg de yerba por persona entre 1920 y 1940 (Bolsi, 1986). El mercado interno refuerza su importancia en la economía argentina en tiempos de la Segunda Guerra Mundial. Sin embargo, la importación de yerba mate desde Brasil y Paraguay persiste, y para 1942 alcanza a los 30.904.399 de kilogramos. Hasta el mes de mayo de 1943 se contabilizan 13.976.518 de kilogramos. El ingreso de yerba mate canchada de origen nacional a los molinos para el mismo periodo es de 86.271.766 kg para 1942 y 32.954.763 durante los primeros cinco meses de 1943,[23] para luego descender como lo evidencia el siguiente cuadro:

Cuadro 1. Importación de yerba mate en kilogramos (1925- 1955)

Año	Importación Brasil	Importación Paraguay	Producción Argentina	Consumo en Argentina
1925	65.000.000	6.000.000	9.000.000	84.000.000
1935	35.500.000	3.000.000	80.400.000	100.000.000
1945	19.000.000	3.500.000	83.900.000	115.000.000
1955	23.300.000	3.900.000	115.300.000	127.000.000

Fuente: Lagier Jerónimo (2008). *La aventura de la yerba mate. Más de cuatro siglos de historia*. INYM, p. 150.

La Ley 12.236 de 1935 dirige sus esfuerzos iniciales de intervención a la limitación de la producción nacional, a la compensación de los grandes plantadores y, finalmente al control del comercio mediante el Mercado Consignatario.

---

[22] CRYM (1942). *Boletín Informativo*. Buenos Aires.
[23] CRYM (1943). *Boletín Informativo*. Buenos Aires.

Sin duda, esta medida representa para el gobierno la solución frente a la expansión ininterrumpida de la producción nacional, que es necesario cortar, dado el compromiso que se adquiere con el Brasil a través de la mencionada serie de tratados comerciales. Empero, al permitir que el sector dominante de la producción de yerba posea la mayor injerencia en el organismo estatal, actúa en perjuicio de los pequeños plantadores, generalmente sujetos a créditos, préstamos, y en definitiva, a un mayor esfuerzo de capital, hecho que desvirtúa en gran parte el objetivo inicial. En este sentido, un posible papel mediador por parte del Estado –entre los distintos sectores de la industria y comercialización local– no se materializa en una política independiente de sectores predominantes, sino más bien a través de una unión de fuerzas entre los sectores particulares y los integrantes de la CRYM, donde el consumidor y el trabajador del yerbal quedan fuera del alcance legislativo y de las disposiciones de esta Comisión Reguladora (Strum, 2006).

A partir de 1943, se inicia en la Argentina una nueva etapa caracterizada por un tipo de Estado con perfil dirigista y planificador, en el cual se destaca la figura de Juan Domingo Perón. En términos económicos se acentúa el proceso de industrialización sustitutivo de importaciones, que implica una acelerada urbanización. Este hecho acentúa el ya histórico desequilibrio regional (Lattuada, 1986). Para la región yerbatera el cambio más significativo de este periodo es la transformación del Territorio Nacional de Misiones en provincia a partir de 1953.

Respecto a las políticas estatales para el sector yerbatero, las transformaciones más destacadas se relacionan con la Comisión Reguladora de la Yerba Mate, que sufre modificaciones, y las medidas directas del gobierno de Perón (1946-1955) con respecto a la actividad yerbatera están relacionadas –luego de la nacionalización del Banco Central de la República Argentina (1946)– a la superintendencia de esta máxima entidad financiera, que afecta también a la Comisión Reguladora de la Yerba Mate (Decreto 8403/

46). Sin embargo, la situación persiste hasta que el Decreto 11.344/46 dispone que la Dirección de la Yerba Mate pase a integrar la Dirección General de Comercio de la Secretaría de Industria y Comercio de la Nación, para luego depender directamente de esta Secretaría por Decreto 3900/49. Un año más tarde, tanto las funciones de la Dirección de la Yerba Mate como las de la CRYM, por el Decreto 7990/50, conforman la Comisión Nacional de Yerba Mate (CNYM) (Magán, 2008).

3. La yerba mate en Corrientes: producción y poder en los márgenes

La provincia de Corrientes posee extensiones de yerba mate radicadas en el extremo nordeste, particularmente en los departamentos de Ituzaingó y Santo Tomé, donde se encuentran Gobernador Virasoro y Colonia Liebig, principales espacios yerbateros. Los inicios de la actividad se remontan a las primeras décadas del siglo XX. A diferencia de Misiones, no se registra un periodo de frente extractivo, dado que la presencia yerbatera se asocia directamente a la producción y cultivo.

La estructura agraria provincial se conforma sobre la base de la ganadería extensiva, cuyo núcleo de producción es la estancia. La agricultura representa un elemento complementario en relación con este complejo ganadero. Los sectores modernos de la economía correntina, vinculados a la producción industrial, son controlados mayoritariamente por capitales extranjeros y asociados o independientes por cierto sector de los ganaderos. En este sentido, todas las fuentes locales de altas inversiones y buenas tasas de ganancias pertenecen a una sola clase burguesa que funda su poder económico en la posesión de la tierra (Rozé, 1992: 114).

La zona yerbatera comprende una extensión reducida –en comparación con Misiones– pero no menos significativa para la región norte de la provincia. En el cultivo y producción operan instituciones de capitales privados, las cuales devienen en agentes principales en la estructuración del espacio y la construcción del territorio yerbatero correntino. Gobernador Virasoro con el establecimiento las Marías y la Colonia Liebig, primero con la compañía homónima y luego la cooperativa local, son ejemplos de este vínculo y accionar. En común presentan un fuerte arraigo territorial, aunque la lógica empresarial y organizativa que adoptan difiere una de otra.

Las Marías es un establecimiento agroindustrial perteneciente –como se enunció– a la familia Navajas Artaza. Se funda en 1924 y posee más de 30.000 hectáreas, de las cuales 18.000 se destinan al cultivo de la yerba mate, té y otros policultivos, y 12.000 a la implantación forestal (Nief et al., 2005). La principal actividad es la explotación yerbatera, que integra los distintos eslabones de la cadena: cultivo, elaboración y comercialización. Representa una de las empresas más importantes de la Argentina. Se ubica en la localidad correntina de Gobernador Valentín Virasoro y genera un porcentaje considerable de la oferta laboral en la zona. Esta localidad correntina se crea en cercanías de la Estancia "Vuelta del Ombú" (perteneciente a la familia Navajas). A partir del 1911, con la llegada del ferrocarril se conforma el espacio social que da origen a la actual localidad. La historia local y el desarrollo de la comunidad se relacionan directamente con el proceso de formación y crecimiento del establecimiento Las Marías:

> Resultará siempre parcial, si no imposible, cualquier intento por comprender las transformaciones sociodemográficas de esta ciudad que no contenga referencia a Las Marías y a los Navajas. Además de la conexión exclusivamente económica [...], el vínculo con la ciudad también es político y hasta se podría decir de raíz, ya que los terrenos donde hoy se asienta

Virasoro pertenecieron desde 1867 a la Estancia Vuelta de Ombú, propiedad de Víctor Navajas, el primero de la familia que llegó a la Argentina (Schamber, 2001: 134).

La participación en la esfera política nacional de esta empresa se remonta a los primeros años de su fundación, particularmente a partir de la década de 1930. La economía yerbatera en este contexto presenta significativas transformaciones, dado el aumento de la producción nacional y la importación del producto de los países vecinos. La defensa en favor de la yerba nacional hecha por Lisandro de la Torre en el Congreso Nacional –expuesta en el apartado anterior– acapara el interés y simpatía de los Navajas Artaza, por lo que adhieren al Partido Demócrata Progresista.

La creación de la CRYM en 1935 producto del Estado interventor –con las relaciones de poder que se registran en su interior– es un espacio favorable para la familia yerbatera de Las Marías. Grandes plantadores integran el directorio de la entidad oficial en representación de este sector, pero también participan como representantes de los molineros, favorecidos por ostentar los distintos eslabones de la actividad. Este accionar le permite ampliar su liderazgo en el mercado yerbatero, mientras consolidan su posición política ante el Estado. La injerencia de la empresa no se limita exclusivamente al sector yerbatero. Una muestra de su poder de negociación y su rol en la organización territorial lo constituye la "lucha" por el trazado de la Ruta Nacional N° 14 (arteria que une al NEA con Buenos Aires), que en los planos originales se encuentra más próximo al Río Uruguay y que, por gestiones de los propietarios de Las Marías el tendido pasa por Virasoro (Schamber, 2001).

En este ejemplo de poder local y vínculo con las esferas estatales, se configura la región Norte de Corrientes. La expansión del agro se relaciona con la yerba mate, que al igual que en Misiones, deviene en el principal cultivo de renta, al tiempo que posibilita el arraigo territorial con un núcleo poblacional considerable, particularmente en

Virasoro. A diferencia del territorio misionero, se trasluce la presencia de un grupo hegemónico local, representado por los Navajas Artaza. La noción de empresa familiar se traslada a la comunidad y, particularmente, a los trabajadores de la entidad, quienes integran "la familia de Las Marías". El vínculo entre los dueños y los operarios manifiestan rasgos paternalistas y de sentimientos de pertenencia. El uso del término "nosotros", por parte de los empleados al referirse al establecimiento, da cuenta de esta identidad colectiva: "Trabajar en Las Marías es pertenecer a la gran familia, y al integrarse en el parentesco la empresa se vuelve propia, aunque algunos sean sus dueños y otros sus empleados" (Schamber, 2001: 136).

La Colonia Liebig representa otra zona en la provincia de Corrientes donde la presencia de la yerba mate adquiere relevancia fundamental en la conformación del espacio y el territorio.

En el territorio existen 260 explotaciones agropecuarias, y la estructura parcelaria muestra que las unidades de producción comprendidas en los estratos de 50 hectáreas representan el 52,9% del total y reúnen el 13,2% de la superficie. En el otro extremo, las explotaciones con más de 250 hectáreas constituyen solo el 9% del total pero concentran el 52,7% de la superficie, mientras que el estrato medio agrupa el 38,1% de las explotaciones y posee el 34% de la superficie. En cuanto a la tenencia de la tierra, el 91,2% de la superficie se encuentra bajo régimen de propiedad personal (Codutti, 2008: 180).

El nombre de la localidad se debe a la Liebig Extract of Meat Company, sociedad que se funda en Londres en 1865 y que expande su área de influencia a América Latina (particularmente a Uruguay y Argentina), con el proceso de conservación de los extractos de carne, a partir de los descubrimientos del químico alemán Justus Von Liebig.

En 1911 adquiere la Estancia la Merced, donde se ubica la actual colonia. Las tierras son consideradas como no aptas para la cría del ganado y es uno de los motivos que impulsa a la Compañía a dedicarse a la colonización. Sin embargo, los rumores de la sanción de una ley contra el latifundio por parte del gobierno correntino en 1924 aceleran el accionar, y es la propia sociedad la que pone a disposición la estancia mencionada para su parcelamiento. El interés de radicar colonos en La Merced reside en que la conformación del territorio a partir de una población estable tiene como efecto inmediato el aumento en los precios de la tierra, componente fundamental para negociar con el Estado correntino –cuando se sancione la ley contra el latifundio– los valores de los demás campos que posee en las zonas lindantes. Este factor explica el impulso de la colonización y promoción de la inmigración por parte de la compañía (Friedlmeier, 2010).

La colonia se funda en 1926 por un grupo de 200 inmigrantes alemanes que parten desde el Estado de Baden-Wurtemberg (frontera de Alemania con Francia), quienes previamente conforman un proyecto cooperativo colonizador para instalarse en Paraguay. Los europeos parten hacia Buenos Aires para dirigirse, desde allí, al destino previsto. Sin embargo, los planes de colonización en Paraguay se ven frustrados porque la compañía no realiza las tareas previstas y el proyecto cooperativo queda trunco. Los recién llegados son alojados en el Hotel del Inmigrante en Buenos Aires y parten hacia Corrientes, en el Ferrocarril Nordeste, compañía privada de capitales ingleses, que presenta grandes intereses en que se organice una colonia próxima al tendido de sus vías. Otra muestra de la injerencia de los capitales privados en la conformación de esta región marginal.

Entre las opciones que los alemanes descartan –antes de instalarse en su actual ubicación– se encuentran Chaco y Misiones. La última está en pleno auge de la colonización privada, pero la preferencia de la Compañía Schwelm en

Eldorado (zona de colonización alemana) es dar tierras a inmigrantes con cierto capital económico, realidad que no concuerda con los llegados de la región del Baden. Las tierras del nordeste correntino, al no calificar como aptas para la ganadería, se convierten en un componente "a favor" de los recién llegados, que encuentran un territorio donde radicarse. En mayo de 1924 llegan a Puerto Curuzú (denominación que recibía la actual colonia) y allí fundan la Cooperativa Agrícola de Colonia Liebig, bajo el lema "esfuerzo propio, ayuda mutua y solidaria". El vínculo con el gobierno de Corrientes se evidencia desde los inicios de la ocupación. La eximición del pago de todos los impuestos por un plazo de diez años es un ejemplo del impulso estatal de crear una población. La yerba mate actúa como componente fundamental para radicar a los inmigrantes, a partir de un cultivo de renta pero que no representa una competencia para la ganadería provincial. En función de estos elementos el gobierno correntino pone a disposición de los colonos 50.000 plantas de yerba mate en forma gratuita (Friedlmeier, 2010).

La estructura agraria se conforma inicialmente por lotes de dimensiones similares, en los que se desarrollan sistemas productivos familiares, basados en una actividad de renta altamente demandante de mano de obra como la yerba mate; lo que sumado a las fuertes similitudes económicas, sociales y culturales de la región, explica buena parte de la evolución económica del territorio:

> La actitud positiva de la población en cuanto al deseo de salvaguardar su propia especificidad ha contribuido a definir y consolidar la estructura productiva que caracteriza al territorio. El desarrollo de una colonia agrícola, en un entorno donde el vaciamiento poblacional era notorio debido al predominio de la ganadería extensiva, marca una diferencia, con algunas excepciones, respecto de la ocupación del espacio rural en la provincia de Corrientes (Codutti, 2008: 182).

4. Misiones: proyectos estatales y privados en la expansión del agro regional

Una vez que se produce la unificación nacional, es necesario incorporar nuevas tierras para garantizar la expansión del modo de acumulación capitalista, basado en el modelo agroexportador. En la medida que los sectores dominantes activan la inserción del país en el mercado mundial, se hace indispensable, por razones de seguridad jurídica y desarrollo económico, afianzar la economía estatal sobre la totalidad del espacio argentino. Determinar las tierras nacionales, deslindarlas claramente de las provincias constituye entonces un imperativo para el liberalismo triunfante. En Misiones el control del aparato estatal permite afianzar el poder económico de algunos empresarios que acaparan –casi hegemónicamente– circuitos productivos. Se destaca la figura de Rudecindo Roca,[24] quien por su vínculo con el poder nacional logra controlar, junto a sus funcionarios, las decisiones de gobierno, al tiempo que consolida su posición como terrateniente (Alcaraz, 2010).

La yerba mate constituye el cultivo poblador, además favorece la integración de los colonos a la sociedad nacional, puesto que los obliga a relacionarse con el mercado, a operar en el sistema crediticio y a manejar el idioma oficial (Bartolomé, 1975). La ocupación de esta región marginal se lleva a cabo a través de un proceso colonizador, que impulsa el Estado nacional en la zona sur y centro del territorio (entre 1880-1930) y es organizado, a través de empresas de capitales privados, en el Alto Paraná (a partir de 1920). A diferencia de la etapa extractiva, en la que los intereses económicos se vinculan con grandes empresarios absentistas, la ocupación social del espacio consolida la pequeña

---

24 Militar argentino, participó en la Guerra de la Triple Alianza y en la denominada Campaña del Desierto. Hermano del presidente Julio Argentino Roca y nombrado por él como gobernador del Territorio Nacional de Misiones entre los años 1882 y 1891.

y mediana producción agrícola y, en las zonas de frontera agrícola (nordeste), de mayor dinamismo, la ocupación espontánea deja como resultado un número considerable de "ocupantes" de tierras fiscales o privadas (Schiavoni, 1995). El proceso colonizador no se realiza sobre un "espacio vacío", sino ante la presencia de población autóctona representada por los guaraníes. Las formas de vinculación entre estos pueblos originarios y los "blancos" se resuelve de dos formas fundamentales: o bien por medio de la proletarización de los nativos, o por el arrinconamiento territorial de los aborígenes, procesos que se manifiestan desde la expulsión de los jesuitas, cuando por el accionar de los poderes en pugna, el indio reducido se constituye en "recurso útil" para los agentes estatales enfrentados, porque representa un sujeto que conoce el territorio, sabe de armas, lee y escribe y entiende el castellano, pero desconoce las nuevas fronteras, la identidad, como así también los nuevos símbolos nacionales (Jaquet, 2001).

Es importante tener en cuenta que no todo el espacio misionero se utiliza para el cultivo de yerba mate, dada la existencia de suelos no aptos para dicha producción. Estos terrenos presentan una permanente renovación de ocupantes, dado que cada familia cultiva algunos años el lote que ocupa, luego lo deja con cierto grado de deterioro y busca otro mejor, por lo que se constituyen en ocupantes de hecho. En este escenario, las tierras son fiscales y nadie quiere comprar al Estado los derechos de propiedad, se dedican al cultivo del tabaco, algodón o la ganadería en pequeña escala (Schiavoni, 1995).

El proceso de colonización asociado a la yerba mate se vincula con la conformación del Territorio Nacional de Misiones y por el impulso que el Estado nacional otorga al establecimiento de colonias agrícolas. La intervención y planificación estatal resultan en pequeñas unidades de explotaciones familiares con escaso capital y el uso de técnicas rudimentarias que enfrentan a un aparato comercializador fuertemente concentrado (Barsky y Gelman, 2009).

Estas cuestiones marcan un primer límite al accionar del aparato administrativo y delimitan el alcance de las relaciones de poder imperantes. La incorporación masiva a un sistema de actividad de dimensiones regionales y, controladas por factores que operan a nivel nacional determina que los inmigrantes y nuevos pobladores adquieran una renovada identidad: la de "colonos", quienes tienen intereses en común con otros pares más allá de las diferencias en los orígenes étnicos.

La organización de las colonias oficiales responde a la disponibilidad de tierras existentes en Misiones, dado que no todo el territorio se encuentra vacante. La situación se debe a la actitud que asume la provincia de Corrientes. Ante la inminente transformación de Misiones en Territorio Nacional, el gobierno correntino –que tiene el control de este espacio– se apresura a realizar la venta de todas las tierras, una muestra más de los intereses y las relaciones de poder que se registran al interior de la región yerbatera argentina. Las ventas de tierras alcanzan una superficie de 2.102.000 hectáreas, y el resto, es decir 822.000 hectáreas, queda en poder de la nación. Estas en su mayoría constituyen una faja central en el territorio, dado que en este contexto no existe mensura y las ventas se efectúan desde la costa hasta el centro.[25]

Ante este panorama, las autoridades nacionales se encuentran con que gran parte de Misiones está en manos privadas. La colonización posterior solo puede realizarse en aquellas tierras recuperadas merced a un error de mensura de las tierras vendidas.

La ley de 1881, dictada por el gobierno de Corrientes, antes de sancionarse la Ley de Federalización de Misiones, enajenó apresuradamente y como acto de represalia, todas las tierras libres hasta entonces, de modo que pasaron a

---

[25] Urien, Julio César (1942). "Las tierras públicas y la población en algunos territorios nacionales", en *SERVIR*, Revista de la Escuela de Estudios Argentinos, año VI, n° 65, noviembre. Buenos Aires, p. 3.

manos de un grupo reducido de personas casi todas las tierras que daban frente a los ríos Paraná y Uruguay, que representan un total de 750 leguas, en lotes de 25 verdaderos latifundios. Después de la Federalización se sancionó la ley de 3 de noviembre de 1882 sobre ventas de tierras fiscales, bajo cuya vigencia se ha creado un número importante de colonias.[26]

Entre 1881 y 1953 la actual provincia fronteriza permanece bajo la tutela del Poder Ejecutivo Nacional como Territorio Nacional,[27] acorde con las Leyes 1149 del 22 de diciembre de 1881 y la 1532 del 16 de octubre de 1884, Ley Orgánica de Territorios Nacionales. La ley se sanciona por el Congreso Nacional el 20 de diciembre de 1881; establece los límites de la provincia de Corrientes y con las tierras que quedan fuera de ellos, se organiza una gobernación general y se reglamentan sus atribuciones.

Misiones fue pues federalizada en 1881, y así pasó a depender del poder central y sufrió un lamentable cercenamiento territorial en sus límites históricos, pues la línea divisoria acordada con Corrientes le otorgaba a esta zonas de campo aptas para la ganadería, pero además, sus tierras más ricas y productivas fueron transformadas en grandes latifundios, en manos de muy pocos propietarios [...]. El territorio a federalizarse se estimaba en 1800 leguas cuadradas, tenía en ese entonces 3000 habitantes y por ende reclamaba con urgencia la atención del gobierno nacional, máxime teniendo en

---

[26] Fernández Ramos, Raimundo (1931). *Misiones a través del primer cincuentenario de su federalización 1881-1931*. Posadas, Territorio de Misiones, p. 55.

[27] La importancia de los Territorios Nacionales para el Ejecutivo Nacional se puede percibir en discursos oficiales, como por ejemplo el del presidente Agustín P. Justo, quien manifestaba: "El progreso de los territorios, mediante la leal política de las normas de gobierno y la seguridad y mejoramiento de las condiciones de vida de sus habitantes, ha constituido una constante preocupación del Poder Ejecutivo". Más adelante en el mismo documento se aprecia "... el Ministerio del Interior adoptó, en una oportunidad, las medidas tendientes a depurar la organización policial de los territorios, aumentando, asimismo, sus efectivos" (Justo, Agustín P. (1937). *La obra del gobierno argentino 1932- 38, momento político latinoamericano* (2da. ed.). Buenos Aires: Editores Ernesto César Rosasco y Antonio Carlos Ferro.

cuenta que era en esa región en donde la nación tenía centrada su cuestión de límites con el imperio del Brasil. Cuestión que se había retardado no por razones de derecho, sino por las controversias periciales que justamente tenían su base en el mayor o menor conocimiento de su topografía. En virtud de ello, resultaba imperioso para la nación ocuparla e integrarla, impulsar su poblamiento, explotación económica, su administración y gobierno (Zouvi, 2010).

El carácter de Territorio Nacional implica que el gobierno nacional tiene jurisdicción sobre Misiones, aunque la tierra continúa en manos privadas. Es esta la causa que explica por qué la colonización oficial se concentra en los antiguos pueblos jesuíticos, mientras que los nuevos frentes pioneros ocupan el espacio fiscal en la zona central del territorio (Gallero y Kraustofl, 2009). Las estructuras administrativas, especialmente las estatales, deben dar cuenta de esta colonización dual e interpelar por igual a colones oficiales y privados. El alcance del Estado nacional es fundamental para delimitar modos de producción a través de relaciones sociales y elementos políticos (Rodríguez y Blacha, 2013).

La característica principal de la colonización oficial radica en que los asentamientos espontáneos en tierras fiscales son legitimados por la administración pública. De todos modos, se registran falencias tales como la falta de tierras[28] fiscales en las costas de los ríos y la demora en la entrega de títulos de propiedad (Bartolomé, 2000). El Estado en su función gubernamental debe interpelar a estos habitantes –heterogéneos– e incorporarlos disciplinariamente al sistema productivo que intenta delimitarse y consolidarse (Rodríguez y Blacha, 2013). Para cumplir con este objetivo se hace necesario "crear una población" (Foucault, 2011). Los inmigrantes de las últimas décadas del siglo XIX:

---

[28] Sobre el régimen de tenencia de la tierra en Argentina véase Cárcano, Miguel Ángel (1972). *Evolución histórica del régimen de la tierra pública 1810-1916*. Buenos Aires: EUDEBA.

paraguayos y brasileños y, en las primeras del siglo XX, sobre todo polacos y ucranianos, son quienes se instalan en tierras fiscales con la condición de dedicar una parte importante de sus parcelas al cultivo de la yerba mate. Son ellos quienes influyen de manera sustancial en el poblamiento de Misiones y en su desarrollo yerbatero, y así delimitan el contexto de interacción social (Schamber, 2000).

A partir de 1926, por medio de un decreto que firma[29] el presidente Marcelo T. Alvear, la Dirección Nacional de Tierras establece la obligación de residencia para las explotaciones adjudicadas y la plantación entre un 25% y 50% de la superficie con yerba mate. Los productores que plantaran yerba mate en un 75% del territorio adjudicado quedan eximidos de la obligación de residencia, pero a cambio deben pagar un recargo en el precio de la tierra y la yerba mate como cultivo poblador, que influye en la conformación de la explotación agrícola familiar[30] como forma de producción y en la expansión de la frontera agrícola. En términos políticos, la colonización yerbatera nace en el mismo centro del proceso de escisión radical. Sin embargo, en la toma de decisión, se registran sectores que políticamente apoyan el proteccionismo y quienes económicamente se benefician por esa protección y por la seguridad de contar con materia prima en forma abundante y continuada (Bolsi, 1986).

La distribución de la tierra es establecida por el Reglamento de la Dirección General de Tierras:

---

[29] Antes de que se firme este decreto, se crean en julio de 1921 dos colonias exclusivamente yerbateras: Aristóbulo del Valle con una superficie de 150.000 hectáreas y Manuel Belgrano con 250.000 hectáreas, aunque ninguna fue mensurada (Fernández Ramos, 1931: 54).

[30] Los colonos que poblaron Misiones se encontraron con que, si bien su nueva tierra les ofrecía nuevos recursos, en especial la disponibilidad de tierra, también los confrontaba con problemas y desafíos ecológicos, tecnológicos y sociales, desconocidos para ellos. Tuvieron que ajustar procedimientos tecnológicos, actitudes y patrones de comportamiento para hacer frente a los requerimientos de ser pioneros en una tierra de frontera (Bartolomé, 2000).

Art. 798: Las colonias yerbateras se fundarán exclusivamente en el Territorio de Misiones.

Art. 824: Todas las colonias que se creen en Misiones o los lotes que en lo sucesivo se vendan, tendrán el carácter de yerbateros, subsistiendo para los concesionarios las obligaciones generales ya establecidas, para las colonias agrícolas, salvo lo dispuesto en el N° 828.

Art. 828: Los concesionarios de lotes yerbateros en las condiciones del número anterior estarán sujetos a las obligaciones adicionales siguientes:
a) Para los concesionarios de 25 hectáreas, cultivo del 50% del área con yerba mate, y aumento de un 5% sobre el precio normal de venta.
b) Para los concesionarios mayores de 25 hectáreas, hasta 50 hectáreas, cultivo del 50% de la superficie concedida y recargo de un 15% sobre el precio normal de venta.
c) Para concesiones de más de 50 hectáreas hasta 75, cultivo del 75% de la superficie concedida, y recargo de un 25% sobre el precio normal de venta.
d) Para concesiones de 75 a 100 hectáreas, cultivo del 75% de la superficie concedida, y recargo de un 35% sobre el valor normal de venta.

La Dirección de Tierras promueve la colonización y adjudica tierras oficiales a los colonos que la soliciten, como se aprecia en el siguiente documento:

La Dirección de Tierras, de acuerdo con las nuevas orientaciones dadas a la colonización oficial por el Ministro de Agricultura, ha resuelto ofrecer y dar facilidades para la adquisición de 1045 lotes agrícolas situados en el Territorio de Misiones. Dichos lotes corresponden a las Colonias Azara, San Javier, Yerbal Viejo, Yabebiry, Bonpland, Cerro Corá, Santa Ana, San Ignacio, Corpus, Profundidad, San José, Sierra de San José, Apóstoles, Candelaria, Picada Bonpland a Yerbal Viejo y de San Javier, Cerro Corá [...]. Las parcelas que se ofrecen están mensuradas y amojonadas, tienen superficie de aproximadamente 25 hectáreas cada una y se considerarán como máximo 50 a una sola persona o sociedad.[31]

Entonces, colonización y actividad yerbatera dan origen al tipo social agrario, asociado en este periodo con la figura del colono, quien se caracteriza por ser un productor agrícola que aprovecha las oportunidades de capitalización que ofrece la economía agraria de la región (Bartolomé, 1975).

La incorporación al mercado a través de la adopción del monocultivo yerbatero significó, en gran medida, el debilitamiento de los rasgos campesinos y la formación de agricultores comerciales. El patrón de explotación mixta y diversificada fue abandonado en favor del cultivo de la yerba mate y la vida entera de la región quedó vinculada a la evolución de este cultivo (Schiavoni, 1995: 51).

El acceso a la tierra por parte de los inmigrantes permite enunciar ciertas diferencias entre Misiones y las demás economías regionales, aspecto que resalta la originalidad de la colonización yerbatera. En la provincia de Mendoza, por ejemplo, el acceso a la tierra por parte de los inmigrantes se da por la expansión de la vitivinicultura durante 1880-1920. Esta origina una red particular de relaciones sociales de producción: el sistema de contratistas, mediante la incorporación de inmigrantes europeos al cultivo de los viñedos. Este accionar acentúa las diferencias entre criollos e inmigrantes, y les facilita a estos últimos el acceso a la propiedad territorial y a altas tasas de ganancias, con una capitalización creciente que les permite a algunos constituir –desde inicios del siglo XX– sociedades anónimas (Salvatore, 1986). Este aspecto resulta fundamental para resaltar la originalidad del estudio propuesto, al ser el único territorio

---

[31] *La Gaceta Algodonera* (1937), año XIII, n°167, Buenos Aires, p. 30.

fronterizo que se coloniza con yerba mate. En Brasil, la existencia de este cultivo no deviene en un proceso colonizador y poblacional. El éxito de la colonización oficial en el Territorio Nacional de Misiones y la coyuntura socioeconómica de la primera posguerra posibilita que empresarios particulares intervengan en la ocupación, lo cual da origen a la colonización privada, preferentemente en el Alto Paraná. Adolfo Schwelm[32] inicia uno de los más vastos emprendimientos privados con la fundación de Eldorado (1919). La compañía que lleva el mismo nombre fue el organismo promotor de la propaganda en Europa, y de contar con agentes en el puerto de Buenos Aires para conducir a los migrantes (alemanes, dinamarqueses y suecos) hacia la nueva colonia. Otro emprendimiento privado de gran envergadura, destinado con preferencia para inmigrantes alemanes brasileños (alemanes provenientes de Brasil), es encabezado por Carlos Culmey,[33] quien funda sobre la ribera del Alto Paraná las Colonias de Puerto Rico (1919) y Montecarlo (1920). Estas iniciativas colonizadoras se fusionan en la Compañía Colonizadora Eldorado y Explotación de Bosques Limitada (1924), que se encarga de administrar estas tres colonias (Gallero y Kraustofl, 2009).

---

[32] Adolfo Julio Schwelm nació el 29 de septiembre de 1882 en la ciudad de Frankfurt, Alemania. Llegó a la Argentina en el año 1914 como delegado bancario para la América del Sur. Arribó a Misiones el 29 de septiembre de 1919, fecha coincidente con su cumpleaños número 37. Decide llamar a estas tierras "Eldorado" debido a las historias que se contaban en distintos lugares del mundo sobre las riquezas ocultas que existían, e imaginó que algunas de ellas estaban ocultas dentro de la exuberante selva virgen.

[33] Carlos Culmey fue un ingeniero alemán, nacido en la localidad germana de Neuwied, el 19 de junio de 1879. Se casó con la noble Luise Von Michelis y partió al poco tiempo a Rio Grande Do Sul. Fue, sin dudas, el impulsor del desarrollo de una amplia zona del norte de Misiones a comienzos del siglo XX. Su acción colonizadora dio lugar a la fundación de cuatro localidades: Montecarlo, Puerto Rico, (San Alberto), Capioví (Amarradero de San Gotardo) y Ruiz de Montoya (Cuña Pirú).

Las compañías de colonización privadas estaban generalmente relacionadas con otro tipo de producciones e intereses; estas empresas establecieron a menudo sus oficinas en Europa y a través de una hábil propaganda captaron el interés de potenciales inmigrantes. La leyenda del oro verde actuaba como un mecanismo ventajoso para estas empresas, destinadas a atraer colonos con promesas relacionadas con un fácil acceso a la tierra y un porvenir asegurado (Strum, 2006: 75).

Las iniciativas privadas suponen una selección y clasificación de la población que delimita entre aquellos individuos que pueden formar parte y quienes quedan excluidos (Foucault, 2011). El proceso de colonización privada separa según diversos criterios, que no siempre se aplican rígidamente: colonos alemanes-brasileños católicos a Puerto Rico, no católicos a Montecarlo, colonos procedentes directamente de Alemania con cierta posición económica a Eldorado y, en caso contrario, a Montecarlo (Gallero-Kraustofl, 2009). Son prácticas "disciplinares" por parte de organizaciones privadas que forman parte del contexto de interacción social, aunque su efectividad parece ser menor a las estrategias estatales. El marco regulatorio del Estado es parte del fundamento de su posición privilegiada en el ámbito nacional y sus implicancias locales, que en el caso misionero delinean el proceso colonizador y el establecimiento de un sistema productivo vinculado a la yerba mate (Rodríguez y Blacha, 2013).

La mayoría de los empresarios fiscalizan sus actividades desde Posadas, capital de Misiones, y controlan las actividades porque además de poseer obrajes manejan los circuitos de transporte y comunicación. La condición de extranjeros era otra de las características de estos empresarios, pero a pesar de ello "ocupan cargos relevantes dentro de la actividad política y administrativa local en instituciones como el Concejo Municipal" (Alcaraz, 2010). La influencia francesa en estos espacios es descripta por el viajero Jules Huret, al afirmar que todo el consejo municipal de Posadas hablaba francés y el gobernador era entonces el Sr. Lanusse, hijo de franceses, y primo del abate de Lanusse, limosnero de Saint-Cyr. Sin embargo, en todo el Territorio de Misiones no hay más que un centenar de franceses, bien es verdad que la mitad de ellos ocupa una posición privilegiada. Algunos son los más ricos del país (Huret, 1986: 115).

El proceso colonizador complejiza las relaciones socio-económicas al interior de la zona productora. A los plantadores, molineros e importadores se agregan nuevos actores sociales: pequeños propietarios y colonos, en su mayoría inmigrantes europeos, quienes se vuelcan –al igual que los primeros– a la yerba mate como recurso económico predominante. Sin embargo, la organización de la actividad –dada las relaciones de poder imperante– los posiciona en un lugar de desventaja. El primer obstáculo es que no poseen molinos propios, razón por lo que dependen del sector más beneficiado de las políticas estatales que se adoptan a partir de la década de 1930. Las cooperativas agrícolas y yerbateras representan una opción válida para estos productores. Las entidades asociativas se propagan por el territorio misionero, pero no logran competir en pie de igualdad con las empresas constituidas por capitales privados.

Los pequeños plantadores establecidos en lotes fiscales o pequeñas extensiones trabajaban la yerba con medios rudimentarios, empleando a su propia familia como fuerza de trabajo, y vendían la yerba canchada a los molinos, o verde a los secaderos (sector intermediario que transformaba la yerba verde en canchada para luego venderla a los molinos), ya que no podían completar el proceso de elaboración con sus propios medios de trabajo, lo cual los sometía al precio impuesto por los molinos, que a veces no cubría el costo de producción (p. 8). Sin embargo, la ley no beneficiaría a estos pequeños propietarios, sino a los grandes plantadores, so pretexto de una pérdida que no los afectaba realmente (Echeverría, 1984: 8).

El examen de los mecanismos de apropiación de la tierra y de los procesos de acumulación en las explotaciones familiares de Misiones resulta inseparable de la consideración de la política de colonización (estatal y privada) y del tipo de desarrollo de la agricultura comercial (cultivos de rentabilidad cíclica) (Schiavoni, 1995). La agricultura de la yerba mate presenta estas características sobresalientes en la transformación del espacio y la expansión de la frontera agrícola de los comienzos del siglo XX: un proceso de industrialización y modernización a partir del cultivo, que implica mejores técnicas pero que sin embargo no significa un fácil acceso a la tierra o un mejoramiento en las condiciones de vida o de trabajo para los sectores campesinos de menores recursos (más específicamente colonos, migrantes y cosecheros contratados en época de zafra). Esta realidad, que combina características ambientales y geográficas de un espacio específico, se relaciona estrechamente con la historia de la ocupación, el poblamiento, la concentración de la propiedad de la tierra, así como la pertenencia territorial y administrativa de dicho espacio (Strum, 2006: 33).

Además, en la construcción territorial de la región yerbatera argentina operan intereses políticos que van en concordancia con medidas que se toman en otras regiones marginales. El poder se materializa y se transforma, como se señala en el capítulo 1 de este libro. El carácter de Territorio Nacional es un ejemplo de este enunciado. Al mismo tiempo, la federalización del territorio misionero (1881-1953) y la mensura de las tierras se vinculan con el interés que genera la posibilidad de obtener importantes ganancias con el cultivo y la industrialización de la yerba mate en zonas despobladas, al margen de la tradicional región productora y rentable de la Argentina y que, hasta entonces, no representa ninguna posibilidad de inversión importante (Strum, 2006).

5. Consideraciones finales

En la construcción social del espacio y en la delimitación territorial del NEA emergen varios factores, entre los que se destaca la consolidación del modelo agroexportador, que condiciona a las economías regionales –como el caso de Misiones y norte de Corrientes– a actuar como subsidiaria del mercado interno. Dar cuenta de la construcción histórica de la región, a partir del cultivo de la yerba mate, permite entrever el accionar de distintas instituciones, entre las que se encuentra el Estado. Con respecto a los miembros de la sociedad civil, sobresalen los agentes vinculados a capitales privados de origen regional e internacional.

El aspecto económico no es el único componente que permite entender el desarrollo de la actividad yerbatera. En la zona productora, como en los distintos espacios metropolitanos destinados a la industrialización y comercialización, se conjugan elementos como el poder y la influencia sobre las decisiones estatales y, los aspectos ideológicos culturales que se desprenden de las prácticas de los actores involucrados. La proyección de estos enunciados permite identificar, en el largo periodo, los cambios, pero también la permanencia de determinadas estructuras para el emblemático sector de la economía nordestina. La persistencia de la condición de marginalidad es un ejemplo de esta afirmación.

Para el periodo que aquí se estudia (1926-1953) se reconocen distintas variables que consolidan a un sector hegemónico, representado primero por los grandes plantadores y más tarde por los molineros, en detrimento de los pequeños productores y trabajadores rurales. Entre estos factores se destacan los vínculos entre las compañías privadas y el Estado, del que obtienen el beneficio de la explotación durante la etapa extractiva y que explican, para los inicios del periodo de cultivo –primeras décadas del siglo

XX– la base rígida y con intereses marcados a los que se deben adaptar los nuevos actores sociales que arriban con el fomento de la inmigración.

El proceso colonizador asociado a la yerba mate modela el paisaje de Misiones y el nordeste de la provincia de Corrientes. Para el caso misionero, la ocupación del territorio no se realiza sobre un "espacio vacío". El factor inmigratorio que promueve el Estado Nacional implica un avance de este sobre un área de frontera, donde se configura una sociedad heterogénea. El origen y la experiencia histórica de los inmigrantes condicionan su manera de insertarse en la sociedad y en la economía regional. Se trata de un tipo cultural específico (Schiavoni, 1995), que a su vez modifica sustancialmente la sociedad misionera, y conforma la denominada *sociedad multiétnica* (Abinzano, 1985).

El paso a la colonización privada demuestra las maniobras y los intereses de los sectores empresariales, que en su mayoría, no están radicados en la región. La disponibilidad de recursos, particularmente la tierra y el impulso que recibe el cultivo por parte del Estado, representan elementos fundamentales en el diseño de estrategias colonizadoras y en la promoción que realizan las distintas sociedades en Europa a partir del famoso eslogan del "oro verde".

La conformación del espacio yerbatero correntino presenta características distintas de la experiencia misionera. Un hecho que se manifiesta también en el vínculo que establecen los miembros de la sociedad civil con el Estado. La existencia de un Estado provincial marca el primer límite en el análisis, al tiempo que la identificación de grupos hegemónicos con intereses de empresarios capitalistas –como los Navajas Artaza– determinan otra diferencia sustancial. El aspecto de mayor relevancia se da en Corrientes, que no registra actividad extractiva de la yerba mate, y el desarrollo yerbatero se asocia a la implantación del cultivo. La conformación territorial y la movilidad poblacional recaen en áreas que no son aptas para la ganadería. En este sentido, la yerba mate ocupa territorios considerados marginales para la economía correntina. Los sectores vinculados a la producción yerbatera asumen el control en la delimitación territorial, al tiempo que los emprendimientos económicos y los recursos en las comunicaciones, como el desarrollo ferroviario, se asocian a los intereses de estos empresarios y sociedades. La familia Navajas Artaza consolida durante este periodo su posición destacada en Gobernador Virasoro. La preponderancia como grandes yerbateros los posiciona también en el escenario político de la región, al tiempo que las decisiones que se toman en la CRYM para el sector responden en gran parte a los elementos mencionados.

En el caso de Colonia Liebig, actúan los intereses privados en la formación, primero del territorio y luego de la zona yerbatera. La compañía homónima ejerce un rol fundamental en esta estructuración territorial, y a partir de su vínculo con el Estado y con otras empresas privadas, como la compañía ferroviaria, congrega a un conjunto de inmigrantes alemanes a su antigua estancia "La Merced", desde donde se crea la población asociada al cultivo yerbatero. Esta capacidad de movilización resulta imposible sin el amparo del gobierno correntino, quien facilita el acceso a la tierra con una política impositiva reducida.

A modo de cierre, la región yerbatera argentina, en tanto zona excluyente, manifiesta una importancia fundamental en el desarrollo económico y social del NEA. A pesar de estar en los márgenes de la Argentina moderna en un área de frontera, el espacio yerbatero moviliza capitales, recursos y población promovidos por distintas instituciones. El carácter internacional en sus inicios y la disputa de poder que permanecen en el tiempo otorgan a este espacio una posición singular para la historia regional y para las economías regionales.

Bibliografía

Abinzano, Roberto Carlos (1985). *Procesos de integración en una sociedad multiétnica. La provincia argentina de Misiones (1880-1985)* (tesis doctoral). Sevilla: Universidad de Sevilla (inédito).
Alcaraz, Alberto (2010). *La navegación y las actividades económicas en el Alto Paraná (1880-1920)*. Posadas: Editorial Universitaria de Misiones.
Barsky, Osvaldo y Gelman, Jorge (2009). *Historia del agro argentino: desde la conquista hasta comienzos del siglo XXI*. Buenos Aires: Editorial Sudamericana.
Bartolomé, Leopoldo (1975). "Colonos, plantadores y agroindustrias. La explotación agrícola familiar en el sudeste de Misiones", en *Desarrollo Económico*, Revista de Ciencias Sociales, julio-septiembre.
Bartolomé, Leopoldo (2000). *Los colonos de Apóstoles. Estrategias adaptativas y etnicidad en una colonia eslava en Misiones*. Posadas: Editorial Universitaria de la Universidad Nacional de Misiones.
Bolsi, Alfredo (1986). "Misiones. Una aproximación geográfica al problema de la yerba mate y sus efectos en la ocupación del espacio y el doblamiento", en *Folia Histórica del Nordeste* n° 7. Resistencia.
Bozzano, Horacio (2009). *Territorios posibles. Procesos, lugares y actores*. Buenos Aires: Lumiere.
Brezzo, Liliana M. (2004). "La guerra de la Triple Alianza en los límites de la ortodoxia: mitos y tabúes", en *Universum* (en línea), vol. 19, n° 1, pp. 10-27 (disponible en http://goo.gl/0D0Wnu; fecha de consulta: 06/12/2013).
Campi, Daniel (2001). "Historia regional. ¿Para qué?", en Fernández, Sandra y Dalla Corte, Gabriela (comps.). *Lugares para la historia. Espacio, historia regional e historia local en los estudios contemporáneos*. Rosario: UNR Editora.

Cárcano, Miguel Ángel (1972). *Evolución histórica del régimen de la tierra pública 1810-1916*. Buenos Aires: EUDEBA.
Coconi, Gabriela (1984). "Producción yerbatera argentina: la etapa de libre iniciativa: 1903-1925", en *VI Jornadas de Historia Económica. Asociación Argentina de Historia Económica*. Córdoba: Facultad de Filosofía y Humanidades de la Universidad Nacional de Córdoba. Centro de Estudios Históricos. Vaquerías.
Codutti, Raúl (coordinador) (2008). "Territorios vinculados a mercados no dinámicos. Colonia Liebig: provincia de Corrientes", en Schejtman Alejandro y Barsky, Osvaldo (comps.). *El desarrollo rural en la Argentina. Un enfoque territorial*. Buenos Aires: Siglo XXI editores.
De La Torre, Lisandro (1960). *Obras*, tomo VI: *Política agraria y municipal* (2da. ed.). Buenos Aires: Editorial Hemisferio.
De Sagastizabal, Leandro (1984). *La yerba mate y Misiones. Historia Testimonial Argentina*, Documentos Vivos de Nuestro Pasado. Buenos Aires: CEAL.
Doratioto, Francisco (2008). *Maldita guerra, nueva historia de la guerra del Paraguay*. Buenos Aires: Emecé editores.
Echeverría, Mirta (1984). "La industria yerbatera argentina, entre la crisis y la guerra. Sectores productivos, rol del Estado y órganos de conciliación", en *VI Jornadas de Historia Económica. Asociación Argentina de Historia Económica*. Córdoba: Facultad de Filosofía y Humanidades de la Universidad Nacional de Córdoba. Centro de Estudios Históricos. Vaquerías.
Foucault, Michel (2011). *Seguridad, territorio, población*. Buenos Aires: Fondo de Cultura Económica.
Friedlmeier, Luis Francisco (2010). *Colonia Liebig: historia de la colonización alemana*. Corrientes: El Autor.
Gallero, María Cecilia y Kraustofl, Elena (2009). "Proceso de poblamiento y migraciones en la provincia de Misiones, Argentina (1881-1970)", en *Revista de Antropología AVÁ* n° 16. Posadas.

Girbal-Blacha, Noemí (2011). *Vivir en los márgenes. Estado, políticas públicas y conflictos sociales. El Gran Chaco argentino en la primera mitad del siglo XX*. Rosario: Ediciones Prohistoria.

Girbal-Blacha, Noemí y Cerdá, Juan Manuel (2011). "Lecturas y relecturas sobre el territorio. Una interpretación histórica", en *Revista Estudios Rurales*, Publicación del Centro de Estudios de la Argentina Rural UNQ, vol. 1, n° 1 (disponibles en http://goo.gl/xuPOzr).

Gortari, Javier (comp.) (2007). *De la tierra sin mal al tractorazo: hacia una economía política de la yerba mate*. Posadas: Editorial Universitaria de Misiones.

Grimson, Alejandro (comp.) (2000). *Fronteras, naciones e identidades: la periferia como centro*. Buenos Aires: Ediciones CICCUS.

Huret, Jules (1986). *De Buenos Aires al Gran Chaco II*. Buenos Aires: Editorial Hyspamérica.

Jaquet, Héctor (2001). *En otra historia*. Posadas: Editorial Universitaria de Misiones.

Lagier, Jerónimo (2008). *La aventura de la yerba mate. Más de cuatro siglos de historia*. INYM.

Lattuada, Mario (1986). *La política agraria peronista (1943-1983)*. Buenos Aires: CEAL, tomo I.

Magán, María Victoria (2004). "El lobby de la yerba mate: empresas e intereses en el sector yerbatero, 1924-1938", en *XIX Jornadas de Historia Económica*. San Martín de los Andes: Asociación Argentina de Historia Económica, Universidad Nacional del Comahue. Facultad de Humanidades.

Magán, María Victoria (2008). "¿Regulación o crisis? La influencia de la Comisión Reguladora de la Yerba Mate en los ciclos yerbateros 1924-2002", en *Pasado y presente en el agro argentino*. Buenos Aires: Ediciones Lumiere S.A.

Manzanal, Mabel; Neiman, Guillermo y Lattuada, Mario (2006). *Desarrollo rural. Organizaciones, instituciones y territorios*. Buenos Aires: Ediciones Ciccus.

Meichtry, Norma Cristina (1980). "Desequilibrio espacial y crecimiento de la población en Corrientes", en *Folia Histórica del Nordeste*, n°4. Resistencia.

Nief, Juan; Rolón, Marcelo y Casco, Sylvina (2005). "Podemos estimar el impacto de las transformaciones del paisaje sobre la ecodiversidad", en *Facena*, vol. 21, pp. 37- 54.

Oszlak, Oscar (2014). *La formación del Estado argentino: orden progreso y organización nacional*. Buenos Aires: Ariel.

Quiroga, Hugo (1999). "Democracia, ciudadanía y el sueño del orden justo", en Quiroga, Hugo; Villavicencio, Susana y Vermeren, Patrice (comps.) (1999). *Filosofías de la ciudadanía. Sujeto político y democracia*. Rosario: Homo Sapiens.

Rau, Víctor (2012). *Cosechando yerba mate. Estructuras sociales de un mercado laboral agrario en el nordeste argentino*. Buenos Aires: Ediciones CICCUS.

Renteria Vargas, Javier (2001). "Una aproximación teórica y práctica al concepto de región", en *Revista Geocalli, Cuadernos de Geografía*, n° 4, vol. 2. México.

Rodríguez, Lisandro y Blacha, Luis (2013). "El biopoder en la colonización yerbatera de Misiones 1926-1953", en *Sociedad Española de Historia Agraria. Documentos de Trabajo*, diciembre. España.

Ronco, Adriana Patricia (2004). "La mate Laranjeira y el monopolio del comercio de la yerba mate (1890-1930)", en *XIX Jornadas de Historia Económica*. San Martín de los Andes: Asociación Argentina de Historia Económica, Universidad Nacional del Comahue. San Martín de los Andes, Facultad de Humanidades.

Rozé, Jorge Próspero (1992). *Conflictos agrarios en la Argentina/1: El proceso liguista*. Buenos Aires: CEAL.

Ruffini, Martha (2007). *La pervivencia de la república posible en los territorios nacionales. Poder y ciudadanía en Río Negro*. Buenos Aires: Editorial Universidad Nacional de Quilmes.

Salvatore, Ricardo (1986). "Control del trabajo y discriminación: el sistema de contratistas en Mendoza, Argentina, 1880-1920", en *Desarrollo Económico, Revista de Ciencias Sociales*, n° 102, vol. 26, julio-septiembre. Buenos Aires: IDES.

Schamber, Pablo (2000). "Barajar y dar de nuevo. Consecuencia de la desregulación en el sector yerbatero", en *Revista Realidad Económica*, n° 169, enero-febrero. Buenos Aires: IADE.

Schamber, Pablo (2001). "Éxito y ocaso de un estilo de gestión empresarial: el caso del Establecimiento Las Marías en el sector yerbatero", en *Revista Realidad Económica*, n° 181. Buenos Aires: IADE.

Schiavoni, Gabriela (1995). *Colonos y ocupantes. Parentesco, reciprocidad y diferenciación social en la frontera agraria de Misiones*. Posadas: Editorial Universitaria.

Schiavoni, Gabriela (1997). "Las regiones sin historia: apuntes para una sociología de la frontera", en *Revista Paraguaya de Sociología*, n° 100. Asunción: CEPS, pp. 201-280.

Slutzky, Daniel (2011). *Estructura social agraria y agroindustrial del nordeste de la Argentina: desde la incorporación a la economía nacional al actual subdesarrollo concentrador y excluyente*. Buenos Aires: IADE.

Strum, Graciela Beatriz y Magán, María Victoria (2000). "El debate que no pudo detener la crisis: plantadores, molineros e importadores de yerba mate, políticas nacionales y actores internacionales, 1920-1930", en *Jornadas de Historia Económica Argentina*. Tucumán: Asociación Argentina de Historia Económica, Universidad Nacional de Tucumán.

Thomaz de Almeida, Rubem y Mura, Fabio (2004). "Historia y territorio entre los guaraní de Mato Grosso do Sul, Brasil", en *Revista de Indias*, vol. LXIV, n° 230.

Urquiza, Yolanda (2008). "Reflexiones en torno a los estudios sobre los Territorios Nacionales", en Iuorno, Graciela y Crespo, Edda (coords.). *Nuevos espa-*

cios. *Nuevos problemas. Los territorios nacionales.* Neuquén: Educo-Universidad Nacional del Comahue-Universidad Nacional de la Patagonia San Juan Bosco-Cehepyc Editores.
Varela, Alfredo (1985). *El río oscuro.* Bueno Aires: Hyspamerica.
Vazelesk Ribeiro, Vanderlei (2008). *Cuestiones agrarias en el varguismo y el peronismo. Una mirada histórica.* Bernal: Universidad Nacional de Quilmes.
Zarrilli, Adrián: "Quebracho y yerba mate. La producción regional del NEA frente a la crisis (1920-1940)", en Girbal-Blacha, Noemí; Ospital, Silvia y Zarrilli, Adrián (2007). *Las miradas diversas del pasado. Las economías agrarias del interior ante la crisis de 1930.* Buenos Aires: Edición Nacional.
Zouvi, Susana (2010). "La federalización de Misiones", en Historia Política.com, dossier: *Reflexiones en torno a los estudios sobre Territorios Nacionales.*

Fuentes

Comisión Reguladora de la Yerba Mate (CRYM). *Boletín Informativo.* Buenos Aires. Selección desde 1936 a 1943-1957/58.
Coni, Emilio (1929). "La yerba mate argentina y la fraternidad internacional", en *Revista de Economía Argentina,* n° 119, mayo.
Daumas, Ernesto (1930). *El problema de la yerba mate.* Buenos Aires: Publicación editada por la Asociación Argentina de Plantadores de Yerba Mate.
Fernández Ramos, Raimundo (1931). *Misiones a través del primer cincuentenario de su federalización 1881-1931.* Posadas, Territorio de Misiones.
Instituto Agrario Argentino (1945). Reseñas: "La yerba mate", año VI, n° 38.

Justo, Agustín P. (1939). *La obra del gobierno argentino 1932-38. Momento Político Latinoamericano.* Buenos Aires.
La Gaceta Algodonera (1937). Buenos Aires, año XIII, n°167.
Niklison, José Elías (1914). "Informe sobre las condiciones de trabajo en el Alto Paraná", en *Boletín del Departamento Nacional del Trabajo* n° 26. Buenos Aires: Ministerio del Interior.
Revista de Economía Argentina (1928). "La industria yerbatera argentina. Informe del gobernador de Misiones". Buenos Aires, n° 117, marzo.
Urien, Julio César (1942). "Las tierras públicas y la población en algunos territorios nacionales". *SERVIR, Revista de La Escuela de Estudios Argentinos*, año VI, n° 65, noviembre. Buenos Aires.

Representaciones nordestinas en *La Chacra* y la *Revista de Economía Argentina*

XIMENA CARRERAS DOALLO[1]

> *El sentido regional conduce al bienestar individual y colectivo porque mueve al hombre a utilizar con eficacia los bienes de la naturaleza que lo rodea, multiplicando los objetos de producción [...] El sentido regional es fuente de experiencias, de amor y de bienestar espiritual. Es el camino de la cultura genuina que nace de las propias entrañas de la región y de la raza* (Bunge, 1984[1940]: 262).
>
> *La relación del hombre con los lugares y, a través de los lugares con espacios, descansa en el habitar* (Heidegger, 1951).

1. Introducción

Las ideas acerca de la naturaleza desempeñan parte principal e integran los procesos históricos y su interpretación, ya que se trata de representaciones portadoras de sentidos.

Los medios de comunicación intervienen en la realidad social y la modifican de modo parcial, dado que construyen un discurso con múltiples representaciones que atiende a los intereses de un determinado grupo, construye identidades, relaciones sociales y sistemas de creencias y conocimientos (Fairclough, 1993).

Se propone aquí un estudio de las construcciones que nombran y caracterizan la región del NEA en torno al agro, en la primera mitad del siglo XX, a través de dos publicaciones diversas: *La Chacra* y la *Revista de Economía Argentina*.

---

[1] CONICET/CEAR–UNQ. ximena_carreras@yahoo.com.ar

Desde las perspectivas de la historia ambiental y comunicacional, se observa la relevancia de esas representaciones en el discurso de las publicaciones seleccionadas, dado que la palabra, al ser usada en el discurso respecto de lo real, lo nombra, lo representa, lo transporta y produce poder. Es central interrogarse frente a esta propuesta analítica por qué una región se convierte en una unidad, ya que se trata de "formaciones geográficas e históricas socialmente significativas que están en transformación de modo constante" (Roccatagliata, 1992: 433).

En estas páginas, el objetivo es identificar aquellas representaciones que nombran y, por lo tanto, se imponen acerca de la región del Nordeste argentino (NEA) en la *Revista de Economía Argentina* (REA) y *La Chacra* (RLC) en la primera mitad del siglo XX. En este sentido en las publicaciones periódicas, los especialistas y profesionales, si bien recuperan marcas propias de la región –ligadas a las producciones y costumbres–, las estudian desde Buenos Aires, desde el litoral, aun cuando su tirada llegue a todo el país.

Las figuras de Alejandro Bunge, director de la *Revista de Economía Argentina* desde 1918, y la de Constancio Cecilio Vigil, editor y responsable de *La Chacra*, son destacables por sus aportes y ópticas para mirar y construir desde sus productos editoriales la región NEA en la nación argentina. Con sus discursos y públicos diversos, ambas revistas son seleccionadas para abordar las representaciones planteadas.

2. Las representaciones en el discurso

Los símbolos, las representaciones, las imágenes y los discursos reconocidos por un grupo social en un espacio determinado como comunidad imaginaria posibilitan la identificación y legitiman el ejercicio del poder. En tal sentido, puede entenderse el concepto de *nación* a través de la definición de Benedict Anderson, que la interpreta como una comunidad política imaginada, limitada y soberana. En ella todos los sujetos portan en la mente la imagen de su comunión con el resto, al tiempo que ese espacio porta fronteras, más allá de las cuales se encuentran otras naciones (Anderson, 1993: 23-25).

Joel Migdal, por su parte, sostiene que es relevante observar críticamente las imágenes y las prácticas ya que los Estados están determinados por ellas. Ambas permiten amalgamar instituciones, generan y participan en la percepción de los sujetos. En la cotidianeidad de las prácticas se establece su valor por comparación (Migdal, 2011: 34-36).

Tanto el lenguaje como las palabras posibilitan el pensamiento humano, por lo tanto se experimenta y se conoce a través de ellas. En *Las palabras y las cosas*, Michael Foucault define al lenguaje como el que construye a las personas que lo usan, más allá que ellas construyan el lenguaje que utilizan. De acuerdo con Peter Berger y Thomas Luckmann se visualiza un vínculo dialéctico en el que el hombre es a la vez productor y producto de la realidad en la cual se inserta.

El lenguaje permite que el sujeto realice una abstracción de lo concreto y lo empírico para construir una red de relaciones sociales dadora de significados por convención social y creadora, a su vez, de identidades (Berger y Luckmann, 1984: 54).

Ahora bien, solo puede transmitirse lo ya elaborado, es decir, sobre aquello acerca de lo que se reflexiona. Esto hace que las representaciones individuales se conviertan en colectivas. Estas construcciones dan cohesión si son socialmente compartidas en la comunidad, y solo algunas de ellas se transforman en leyes (Raiter, 2002: 13 y 19).

Las representaciones sociales negocian sus significados y sentidos y se concretan mediante el discurso, ese es su espacio de acción, su código y su esencia. Vale decir que el concepto de *naturaleza* puede entenderse como signo con un significado construido socialmente y en comunidad, como representación, que se pone en circulación en el discurso (Pardo Abril, 2007: 62).

Las ideas acerca de lo natural desempeñan parte principal de los procesos históricos y de su interpretación –tal como se dijo–. Los hombres no pueden desarrollar su vida a través del desprecio e ignorancia de la historia que comparten con su hábitat. El devenir humano está sujeto al del hábitat. Frente a esta coyuntura, la historia ambiental observa "las formas en que la gente ha pensado y tratado de transformar su entorno" y estudia

> la manera en que la naturaleza, *aquello que no hemos creado, el mundo no humano*, incide en la vida de los seres humanos como estímulo de reacciones, defensas o ambiciones. El medio social y el medio artificial, por otra parte, en tanto que construcciones, deben ser excluidos de este ámbito *natural* (Ramírez Palacios, 2009).

El caso de la historia ambiental se refiere a una percepción del desarrollo histórico que no se circunscribe de manera estricta a lo *humano*, de igual modo que el espacio ecológico no se limita solo a las relaciones biológicas, sino que se ve afectado o determinado por los procesos políticos, sociales y económicos que protagonizan los hombres y las sociedades en su ocupación de los espacios y en la utilización de sus recursos, de los cuales se apropia de modo desigual.

De esta manera la naturaleza emerge como un agente más, como un actor central en la historia humana y no solo como aquello que rodea a los sujetos. Es una construcción del hombre que evoluciona y se basa en la percepción que se realiza acerca del mundo físico que rodea a los sujetos. La naturaleza porta atributos, valores y significados otorgados por la sociedad, siempre de acuerdo con el momento histórico en que se mira. También permite comprender los procesos de apropiación que esa sociedad realiza en y de su medio.

Las representaciones sociales se realizan en y mediante el discurso. Allí se vehiculizan las interpretaciones necesarias para la vida en sociedad; además son prácticas sociales que permiten la circulación de ideologías y la jerarquización de los acontecimientos. Para Alejandro Bunge,

> el sentido regional conduce al bienestar individual y colectivo porque mueve al hombre a utilizar con eficacia los bienes de la naturaleza que lo rodea, multiplicando los objetos de producción. El sentido regional además de contribuir al progreso económico proporciona noble motivo de solaz espiritual, de refinamiento, de sensibilidad progresiva, porque conduce al amor a la tradición, a los recuerdos de lo bueno y de lo bello del pasado.
> El sentido regional es fuente de experiencia, amor y bienestar espiritual. Es el camino de la cultura genuina que nace de las propias entrañas de la región y de la raza. [...] Ha llegado el momento de poner al panorama regional más en evidencia. Un pueblo que no es sensible a su propio medio, que se siente atraído por el exterior, que llega hasta menospreciar lo propio es un pueblo sin la fuerza interna para crear su propia cultura, su propio arte, su propia industria (Bunge, 1984 [1940]: 262-263; REA, 1924, vol. XII: 245-260).

Con este nombramiento, y en cuanto representación puesta en circulación, se evidencia el modo en que los discursos sociales *construyen, mantienen, refuerzan interpretaciones* acerca de la realidad, de las prácticas, de los actores y de las relaciones sociales (Martín Rojo, 1997: 1-2). Se podría incluir como acepción del concepto de *discurso* a toda acción portadora de sentido. Este enfoque incluiría a las palabras y su articulación con las acciones.

3. La "Argentina moderna"

La Argentina de fines del siglo XIX y comienzo del siglo XX con la conformación del Estado, la dirigencia y el mercado nacional vive un proceso paulatino de modernización. Suele señalarse que se identifican dos modelos de país en uno, que están atravesados por las lógicas de la tensión ciudad-campo, de lo urbano y lo rural. El tren une, conecta y comunica estos universos que ostenta la nación y es resabio del dominio de la metrópoli (Inglaterra), pero también aísla cuando no surca el territorio (Gorelik, 1999).

El trazado del ferrocarril con la convergencia y la llegada de Buenos Aires al interior (Scalabrini Ortiz, 2006) y al puerto porteño convierten a la Argentina en el denominado "granero del mundo". La venta de granos, carne y lanas argentinas en el exterior que se embarcan como materias primas facilita el apogeo y la consolidación de la economía agroexportadora. Un modelo al que todas las regiones del país procuran sumarse.

A su vez, la inmigración, primero desde países europeos y después desde las naciones limítrofes, así como las migraciones internas (del interior a Buenos Aires), da cuenta del incremento poblacional y también del déficit en número y calidad habitacional, cuando aparecen las primeras villas miseria en la región litoral ya avanzado el siglo XX (Lattes, 1979). Por otra parte, los habitantes y "todos los hombres del mundo que quieran habitar en el suelo argentino" logran una coexistencia de multiplicidad de tradiciones e ideologías y sonoridades.

Los caminos y el transporte automotor que se afirman hacia 1930 impulsan la industrialización sustitutiva de importaciones vinculada en torno a lo rural. La dicotomía de aquellos dos esquemas de país: de unitarios-federales, de *doctores y caudillos*, de la civilización y la barbarie, que señalara Sarmiento, se recupera mientras se distingue la tensión entre el paradigma europeo y el americanista; lo cosmopolita y lo popular que nutre la relación del centro/periferia.

La "Argentina moderna" transita gobiernos conservadores, democráticos y de facto, con propuestas liberales, intervencionistas y dirigistas en lo económico-social. Este Estado con símbolos identificatorios albicelestes necesita la construcción como nación argentina, y para lograrlo procura legitimarse aun con "el fraude patriótico". La construcción de consensos avanza. Las gestiones, estrategias y tácticas en lo político y lo económico no impiden esta definición de la identidad. La Constitución Nacional y los festejos del centenario de la patria y de su independencia la integran, pero quedan pendientes la demarcación de las fronteras territoriales, la provincialización de los Territorios Nacionales, la plenitud de derechos políticos de los habitantes y la unificación de criterios respecto de las representaciones sociales, como las de las regiones y la nación, en tensa convivencia.

4. El espacio, el territorio, la región y la nación como construcciones sociales

La nación argentina tiene una superficie de casi 3 millones de kilómetros cuadrados. Puede pensarse como una unidad integrada por un conjunto de sujetos, habitantes de un territorio determinado, que cuenta con un lenguaje que comparten, una cultura en común y están reglados por leyes que son administradas por un Estado. La República Argentina es un Estado federal con división de poderes, que genera y es parte de las relaciones sociales y de la cuestión económica.

La Argentina es un país capitalista, gran parte de su riqueza obedece a la explotación de sus recursos naturales y a la producción de materias primas agrarias. Las referencias efectuadas desde el Estado a esa naturaleza, como fuente proveedora de capital –económico y simbólico–, es importante para la organización y el posicionamiento de los sujetos y las instituciones.

El problema del desequilibrio regional en la Argentina se enlaza a los vaivenes de la hegemonía política. No solo es económico, aunque se registren fragmentaciones con esta matriz. El país elige el crecimiento sostenido del sector agropecuario y no busca alternativas a este modelo. Se mantiene así la apuesta a la actividad primaria sin incluir más que como complemento a otras regiones, dado que la región pampeana central reditúa en cuanto a lo numérico en toda la economía. En esta línea, las representaciones y la posición de Alejandro Bunge y de Constancio Vigil desde sus escritos en las publicaciones abordadas en este estudio se instalan como claves para ponderar la situación del NEA.

La Argentina y sus regiones, en general relacionadas con los rasgos económicos, con sus particularidades sociales y ambientales, así como ideológicas, presentan una configuración de poder que las organiza con una historia común pero desigual. Aparece, entonces, una producción social del espacio, que postula desde la acción y el discurso –como un tipo de acción–, un modelo social dominante en el que es importante el papel jugado por el Estado, ya que es el que aplica políticas regionales de acuerdo con un pasado compartido y sobre diagnósticos regionales. La nación está vinculada al territorio y la región, al suelo, la flora y fauna, al agua, al albergue, a la medicina; todo lo que el hombre necesita para alimentarse, cubrirse, curarse y vivir (Heredia, 2000: 20-21).

El espacio puede entenderse como una construcción social generada a través del tiempo, que condiciona a los grupos sociales y es producto de ellos. El espacio se constituye por las acciones y relaciones entre la sociedad y el medio ambiente, además existen decisiones políticas para que adquiera una configuración determinada. Por otra parte, la estructuración espacial es la resultante de la producción social durante todo el proceso histórico.

Las ideas acerca del territorio están vinculadas a las concepciones políticas y sociales que dominan el proceso de formación territorial y su consecuente tipo de gobierno. La mayoría de las regiones resultan de procesos territoriales y representan la reificación de ideas de cómo es el mundo o de cómo debiera organizarse. En tal sentido, hay autores que destacan la importancia de indagar en el modo en que las relaciones sociales de poder organizan el espacio, así como quién controla y qué o quiénes son controlados (Kollmann, 2005).

El espacio en que se reúnen y conviven los hombres en comunidad es necesariamente público. Para definir sus propias identidades necesitan a otros sujetos y solo en conjunto pueden construir la sociedad (con reglas, historia, territorio). El espacio público facilita la interacción y la posibilidad de "que se vean reflejados [y que] edifiquen sus identidades individuales a partir del intercambio simbólico colectivo" (Marini y Otegui, 2005: 16). Por lo tanto, este espacio es un marco para el ejercicio de poder, y encierra conflicto y acuerdo, como se expone en el capítulo 1 de este libro.

La región, más allá del espacio geográfico, es un recorte, en el que hay una *estructura centro/periferia* (Rofman, 1999: 19) y se registran intercambios desiguales (Rofman, 1999: 24). Las regiones "son un producto deliberado de acciones de aquellos que con poder en la sociedad, lo usan y crean lugares en la persecución de sus objetivos" (Kollmann, 2005: 4).

La región es también organización territorial y funcional. Ambas son necesarias para instrumentar políticas de desarrollo regional. La región aparece como un conjunto de prácticas sociales (es decir, aquellas vinculadas a las cuestiones institucionales, parte de las relaciones sociales, de la política local y más allá de ella). Es un tipo de organización particular que consiste en un proceso político, con un tipo específico de desarrollo económico: es, por lo tanto, una construcción histórica.[2] La región debe contar con cierta uniformidad, con cohesión y funcionalidad. Podría decirse que su personalidad se percibe en el paisaje (Roccatagliata, 1992: 430). Para Juillard (1962) "el paisaje expresa el estado momentáneo, de ciertas relaciones, de un equilibrio inestable entre las condiciones naturales, las técnicas de transformación de la naturaleza, los tipos de economía y las estructuras demográficas y sociales del grupo humano". Se trata entonces de una comunidad cultural que porta sentimiento de pertenencia y vivencia para alimentar la cohesión regional.

En consecuencia, la relación de las regiones y los actores genera marcas de imposición de poder. Las diferencias regionales son diferencias sociales, "la región como organización territorial y funcional se constituye en una construcción histórica producto de un tipo de organización particular detrás de la cual operan procesos políticos y un tipo específico de desarrollo económico" (Girbal-Blacha, 1997: 227). Por otra parte, los actores con poder sobre las regiones se aferran a ese espacio. La vinculación entre los individuos está intervenida y mediada por el control del medio ambiente y el ejercicio del poder.[3]

Lo socio-económico regional posibilita, a su vez, una contextualización del espacio más amplia. Para redefinir lo regional y "reconocer [... la] dimensión estructural del conjunto de los procesos socioeconómicos que operan en el espacio, debemos aceptar que se producen y reproducen en base a relaciones concretas dentro y fuera de los marcos

---

[2] Leiva propone ver redes horizontales y verticales. Las redes horizontales tienen la lógica de territorios, orden social y político y sustento de actividad económica. Mientras que las redes verticales portan la lógica de los sectores, localidad y mundo extra-local.

[3] "Existe una estrecha relación entre sociedad y medio ambiente ya que ambas son respectivamente subsistemas del sistema global 'territorio' que se condicionan entre sí" (Kollmann, 2005: 9). Cf. Zarrilli, 2000.

regionales" (Rofman, 1999: 19). Es preciso aceptar que los fenómenos económicos no comienzan y terminan en el interior de una región dada. Están vinculados con otras regiones y con la nación en su conjunto, como se expone en los capítulos precedentes de esta obra. La cuestión regional es sinónimo

> de un complejo fenómeno de interrelaciones económico-sociales que da origen a formas espaciales distintas, en un proceso de articulación histórica que se relaciona con las formas de organización del poder y la tensa relación que sustenta las desigualdades regionales, incluidas sus economías (Girbal-Blacha, 1997: 227).

La cuestión regional no solo depende de los sujetos, el Estado, las normas y el territorio en sí, sino también de la construcción discursiva que se haga. Como se había señalado, el espacio es una construcción social generada por grupos sociales a lo largo del tiempo y el territorio, si bien se constituye por decisiones sociales y por sobre todo, por decisiones políticas. Así las regiones resultan de procesos territoriales, responden a marcas culturales y sociales y están surcadas por la idea de poder. De manera que las nociones de región y nación conforman las representaciones resultantes de interrelaciones económicas y sociales.

5. La región del NEA como representación

La región NEA ocupa un 11,4% de los casi 3 millones de kilómetros cuadrados de la nación argentina. Cuenta con selva subtropical, parque y monte, estero, cañadas y selvas de ribera, pastizales y sabanas, sabanas secas y zona leñosa.

Luego de la Guerra de la Triple Alianza (1865-1870) se tornaría necesaria la ocupación del NEA. La integración a las lógicas de la región central demuestra la condición periférica de estas provincias y territorios nordestinos.

Con el mercado nacional en expansión y el ferrocarril se expanden la agricultura y se mejora la ganadería. Se avanza en la explotación de los bosques y de los frutos subtropicales de la región. Este modelo funciona hasta las primeras décadas del siglo XX, cuando la economía primaria exportadora se estanca y el proceso industrial nacional se acelera para sustituir importaciones.

La devaluación de la moneda argentina, junto con las barreras aduaneras y la crisis mundial de 1930 conforman las condiciones para la instalación de industrias que consolidan el esquema dual de la organización económica argentina. La demanda industrial de materia prima de origen subtropical propia del NEA y el mercado nacional en expansión estimulan la actividad de la región fronteriza.

Aquellos agentes del NEA que con el cultivo de algodón, arroz, yerba mate, té, tung y tabaco sostienen estas producciones por los movimientos migratorios "adhirieron a la etapa que vivía el área nuclear del país y contribuyen de modo decidido al poblamiento y a la organización territorial de la periferia septentrional argentina que se convierte en el anexo agrícola subtropical de la región nuclear" (Bruniard y Bolsi, 1992: 537).

Puede afirmarse que

> las diferencias relativas establecidas en el primer tercio del siglo XX dinamizadas por intereses extrarregionales, refuerzan por procesos de crecimiento acumulativo, que consolidan una dinámica de relaciones asimétricas. El análisis de la evolución del sector agropecuario regional en función de estos criterios, evidencia un desigual nivel de competitividad potencial del Nordeste que constituye el nudo básico que explica los orígenes de las disparidades regionales en cuanto a niveles de productividad, ingresos, expansión y desarrollo en general (Valenzuela, 2007: 198-199).

La región pampeana cuenta con las ventajas agropecuarias por el clima, la infraestructura, la inversión externa, la inmigración masiva, mientras que el lejano y marginal

NEA se caracteriza por una habilitación económica comparativamente tardía y se incorpora como periferia inmediata y subordinada con un neto predominio de actividades agrarias (Giberti, 2001: 121). Según Alejandro Bunge, allí está la raíz del problema de la nación: el desequilibrio interregional, con la polarización consecuente entre "el litoral rico y el interior pobre" (Pantaleón, 2004: 192). Aunque Bunge revisa y complejiza este concepto a lo largo de su obra editorial.

Para 1950, la producción de la región alcanza los niveles de consumo del mercado nacional y se frena el proceso expansionista de las fronteras económicas entre regiones cuando no se habían establecido aún los límites políticos del Nordeste. Se observa el cambio de época en ese periodo al provincializarse Chaco (por la Ley N° 14037 de julio de 1951), Misiones (por la Ley N° 14294 de diciembre de 1953) y Formosa (por la Ley N° 14408 de junio de 1955). Sin embargo, con la producción especializada por provincia, se inicia la emigración rural y desciende la cohesión de la economía regional (Bruniard y Bolsi, 1992: 538).

Una de las razones claves de la instalación de empresas en la región está en la explotación forestal, en particular el quebracho, que modifica y altera el paisaje, al mismo tiempo que se establecen pobladores en torno a la actividad (algunos alternan el trabajo forestal durante el invierno con la cosecha algodonera en verano, lo que da por resultado migraciones estacionales). Otro ejemplo se observa en Corrientes, donde se agrega al algodón, azúcar y tabaco, alfalfa, maíz y avena, mientras se mantiene el ganado mestizo.

Más allá de la estructura económica,

> la noción territorial del Nordeste como región surge cuando por Decreto N° 1907 de 1967 se establece a la "región del Nordeste Argentino" (NEA) en el marco de la Ley N° 16964 de 1966 que dispone la creación de un sistema nacional del

Planeamiento y Acción para el Desarrollo con el fin de "planificar el desarrollo integral y armónico del país" (Valenzuela, 2007: 195).

En otros casos se remarca que las

actividades económicas que se desarrollan en estos espacios [en la región del NEA] tienen como única denominación común la de ser economías regionales pero no existe un NEA económico [...] No existe una identidad NEA. Las identidades en los territorios las construyen las sociedades que las habitan [...] en el NEA esta construcción está en deuda (Schweitzer, 2004: 42-43).

6. Alejandro Bunge y Constancio Vigil, profesionales entre el catolicismo y los medios

La Argentina moderna se erige y muestra su florecimiento de la mano de la Generación del 80. De sus ecos se destaca, en el espacio público y estatal, Alejandro Bunge, al tiempo que se hace un lugar en la esfera cultural el uruguayo recién llegado al país, Constancio Vigil. Sus perspectivas expuestas en la *Revista de Economía Argentina* y en *La Chacra*, respectivamente, brindan representaciones que nombran y signan la amplia nación argentina, destinadas a públicos diferentes.

Alejandro Bunge nace en 1880 y proviene de una familia numerosa que pertenece al *establishment* nacional. Se educa en el Colegio El Salvador, con fuerte influencia del catolicismo, que le imprime una impronta y vocación sacerdotal. Sin embargo, Alejandro Bunge va un año a la Facultad de Ingeniería de la UBA y otro a la de Derecho y obtiene en 1903 su título de Elektro-Ingenieur en Alemania (Pantaleón, 2004: 175-177; González Bollo, 2012).

Bunge ejerce como docente en la Universidad Nacional de La Plata y en la UBA. Se desempeña como director de la división de estadística del Departamento Nacional de Trabajo (1913-1915) y de la Dirección General de Estadística de la Nación (1915-1920 y 1923-1925); asesor del primer ministro de Hacienda de Alvear, Rafael Herrera Vegas: ministro de Hacienda y Obras Públicas de la provincia de Santa Fe, intervenida en épocas de Uriburu (1931-32); director del Banco de la Nación (1931) y vicepresidente de la Caja de Conversión (1932); presidente del Consejo Directivo del Censo Escolar de la Nación y asesor del gobierno en cuestiones laborales en varias oportunidades, hasta pocos días antes de su muerte como director del Banco de la Nación (1931) y como vicepresidente de la Caja de Conversión (1932) (Llach, 2004).

Es preciso indicar también su participación en la intervención de las provincias de Mendoza y Corrientes en la década de 1930. En el aspecto político se afilia a la Liga Patriótica Argentina y en tal sentido José Luis de Ímaz (1974) lo identifica como un conservador popular.

Es destacable que la estructura de pensamiento de Bunge se basa en las ideas del economista alemán Friedrich List (1789-1846), quien sostiene como concepto la necesidad del proteccionismo para favorecer la autonomía de las industrias nacionales, y evidencia las finalidades políticas del proteccionismo, como evitar que las empresas inglesas eliminaran a las jóvenes empresas alemanas y afirmaran la supremacía británica sobre la nueva Alemania. Alejandro Bunge "exalta al *yankee* emprendedor expansivo que contrapuso al terrateniente invernador, al que juzga falto de iniciativa y mal ejemplo para la clase media urbana, que se forma con los saldos de la inmigración trasatlántica" (González Bollo, 2012: 8). Es este intelectual quien crea y dirige la REA y también se destaca como empresario. Muere en 1943, en Buenos Aires.

Por su parte, el uruguayo de Rocha, Constancio Cecilio Vigil, nace en 1876. Se desempeña como periodista y escritor, en particular de literatura infantil. Se gradúa como bachiller en Ciencias y Letras, empero hereda de su padre la vocación periodística. Publica y dirige hasta 1903 la revista *La Alborada* en Montevideo. En 1911, después de decidir dejar Uruguay y radicarse en la Argentina, empieza a trabajar en la Imprenta Haynes y se convierte en cofundador de *Mundo Argentino*. Se trata de un semanario que cuenta con su presencia activa hasta 1917. Un año después Vigil edita la revista *Atlántida* y funda la editorial homónima (Gutiérrez, 2005). La consolida con la apuesta fuerte en generar productos específicos a públicos determinados: niños y mujeres. Así *Billiken* aparece en 1919 y *Para Ti* en 1922, entre otros productos que son de su autoría. En 1930 aparece *La Chacra* y Vigil se convierte en empresario editorial.

Sus escritos tienen un profundo sesgo pedagógico, vinculado a la moral cristiana: cierra sus cuentos y libros con moralejas y enseñanzas. En los libros de Constancio C. Vigil, "la moral es nueva y necesariamente la moral cristiana. El estilo elegido para algunas de sus obras refuerzan su contenido: plegarias, moralejas, cartas" (Vital y Spregelburd, s/f). En este sentido es destacable que el Papa Pio XII le otorga la Cruz Lateranense de oro, primera concedida en América Latina. Constancio C. Vigil fallece en Argentina casi un decenio después que Bunge, en 1954.

7. Revistas especializadas con público segmentado

Los medios de comunicación tienen tres funciones prioritarias: suministrar y construir de manera selectiva el conocimiento social; reflejar y reflejarse en la pluralidad; organizar, exponer y unir lo que se ha representado y clasificarlo selectivamente. Además intervienen en la realidad y la modifican de manera parcial, dado que construyen un discurso que atiende a los intereses de sectores sociales, generadores de identidades, relaciones sociales y sistemas de creencias y conocimientos (Fairclough, 1998; Fairclough y Wodak, 1997).

Carlos Ulanovsky señala que "la historia de los grandes diarios, revistas y periodistas es también [una mirada particular de] la historia de cada momento de la vida social, política, económica y cotidiana del país" (Ulanovsky, 2005: 11; Verón, 2004).

En nuestro país, se generan vínculos de diversos tipos entre los gobiernos, los ciudadanos, los medios de comunicación y la construcción de la "realidad". Dichos medios se autodenominan *cuarto poder*. Ocupan un lugar en la arena política y desde allí comentan, informan, critican, señalan, cuestionan y acotan acerca de los sucesos que transcurren.

En algunos casos, el Estado, desde los tres poderes: el Ejecutivo, el Legislativo y el Judicial, delimita las prácticas de los medios en función de los proyectos y objetivos que se propone. Se organizan también según su propia agenda. En otros, el Estado posibilita que sean los medios o grupos de poder los que hagan valer sus propuestas.

Las revistas, por su parte, se adaptan a los gustos del público más rápido que el periódico. Además capturan y reflejan los lenguajes de la cotidianeidad, las interpretaciones y las imágenes de la realidad, las voces de los especialistas, los debates entre intelectuales y políticos contemporáneos y enarbolan los valores, las pautas de conducta y los modelos culturales compartidos por amplios sectores de la sociedad (Eujanian, 1999; Girbal-Blacha, 2006). Es importante destacar que las revistas abordan "una variedad de temas que se desprenden de lo cotidiano pero que adolecen [carecen] de lo efímero de la noticia periodística" (Eujanian, 1999: 95).

En 1918, Alejandro Bunge crea la REA −que deja de aparecer en 1952−, junto a un grupo joven de economistas que suelen proceder de la Facultad de Ciencias Económicas de la Universidad de Buenos Aires. Es una revista de consulta para "especialistas e idóneos" (Pantaleón, 2004: 179).

Se trata de una publicación periódica que revisa y analiza la política económica nacional en que se reconocen las particularidades regionales que se respaldan en cuadros y tablas acerca de lo que se denominará "sociología económica". El proyecto es encarado con docentes titulares de la Facultad de Ciencias Económicas de la Universidad de Buenos Aires (Enrique Ruiz Guiñazú, Luis R. Gondra, Enrique Uriburu y José Díaz Arana).[4]

Enrique Uriburu y José Díaz Arana, ambos fueron profesores de Economía Política. Uriburu fue ministro de Hacienda del gobierno de su primo José F. Uriburu. José Díaz Arana se desempeñó como vicerrector de la UBA y llegó a postularse como candidato a vicepresidente por el Partido Demócrata Progresista en 1951 (Pantaleón, 2004). Los cuatro están doctorados en jurisprudencia, son egresados de derecho y profesores de la UBA así como del Colegio Comercial Pellegrini.

La REA está dividida en secciones definidas: "Notas principales", con artículos y colaboraciones de los redactores y del director; "Informes, notas y comentarios", con exposiciones de hechos socioeconómicos y hasta se publican notas de otros medios vinculadas a las problemáticas centrales que aborda la revista. "Bibliografía y publicaciones especializadas"; "Resúmenes estadísticos", "Expresión gráfica de Hechos económicos y Cuestiones económicas argentinas" son los rasgos diferenciales de la publicación, se trata de una expresión gráfica capaz de medirse para sostener una sólida reflexión (cuadros y tablas con datos

---

[4] Enrique Ruiz Guiñazú (1882-1967) proviene de una familia de la elite porteña, profesor de Finanzas y Economía Política en la FCE, fue consejero superior de la UBA y presidente del Museo Social Argentino, además fue secretario de Hacienda de la Ciudad de Buenos Aires entre 1908 y 1914, diputado nacional y director del Registro Civil (1910-1913). Ocupó además cargos diplomáticos, entre ellos, el Vaticano entre 1938 y 1943. Luis Roque Gondra (1881-1947) fue profesor de Historia del Comercio, además era militante radical alvearista, cercano a H. Yrigoyen. Por otra parte era abogado del Banco Nación (1920-1931), fue interventor de la provincia de Tucumán entre 1923 y 1924 y presidente del Consejo Nacional de Educación.

estadísticos) del movimiento económico de la Argentina, aun con el desglose por provincias[5] y con la comparación con otros países.

La REA tiene una tirada de 7500 ejemplares mensuales que se distribuyen en "bibliotecas legislativas provinciales, consejos de educación, ministerios nacionales y provinciales, consulados, embajadas, universidades extranjeras y colegios nacionales" (Pantaleón, 2004: 185), la venta es por suscripción. La publicación exhibe publicidad privada y estatal. Vale remarcar que cuenta con notas y ejemplares en español y en inglés. El mercado interno y sus características se destaca del conjunto de los temas abordados.

Por su parte, la revista *La Chacra* pertenece al universo de la editorial Atlántida erigida y dirigida por Constancio C. Vigil. Su primer número sale en 1930 y se corresponde con la crisis que afecta en particular a la región agro-cerealera argentina desde fines de la década de 1920 e impacta en los sectores a ella vinculados (O'Connell, 1984).

Es una publicación mensual comercial, de divulgación, de tirada nacional y utiliza un lenguaje coloquial. La revista de Atlántida tiene una tirada en enero de 1946 de 47.000 ejemplares y un precio de $ 0,50, pero por ejemplo en febrero de 1948, baja a 41.500 y aumenta su precio al doble ($ 1). En 1954 se indica que la "revista [está] adherida al Instituto Verificador de Circulaciones" y aunque desciende su tirada, su costo es de $ 3.

Entre las diversas publicaciones de la editorial, *La Chacra* tiene *una misión pedagógica* para el desarrollo de la explotación rural exitosa y proclama *el deseo de cumplir una verdadera función social*.[6] La RLC ofrece en sus páginas consejo

---

[5] Por ejemplo, por provincias o territorios: Estadísticas Financieras (REA, 1929, año 11, tomo XXII, n° 131, pp. 389-392; REA, 1929, año 11, tomo XXII, n° 132, pp. 473-376).

[6] Como competencia directa, con el tiempo, surgió *Mundo Agrario*, en 1949, de la Editorial Haynes, ya bajo el control del peronismo y dirigida por Carlos Aloé (secretario de la Presidencia y luego gobernador de Buenos Aires). El formato de la revista y sus secciones eran semejantes a los de *La Chacra* y

moral e higiénico para el productor y su familia, cede espacio para avisos de demanda y oferta de servicios, trabajos y empleos. Además habilita un segmento de carta de lectores con consultas que llegan al papel con la respuesta de especialistas de la revista (Gutiérrez, 2005). La RLC se constituye como una guía práctica para los trabajos del campo. Se destina a un público lector atento a los problemas del agro, actores sociales agrarios y urbanos en la medida que estén interesados en el campo argentino, y desde ella se proponen variados temas en relación con la problemática de lo rural. Gutiérrez indica que desde la RLC

> tratan de abarcar todos los aspectos vinculados con la explotación rural diversificada, que incluye la difusión de las normas legales referentes al agro [… se intenta el tratamiento de] todos los temas que pudieran interesar al hombre de campo y su familia, así como al habitante urbano atraído por esas cuestiones, sin dejar nada librado al azar (Gutiérrez, 2005).

Se abordan tópicos científicos desde la práctica y se brinda una ayuda e informes a estancieros y trabajadores rurales del interior del país en los que se destacan las características y particularidades regionales.

Como uno de los objetivos de la RLC[7] es la colaboración

> *con los poderes públicos, las instituciones de progreso y con los demás órganos de publicidad en los múltiples problemas que atañen al hombre de campo,* […] la revista presenta a los lectores

---

coincidían también en el estilo de las portadas. La diferencia sustancial se centra en el acercamiento a las políticas estatales y su difusión (Gutiérrez, 2005).

7   Es importante destacar que *La Chacra*, en tanto emprendimiento de una editorial comercial, trasciende los quiebres de orden institucional, y se adapta a los cambios políticos y económicos (De Arce y Patiño Alcívar, 2008, disponible en http://goo.gl/7ov7Po).

las diversas medidas referidas al agro [...] relacionadas con la producción, tanto nacionales como provinciales (Gutiérrez, 2005).

La Chacra brinda parte de su espacio para destacar las geografías y regiones nacionales por su capacidad productiva y por su belleza. Al mismo tiempo, por ser un medio de comunicación maneja cadenas de representaciones que otorgan sentimiento de pertenencia a los argentinos y por ellos deben ser conocidas y disfrutadas. Pero la clave de la RLC está enfocada en el trabajo.

Con el paso del tiempo, se agregan secciones que difunden distintos eventos nacionales, como celebraciones regionales o la divulgación de políticas públicas. Así a las secciones que la RLA porta desde 1930, después de 1950 suma una que difunde el Plan de Reactivación Económica, donde se da a conocer la voz del presidente Perón, aspectos del Segundo Plan Quinquenal.[8]

Este medio dedicado al agro expone avances tecnológicos y técnicas alternativas para mejorar la productividad. Se critica desde sus páginas la inercia y se pide la toma de decisiones por parte del gobierno central sobre problemáticas que le preocupan al chacarero: control de plagas, legislación, entre otros.

Para RLC, el gobierno nacional de turno debe limitarse a favorecer la concurrencia de diversos competidores al mercado, es decir, dejar que las cuestiones económicas se diriman en el libre juego de oferta y demanda. Se subraya como negativa la regulación y el control excesivos, mientras que la reglamentación y la legislación es ineficiente y poca.

La revista mantiene una posición vinculada al libre mercado. Siempre se vuelve el foco sobre lo económico, *La Chacra* se ubica en su eje: lo que da la tierra son recursos, son intercambiables en el mercado, son comercializables.

---

[8] La REA ofrece a sus lectores "criticas constructivas" al plan así como a la reforma de la Constitución.

Los profesionales que escriben para las REA y RLC son asesores del Estado. Las publicaciones periódicas del análisis cuentan en su *staff* con especialistas. Algunos son académicos, otros periodistas con conocimiento amplio sobre los temas ligados a lo económico, al agro, las políticas y el marco legal, así como arquitectos e ingenieros que estudian el medio rural.

La REA presenta dos momentos: a partir de 1921 hay un viraje en la dirección editorial por la reestructuración de la publicación. Luis R. Gondra, Enrique Uriburu y José Díaz Arana abandonan el proyecto, mientras que Enrique Ruiz Guiñazú se queda hasta 1929. Se incorporan a la redacción: Mauricio Bunge –hijo de Alejandro–, Miguel Cárcano y Eduardo Tornquist.[9] Con estos dos últimos la revista se asegura la llegada a los grandes productores agropecuarios así como a financistas, empresarios e industriales. Para 1930, entre los redactores de la REA estaban: Carlos Güiraldes (h.), Ernesto Hueyo, Carlos J. Rodríguez, Alejandro Shaw, así como los ingenieros José Bustillo y Miguel Ángel Cáseres y el técnico catalán José Figuerola.[10] Es destacable que todos tienen participación en el ámbito estatal. Algunos en el medio privado.

La RLC cuenta con "la presencia de representantes del pensamiento agrario –ingenieros agrónomos, veterinarios– que auxilian con la cuota de especialización técnica, son imprescindibles aun tratándose de una publicación de difusión general" (Gutiérrez, 2005). Para la publicación mensual, la explotación de la naturaleza se explica de modo

---

[9] Miguel Cárcano: doctor en derecho y profesor en la FCE de Regimen Agrario; miembro de la SRA, fue ministro de Agricultura entre 1935 y 1938 del gobierno de Justo. Eduardo Tornquist era socio de la UIA.
[10] José Figuerola participó en el gobierno de Primo de Rivera y en 1937 dirigió la encuesta de vivienda obrera con los lineamientos que hiciera Bunge en 1913. Además fue director desde 1944 del Consejo Nacional de Posguerra, en 1944. Luego Figuerola sería designado secretario técnico de la Presidencia Nacional en 1946 (Pantaleón, 2004).

didáctico número a número por especialistas, de acuerdo con regiones, tipo de suelo y clima, riego, estaciones, forma de producción y por regiones.[11]

8. Las imágenes como representación

Las revistas, a diferencia de los diarios, están a mitad de camino entre los libros y los diarios. Cuentan con mayores recursos de diseño y por lo general con mayor soporte fotográfico e imágenes, de modo que hacen posible otra llegada al público lector. En tal sentido, la elección de cuadros e imágenes parten de una decisión editorial. Las imágenes también son representaciones. Se trata de recortes para mostrar la realidad.

La utilización de imágenes, mapas, dibujos, cuadros y tablas acompañan las notas pero también pretenden explicar o reflejar, ilustrar –dar luz–, así como colaborar al lector en dar cuenta de un hecho o situación.

Los intereses de quien produce un signo llevan a una relación motivada entre significante y significado, y, por lo tanto, a signos motivados, de manera que provoca una representación más apropiada de lo que se pretende significar.

La representación y la comunicación visual revelan motivaciones y efectos que son sociales e ideológicos. Por lo tanto, "las representaciones visuales existen dentro de los sistemas de representaciones formados por la cultura y la historia que, lo mismo que el lenguaje, están disponibles para una utilización socialmente motivada por parte de individuos con intereses específicos" (Kress, Leite-García y Van Leeuwen, 2000: 375-383).

---

[11] Por ejemplo, el autor menciona a la "región algodonera del norte" en "¿Podrá prosperar el cultivo del algodonero en la Argentina?" (REA, 1925, año 8, tomo XV, nº 89, pp. 327-347). Sin mención específica de las provincias y territorios (REA, 1936, año 18, tomo XXXV, nº 222, pp. 243-245).

Resulta interesante revisar su utilización en las revistas de análisis. En el caso de la REA, predominan los cuadros y tablas estadísticos; más aun, como se indicara, hay secciones específicas con esta información. Funcionan como base, fundamento y sostén de las notas, opiniones, interpretaciones y reflexiones. De igual modo que los mapas.[12]

La tapa de la REA no porta imagen, se trata del índice de lo que se encontrará en el número, es una presentación.[13] Se evidencia que no compite por ganarse al lector en el impacto visual. Punto en el que difiere con la RLC, pues su tapa convoca con una imagen del agro, de un evento rural o una producción y con el nombre de la publicación.

Además, en el interior de la RLC aparecen fotos del trabajo en algún cultivo, con pocos sujetos. Es común encontrar la extensión de la tierra cultivada: la naturaleza afectada por la acción humana. Respecto de la cuestión didáctica y de difusión, no faltan mapas de zonas determinadas de una región o de una provincia.

Otro beneficio que ofrece la RLC son planos para la construcción de casas o granjas, hechos a mano, que presentan los materiales que deben ser utilizados de acuerdo con la zona en que se edifique. Por su parte, las construcciones emprendidas por el Estado –represas, hoteles– se exponen en general sin sujetos pero siempre emplazadas en el lugar natural, no recortadas de este espacio.

---

[12] "Nociones de la geografía económica argentina" (REA, 1928, año 10, tomo XX, n° 119, pp. 356-374; REA, 1928, año 10, tomo XX, n° 120, pp. 437-345; REA, 1929, año 11, tomo XXII, n° 128, pp. 125-132; REA, 1929, año 11, tomo XXII, n° 129, pp. 203-206; REA, 1929, año 11, tomo XXII, n° 132, pp. 443-454).

[13] Es relevante que en el año 16 de la revista –1934–, cambian su formato y diseño, así como deja de aparecer en tapa el índice. Se trata de una portada-separador con el nombre de la revista y los datos generales de año de la publicación, tomo, número, mes y año de salida, ubicación de redacción y una frase destacada, que funciona de epígrafe, es orientador de lectura. El índice pasa al interior.
Entre el año 20 de la publicación –1938– y el año 26 –1945– vuelve a cambiar: deja de aparecer la frase en tapa.

Las imágenes de eventos que retrata la RLC se refieren a los oradores destacados en plena acción, las carrozas en el caso de los festejos (Fiesta de la Vendimia) con sus representantes femeninas, reinas y princesas de la festividad. En el caso de las exposiciones rurales, los vacunos, ovinos y animales de corral triunfantes, en general de perfil para apreciar sus atributos. Además se agregan fotos de paneo sobre los participantes presentes. La RLC muestra a los hombres, mujeres y niños en el trabajo con ropas limpias, cabellos peinados y sonrisas en sus rostros. Se trata de una construcción idealizada del trabajo en el campo.

Por tanto, las imágenes y cifras son recortes que facilitan anclajes y son miradas parciales del mundo. En algunos casos, al mostrar la vida rural como bella y simple, dejan al lector que complete la interpretación con sus palabras e ideas. En otros, mediante el procesamiento numérico, simplifican la problemática y traban el debate en los datos expuestos de modo claro al tiempo que complejizan los análisis para el lector.

9. La región NEA, productiva en provincias y territorios

La construcción de nación expuesta en la RLC se basa en la patria como la sumatoria de provincias y Territorios Nacionales portadores de determinados recursos naturales (que están en la naturaleza y el hombre los toma de allí) y son generadores de determinados bienes. El Estado debe procurar este ordenamiento con legislación y obras, no con intervención.[14]

---

[14] En la REA se reproduce una nota denominada "La intervención del Estado en la actividad industrial" en esta línea –"la influencia del Estado debe ser indirecta, y por medio de la educación y de las directivas generales"–, firmada por José Enrique Miguens, que publicara *La Prensa* (REA, marzo 1946, año 27, tomo XLV, n° 333, pp. 77-80).

Por su parte, para la REA, la nación argentina presenta un marcado desequilibrio[15] y en sus notas, cuadros y análisis intenta visibilizarlo, ponerlo en relación con lo que sucede en el contexto y debatir proyectos de ley así como los beneficios de políticas o producciones agropecuarias para sanear esa problemática. Si bien hace un desglose por provincias y territorios para las estadísticas, las cuestiones productivas las ubica en regiones. Sin embargo, tal como se indicara, hay en el NEA industrias y producciones que se corresponden con las divisiones políticas.[16]

Bunge, en las notas de la REA, expresa sus investigaciones sobre "los recursos naturales, las distancias y las rutas comerciales, [explica y brinda herramientas para] comprender el proceso de regionalización de las relaciones sociales, la organización de la producción y la capacidad de dominio territorial de las instituciones estatales" (Pereyra, 2012: 139), propio del legado weberiano.

La Chacra, como publicación de divulgación pero atenta al sector productivo y al trabajo, explicita la división económica[17] y la relaciona con la política, así como se refiere

---

[15] Es interesante dar cuenta de la utilización de la minúscula –y no en mayúscula– en "estado nacional" en las notas, en particular en los primeros años –hasta 1925– de la REA.

[16] "En Misiones aumentan los cultivos de yerba mate" (REA, 1922, año 5, tomo X, n° 50, p. 172); "Industria y cultivo de la yerba mate en la Argentina" (REA, 1923, año 5, tomo X, n° 55-56, pp. 162-166; REA, 1923, año 5, tomo X, n° 57, pp. 260-266); "Fomento del arroz" (REA, 1925, año 8, tomo XV, n° 85, pp. 54-64); "El país debe defender su producción de arroz" (REA, 1925, año 8, tomo XV, n° 87, pp. 161-163); "Las industrias del algodón" (REA, 1927, año 10, tomo XIX, n° 113, pp. 433-435); "El problema de la yerba mate" (REA, 1930, año 13, tomo XXV, n° 145, pp. 15-66); "Bosques e industria forestal argentina"(REA, 1939, año 21, tomo XXXVIII, n° 258, pp. 386-388); "Formosa de hoy y de mañana" (REA, febrero 1947, año 29, tomo XLVI, n° 344, pp. 54-57).

[17] *La Chacra* nombra a la nación argentina desde el "Estudio de zonas productoras" dividiéndolas en trece zonas agropecuarias en total, en que da cuenta de flora y fauna, los problemas en cultivos, alternativas y formas de comercialización. *La Chacra* señala que "entendemos que el Estado debe disponer de sus propias usinas de elaboración [de bienes comercializables, en lugar de ser los chacareros] y sus ganancias podrían dedicarlas al progreso de esas regiones" (*Revista La Chacra*, 1946. "Estudio de zonas productoras argenti-

a las provincias y a los Territorios Nacionales. Respecto a las provincias[18] brinda un breve texto de sus características (si tiene puerto, sus festejos más relevantes, la producción más importante), sus imágenes representativas y destaca sus carencias.[19] Así recorre el país número a número y se efectúa un informe con fotos de las distintas provincias, como sucede con Entre Ríos, Santa Fe y Buenos Aires, en las que subrayan cuestiones vinculadas a lo agrícolo-ganadero y también a las industrias.[20] En algunos casos focaliza desde la publicación en la "explotación racional sus recursos naturales".[21]

La RLC aboga para que las promesas políticas se realicen y se efectúe la provincialización de los Territorios Nacionales y que sus habitantes se conviertan en ciudadanos con plenos derechos.[22] Esta ampliación de derechos está atravesada por la cuestión económica, se apela a la

---

nas norte de Entre Ríos y Santa Fe, Corrientes, Misiones Chaco y Formosa. Cultivos, producción, perspectivas", enero, pp. 6-7-8 y 87. Buenos Aires: Editorial Atlántida).

[18] Con imágenes de la provincia y un texto brevísimo. Cf. *Revista La Chacra* (1946). Ibídem. "Provincias argentinas. Entre Ríos", mayo, p. 66. También: ibídem. "Provincias argentinas. Buenos Aires", junio, p. 66.

[19] Para la revista mensual, las provincias también necesitan la ayuda del gobierno central: se refiere a que si bien se están realizando diques, "*faltan obras complementarias*" para la distribución de agua por los distintos canales. "[...] no se trata de una cuestión provinciana sino de un aspecto de interés nacional" (ibídem, 1947. "Nuestras provincias. San Luis reclama una irrigación abundante", junio, p. 70), ya que de hacerse estas obras, los beneficios llegarían a todo el país.

[20] Provincias argentinas: Entre Ríos (*Revista La Chacra*, 1946, mayo. Buenos Aires: Editorial Atlántida), Buenos Aires (*Revista La Chacra*, 1946, junio. Buenos Aires: Editorial Atlántida), Santa Fe (*Revista La Chacra*, 1946, julio. Buenos Aires: Editorial Atlántida).

[21] *Revista La Chacra* (1947). "Necesitan estímulo las industrias en San Luís", mayo, p. 40. Buenos Aires: Editorial Atlántida. En este sentido es destacable la nota "Inventario cartográfico de las riquezas y producción de los Territorios Nacionales", en la REA (REA, julio 1949, año 32, tomo XLVIII, nº 373, pp. 192-194).

[22] La REA también hace el llamado por la provincialización de Misiones (REA, 1921, año 4, tomo VII, nº 37, pp. 68-69).

protección de la naturaleza como productora y dadora de bienes de cambio y recursos. Es más, la revista de divulgación se propone abiertamente

la publicación de una serie de notas relativas a los Territorios Nacionales. A través de ellas trataremos de reflejar las actividades agrícolas, ganaderas, industriales y culturales que en ellos se desarrollan, considerando que en esa forma contribuimos a divulgar el conocimiento de las riquezas argentinas, aun no debidamente explotadas y que ofrecen inmejorables perspectivas para el *desenvolvimiento económico* de la nación. [...] hasta ahora los Territorios Nacionales han carecido de las prerrogativas a que se han hecho acreedores por su aporte al desenvolvimiento económico y cultural de la nación. Han carecido de estímulo oficial para el desarrollo de sus actividades, y los gobiernos centrales han dejado transcurrir los años sin procurar una solución a los fundamentales problemas que se derivan de la situación de esas extensas zonas. Es probable, sin embargo que en un futuro próximo se provincialicen algunos territorios. *Así lo deja entrever la palabra oficial* pronunciada en el recinto del Congreso en ocasión de iniciarse el periodo legislativo. Lamentable sería que las esperanzas derivadas de *esa palabra* se vieran *nuevamente defraudadas.*[23]

---

[23] (El destacado es nuestro). En la nota se hace referencia a la gobernación de Formosa, de Chaco, de Misiones, de La Pampa, de Neuquén, de Río Negro, de Chubut, de Santa Cruz, de Tierra del Fuego. *Revista La Chacra* (1946). "No olvidemos a los territorios, por Alberto F. Rivas", agosto, p. 44. Buenos Aires: Editorial Atlántida.

Los territorios son portadores de riquezas naturales[24] pero según *La Chacra* necesitan obras de infraestructura[25] y ayuda oficial[26] para su desenvolvimiento. Sin embargo, estas áreas en general son narradas con singularidades y posibilidades a la altura de las provincias. El desarrollo territorial está enlazado con el trabajo del hombre en el terruño, que llevará necesariamente al crecimiento nacional. El territorio es "[...] la base primaria de la identidad social para la mayoría de los pueblos del mundo [...] Entre las relaciones más estrechas que existen entre la nación y el Estado está el paisaje material" (Cosgrove, 2002: 83). La coexistencia de provincias y Territorios Nacionales genera un vínculo peculiar identitario entre el Estado, los habitantes y el territorio.

Esta problemática se observa en el NEA. Por esa razón desde el nombramiento es necesario por un lado convertir a estas áreas en provincias con sus sujetos reconocidos como iguales a los que viven en la región litoral y por otro, trabajar en torno a la regionalización.

10. La región NEA y su "diversidad productiva"

Si bien es cierto que en ambas publicaciones lo productivo es relevante y dan cuenta del desequilibrio, difieren en los enfoques.

---

[24] "Territorios nacionales. Misiones, tierra de promisión", en *Revista La Chacra*, agosto, pp. 94-95, la nota cuenta con imágenes.
[25] Obras de regadío en el valle del río Colorado: Ibídem. "Territorios nacionales. La Pampa", septiembre, p. 92. Sobre comunicación, escuelas, diques y canales: *Revista La Chacra* (1947). "Territorios nacionales. Chubut. Fuente de grandes riquezas argentinas", enero, pp. 70 y 96-97. Buenos Aires: Editorial Atlántida.
[26] Necesitan bancos y créditos. Ibídem (1947). "Territorios Nacionales. Santa Cruz necesita una intensa acción oficial para progresar", marzo, pp. 70 y 88. Buenos Aires: Editorial Atlántida.

Alejandro Bunge revisa un trabajo propio sobre el desequilibrio regional de 1925 y al ajustar y actualizar los datos, casi quince años después, concluye que el país está dividido en tres zonas y no en dos. Bunge exige la vuelta al interior, ya que por la "política económica –más propiamente por la ausencia de una política– que ha significado la postura de esa primera región mirando hacia ultramar y con la espalda al interior"[27] y los recursos fiscales nacionales ubicados en la región litoral, se extendía el desequilibrio.

El director de la REA

> contrapone el desequilibrio regional de la economía recuperada con el lento crecimiento vegetativo de la población. Afina el foco de atención para distinguir dos realidades: la del litoral avanzado, con bajo índice de natalidad y la del interior postergado que lo mantenía alto. Se preocupa por demostrar que la falta de fecundidad de las provincias y de las gobernaciones postergadas es una potencial "reserva" demográfica para ampliar el consumo (González Bollo, 2012: 111).

Alejandro Bunge entiende que solo puede remediarse el desequilibrio con mayor integración de las economías regionales al mercado nacional y de la mano del desarrollo de una burguesía nacional (Pereyra, 2012: 138). El pensamiento de Max Weber emerge en la obra de Burge mediante la construcción de Estado-nación como unidad territorial y en su rol en tanto factor de equilibrio social.[28] El autor

---

[27] Descubre que al incrementarse la distancia geográfica desde la ciudad capital, la densidad de la población, la capacidad económica, el nivel cultural y el nivel de vida descendía (REA, marzo 1939, año 21, tomo XXXVIII, n° 249, pp. 71-73).

[28] Esta idea aparece recién editada en 1945 en la REA, en la conmemoración del 27° aniversario de la fundación de la publicación. La nota se denomina "Distribución de la población argentina por regiones geográficas", está firmada por Federico Daus y Roberto García Gache (REA, junio 1945, año 27, tomo XLIV, n° 324, pp. 294-296).

argentino "describe a la Argentina como un país fragmentado territorialmente, un 'país abanico', dividido de acuerdo al progreso alcanzado" (Pereyra, 2012: 139). En la RLC, el Estado tiene que favorecer el mantenimiento de este *status quo* e intervenir para que los hombres se ubiquen en el rol de productores,[29] no tiene que participar en el mercado, ni regular la economía. El papel del Estado debería ser liberal y limitado a legislar.[30] En la cadena de representaciones de *La Chacra*, la nación se entiende como productora de materias primas y granero del mundo.

Constancio Vigil ofrece de modo mensual a sus lectores de la RLC entre las notas, un informe de distintas zonas productivas. Allí se demuestra la agricultura y ganadería de cada una y el tipo de región, los problemas, las soluciones e ideas para que el gobierno actúe. Se destacan las posibilidades de industrializar algunos productos. En general, el enfoque está en la cuestión económica y productiva relacionada con el sector agropecuario. Una marca relevante es el tema del agua para lograr mejoras en determinadas zonas.[31] El mensuario de Atlántida apunta a explotaciones de acuerdo

---

[29] No aparecen distintos estamentos sociales. Solo se distinguen los *pionners* (pioneros) y los productores.

[30] En este sentido, la RLC en algunas notas critica al Estado por su parsimonia (RLC, 1947. "Hay que afrontar una lucha formal contra la langosta", enero, pp. 84-85. Buenos Aires: Editorial Atlántida). De igual modo, en la REA titulada "¿Por qué se acorrala sistemáticamente a la producción tabacalera nacional mientras se protege ostensiblemente la importación?" (REA, 1928, año 10, tomo XX, n° 118, pp. 317-322).

[31] Estudio de zonas productoras: el noroeste argentino (*Revista La Chacra*, 1946, enero. Buenos Aires: Editorial Atlántida), el noroeste argentino (*Revista La Chacra*, 1946, marzo. Buenos Aires: Editorial Atlántida), la región subtropical del noroeste (*Revista La Chacra*, 1946, abril. Buenos Aires: Editorial Atlántida), la puna (*Revista La Chacra*, 1946, mayo. Buenos Aires: Editorial Atlántida), la meseta patagónica (*Revista La Chacra*, 1946, junio. Buenos Aires: Editorial Atlántida).

con las zonas productivas y sugiere el cuidado de la tierra y sus riquezas.[32] Y además propone la rotación y los cultivos alternativos como estrategias productivas económicas.[33] En general destaca que se debería respetar la lógica de las regiones nacionales –según la cual cada cultivo y producción da mejores resultados en una zona más que en otras– y responder a los mejores rindes respecto de lo económico.[34] Mientras que *La Chacra* permite indagar en la relación entre sociedad y naturaleza en un medio de comunicación dedicado a lo agropecuario y la industria vinculada al agro al tiempo que se percibe la acción gubernamental. Además ofrece una perspectiva alternativa de las particularidades económicas del país, lo que comparte con la REA.

Esta publicación mensual posibilita advertir no solo la centralidad del sector primario en la Argentina, por los recursos que aporta a la economía general nacional, sino la diversidad y complejidad de la extensión de la nación.[35]

---

[32] "Los grandes industriales y el hombre de campo no se han detenido a pensar que la desmedida explotación de las riquezas naturales del suelo traería como consecuencia su notable disminución, y es así que en casi cincuenta años ya se han consumido un gran porcentaje de los bienes que tan generosamente nos ofrece nuestra tierra".
"[...] de continuar unos años mas la extracción y explotación sin tasa ni control de las riquezas de esta tierra tan pródiga y feraz, se corre el riesgo de convertirla en tierra pobre y mezquina" (*Revista La Chacra*, 1946. "Es urgente defender nuestra riquezas naturales", mayo, pp. 56-57).

[33] "No se trataría pues de limitar esas explotaciones comerciales sino de encauzarlas en un sistema de reforestación que permita mantener tan enormes riquezas" (*Revista La Chacra*, 1947. "El cedro misionero tiene gran utilidad. Es conveniente evitar su exterminio mediante una acción de fomento", octubre, p. 30). Sin embargo hay algunos casos que van en contra de esta premisa y que son "festejados" por la publicación, como la celebración de la Fiesta de la Vendimia y la Exposición Rural de la SRA.

[34] También lo hace la REA: "El amparo de las industrias" (REA, 1925, año 8, tomo IV, n° 83, pp. 399-400). En referencia a "regiones tabacaleras" (REA, enero 1947, año 29, tomo XLVI, n° 343, pp. 9-14).

[35] Se pueden observar estudios sobre los Territorios Nacionales y las provincias, así como también se destacan las zonas productivas. En cada caso, periodistas, cronistas, fotógrafos y especialistas se encargan de remarcar las virtudes vinculadas a la naturaleza (en fauna, flora, riquezas, recursos, bellezas naturales, paisaje), focalizan en lo que debe hacer la gestión de gobierno –diques, represas, puentes, etc.– o que le falta hacer –por ejemplo convertir

Esta construcción y cadena de representaciones que propone *La Chacra* pone el acento en la nación rica en recursos naturales. Interpreta entonces que este segmento es el motor de la riqueza de la Patria. La manera de entender la relación sociedad-naturaleza que aparece en *La Chacra* se construye mediante el trabajo, con la mirada en la acción del hombre sobre la tierra proveedora y objetivada, para conseguir productos. La naturaleza emerge como dadora de recursos, es decir, de bienes y riquezas que son otorgados por la tierra proveedora y mediante el trabajo –humano– se extraen.

11. La idea de progreso y el rol de los pioneros en las revistas

En la Argentina moderna de la primera mitad del siglo XX que vio cómo las guerras mundiales marcan la agenda y el ritmo del mundo, las representaciones de progreso y desarrollo revelan diferentes significados. Sectores de la política y la economía –empresarios, políticos, elite, dirigentes de acuerdo con sus propios intereses– se dividen. En algunos casos se identifican con el vínculo imperial establecido con la metrópoli (Inglaterra), o aplican a los mandatos del modelo estadounidense.

---

los Territorios Nacionales en provincias en pleno derecho, facilitar la generación de industrias–, aparecen acompañadas de imágenes representativas de esos lugares. Por dar algunos ejemplos: *Revista La Chacra* (1947). "Necesitan estímulo las industrias en San Luis", mayo, p. 40; acerca de las provincias: Entre Ríos (*Revista La Chacra*, 1946, mayo), Buenos Aires (*Revista La Chacra*, 1946, junio), Santa Fe (*Revista La Chacra*, 1946, julio); *Revista La Chacra* (1946). "Estudio de zonas productoras argentinas norte de Entre Ríos y Santa Fe, Corrientes, Misiones Chaco y Formosa. Cultivos, producción, perspectivas", enero, pp. 6-7-8 y 87; *Revista La Chacra* (1947). "Los territorios deben ser provincializados", septiembre, p. 142.
También en la REA "La industria yerbatera argentina" (REA, 1928, año 10, tomo XX, n° 117, pp. 220-225).

Los sectores dominantes nacionales se instalan en esta tensión de cambio de época, de poder hegemónico, y la interpretación de la idea de nación imaginada –con sus regiones– que entra en juego en ese posicionamiento. En este sentido, las revistas como medios de comunicación dinamizan y plasman representaciones sociales que emergen en los debates y posibilitan su lectura y comprensión. Es importante destacar que las revistas de análisis identifican a los EE. UU. como modelo y avance. En algunos casos es para copiar y gestar el progreso y el desarrollo nacional (REA), que anticipa y plantea el desarrollismo. Por otro, la RLC pretende encontrar una nueva fuente de divisas y mantener el esquema y la estructura alcanzada con Inglaterra. Señala Bunge que "un país en desarrollo como el nuestro, tiene que renovar periódicamente sus normas a riesgo de estabilizarse en un periodo primario y convertirse en instrumento de las naciones más adelantadas" (REA, 1921, año 3, tomo VI, n° 36, p. 451).

La REA destaca la labor de los pioneros,[36] la defensa de las industrias nacionales así como la consolidación de las inversiones y del modelo estadounidense, frente al mantenimiento de la estructura inglesa y su formato de negocio. En el caso de la RLC, los pioneros son aquellos empresarios privados que apuestan más allá de lo que obtengan de ganancia, se trata de una lógica individualista. En general, como mencionamos, se sostiene que debe respetarse la lógica de las regiones nacionales y responder a los mejores rindes desde la óptica económica. *La Chacra* está en contra de la regulación, el control y la intervención del Estado y

---

[36] "Cada industrial ha sido un *pionner*; se ha lanzado a la ventura, contando con sus recursos exclusivos; ha luchado solo, como artífice de nuestro progreso, aislado en medio de la sociedad y tropezando con la escasez en medio de la abundancia" (Discurso de Manuel Montes de Oca. REA, 1919, año 2, tomo III, n° 17-18, p. 384). También en "La necesidad de organizar las ventas de algodón" (REA, 1925, año 8, tomo XIV, n° 84, pp. 437-440); "La industria del hilado y tejido de algodón" (REA, 1925, año 8, tomo XV, n° 87, pp. 199-207).

señala países desarrollados, como EE. UU. con sus empresarios del sector privado, para indicar qué pasó en ellos frente a esa producción.

Para Bunge es necesario un cambio en las conductas políticas y económicas de la clase dirigente. Propone "reeducar con los valores del bien general, la austeridad, el nacionalismo económico y el progreso industrial". Podría decirse que se trata de un "nuevo catecismo orientado a la dirigencia económica" (Pantaleón, 2004: 190) por la ligazón del director de la REA con la Acción Católica Argentina[37] y el catolicismo en general. Mientras que Constancio Vigil desde *La Chacra* se alinea con el librecambio, Alejandro Bunge recomienda, a través de los artículos, transformarse en proteccionista e industrialista, en defensa del mercado interno.

Bunge descree de los beneficios del librecambio y desaprueba la protección arancelaria.

> El camino alternativo, [...] requiere del fomento por parte del Estado para evolucionar hacia un desarrollo agropecuario más intensivo y hacia una mayor industrialización, centralizada en el inicio en las materias primas nacionales, en el contexto de una diversificación general de la producción. Para el fundador de la REA no tiene sentido disfrutar de una ventaja inmediata si se hipoteca el desarrollo nacional.[38]

Alejandro Bunge subraya que es imperioso un cambio de conciencia nacional, que se debe manifestar en conductas diferentes, tanto de empresarios como de consumidores. Para lograrlo se necesita que el Estado se exprese

---

[37] Bunge presidió Unión Popular Católica Argentina así como la Junta Central de los Círculos Católicos Obreros y fue cercano a monseñor Gustavo Franceschi, director de *Criterio* (Pantaleón, 2004).

[38] Alejandro Bunge "proponía la aplicación de tarifas moderadas para defender las industrias nacientes de otras economías desarrolladas. La protección arancelaria debía ser transitoria y nunca permanente pues la persistencia de tasas aduaneras elevadas producía una industria ineficiente y poco competitiva" (Audino y Tohmé, s/f).

claramente "en cuanto a la existencia de una nueva política económica ordenada a diversificar las fuentes de la producción nacional mediante adecuadas reformas e instrumentos, tales como el sistema financiero o la protección arancelaria" (Llach, 1985: 23). En sus palabras:

> Nuestra máquina económica y fiscal en la Argentina está hecha para los tímidos y para los hombres sin iniciativa; ampara y sugiere el ahorro bancario, el comercio de importación, las inversiones en casas de renta, la colocación en células hipotecarias y, en cambio, desprecia y persigue al espíritu creador, al industrial, al hombre de empresa. El nuevo régimen económico argentino dejará esas timideces para las viudas [...] y alentará a los hombres capaces y emprendedores. Ellos organizarán los capitales propios y ajenos y crearán trabajo y riquezas. Es solo así como formaremos los grandes y eficientes utilajes industriales modernos (Bunge, REA, 1927, vol. XIX, pp. 105-109).

La REA se convierte en la usina de un debate de ideas acerca de las estrategias de desarrollo y las políticas económicas para devolver al país el dinamismo económico perdido hacia la Primera Guerra Mundial (Llach, 2004: 51). El director de la revista observa que

> es indudable que hay una gran diferencia entre el régimen pastoril y la exportación de carne salada, cueros, grasa y lanas, y el agrícola en su desarrollo superior, que permite la venta de cereales y harina, que produce y exporta arroz, algodón, maní, tabaco, té y yerba, que cultiva y exporta frutas frescas, secas y en dulce, que produce y exporta azúcar, manteca y quesos, carne congelada y conservada, aceites, etc. Es sin dudas grande el progreso de una nación que de una producción ganadera, rudimentaria, pasa a una exportación que, aunque sea de materia prima o con escasa elaboración, corresponde a la variedad de productos que le permite practicar su suelo (REA, vol. VI, pp. 449-79).

12. Consideraciones finales

La Argentina de la modernidad durante la primera mitad del siglo XX persigue la definición, construcción y el contenido de la idea de nación. La región NEA representa casi 12% del territorio total y posee una amplia diversidad geográfica, productiva y cultural. La comunicación y la historia ambiental brindan las herramientas metodológicas que permiten entender e interpretar el modo en que se construye la idea de región NEA y nación. Se logra a partir de la lectura acerca de la naturaleza y el agro, y de visualizar el modo en que sucede a través de las revistas de análisis, que elaboran su propia cadena de representaciones, en el periodo.

Alejandro Bunge aboga por el nacionalismo, el desarrollo de las propias producciones y el conocimiento del propio país y sus potencialidades por sobre el mantenimiento desmedido de la región de litoral.

Constancio Vigil desde la RLC permite estudiar con perspectiva, informar, explicar y opinar sobre lo rural y el agro, en el registro del sector productivista de la economía argentina. Al mismo tiempo que posibilita analizar cómo un medio gráfico privado de gran tirada y dedicado a un tema de alto impacto para la economía argentina, el sector primario, percibe, entiende y construye su mirada y representaciones sobre los recursos naturales y el medio ambiente. La publicación ofrece una perspectiva alternativa a las que atienden las particularidades económicas del país, se instala al sector primario e industrial relacionado, como los motores de la riqueza de la patria.

Bunge sostiene que el desequilibrio se puede contrarrestar con el impulso de los pioneros a través de la industria nacional vinculada a las regiones y la diversificación, con la promoción de la integración territorial. El papel del Estado es acompañar este impulso de las zonas favorecidas en recursos.

La Chacra visualiza el ambiente como un recurso en la cadena de valor, donde mediante el trabajo humano y la obra estatal se puede optimizar la posición económica de la nación en el conjunto de naciones. En este caso se percibe un marcado interés económico de la naturaleza. Naturaleza y medio ambiente funcionan como objeto del sujeto social, con valor de cambio, es decir, se trata de un recurso económico. La sociedad puede organizarse a partir de la tarea sobre la naturaleza, con leyes que la protejan, y el Estado que mantenga este orden *natural*.

La RLC entiende a la nación como la suma de provincias y territorios con sus producciones características, al tiempo que pone la mira en el concepto de *zonas productivas*. Pero, como Vigil propone una economía liberal, la apuesta se mantiene en la división: Buenos Aires/interior, con algunas provincias destacadas como ocurre con Mendoza. En esta revista se sugiere la relevancia de otras y nuevas producciones, pero sin romper con el modelo. Allí la figura de los pioneros es clave y el Estado debe apoyar y acompañar estas iniciativas, al mismo tiempo que encargarse de la infraestructura y políticas de aliento; no así de la intervención en la economía.

La REA trata, por su parte, de comprender a través del análisis de costos y las estadísticas a la nación como un conjunto de provincias con producciones, y vislumbra la alternativa de productos diversos por regiones. Se observa que la lectura de la realidad está en la protección y el desarrollo de las industrias locales y cuestiones regionales. Bunge y sus colegas de la REA saben que el modelo dual (central rico-interior pobre) no funciona. Hay una división triádica, que cuanto más se aleja uno del centro, las condiciones socioeconómicas empeoran. Aquí la figura de los pioneros es valorada pero se indica que sería clave un grupo de burguesía local que dinamice las iniciativas y propuestas como región.

Una fundamental diferencia es que si bien ambas publicaciones miran desde Buenos Aires, la RLC está vinculada al segmento agroexportador y ligada a los intereses del litoral, mientras que la REA plantea una apuesta de la diversificación y a la relevancia de los cultivos regionales. La representación de la región NEA queda atravesada por los productos y producciones –algodón, arroz, azúcar, quebracho, tabaco, té, tung, yerba mate–, por las bellezas naturales –las cataratas del Iguazú y las variedades selváticas y productivas–, por los límites y vínculos fronterizos laxos, hasta alcanzar las provincializaciones de modo tardío. La pobreza y la carencia de un sector burgués emprendedor y que oficie de interlocutor de las demandas de la región como unidad con los poderes de turno limitan su proyección, avance y desarrollo.

Bibliografía

Aledo, Antonio (2002). *La crisis ambiental y su interpretación sociológica*. Universidad de Alicante, TYCEA-BLE.
Altamirano, Carlos (ed.) (1999). *La Argentina en el siglo XX*. Buenos Aires: Ariel-Universidad Nacional de Quilmes.
Anderson, Benedict (1993). *Comunidades imaginadas. Reflexiones sobre el origen y la difusión del nacionalismo*. México: FCE.
Audino, Patricia y Tohmé, Fernando (s/f). "Un acierto anticipado de Alejandro Bunge: la 'Unión Aduanera del Sud'" (disponible en http://goo.gl/Rmka1P).
Bartolomé, Leopoldo y Schiavoni, Gabriela (comps.) (2008). *Desarrollo y estudios rurales en Misiones*. Buenos Aires: Ediciones CICCUS.
Berger, Peter y Luckmann, Thomas (1984). *La construcción social de la realidad*. Buenos Aires: Amorrortu Editores.

Bruniard, Enrique y Bolsi, Alfredo (1992). "Las provincias del Nordeste (región agro-silvo-ganadera con frentes pioneros de ocupación)", en Roccatagliata, Juan (coord.). *La Argentina: geografía general y los marcos regionales*. Buenos Aires: Grupo Editorial Planeta.
Bunge, Alejandro (1922). *Las industrias del Norte. Contribución al Estudio de una nueva política económica argentina*. Buenos Aires.
Bunge, Alejandro (1984) [1940]. *Una nueva Argentina*. Buenos Aires: Hyspamérica Ediciones Argentina S.A.
Carreras Doallo, Ximena (2012). "Los medios gráficos como fuente. Un análisis de la revista *La Chacra* durante el peronismo clásico", en *Estudios Rurales*, vol. 1, n° 2. Bernal, CEAR – Universidad Nacional de Quilmes, pp. 184-201 (disponible en http://goo.gl/uKDauH).
Cosgrove, David (2002). "Observando la naturaleza: el paisaje y el sentido europeo de la vista", en *Boletín de la Asociación de Geógrafos Españoles* n° 34, pp. 63-89.
De Arce, Alejandra y Patiño Alcívar, Isabel (2008). "Género y trabajo en el campo argentino. Discursos y representaciones sociales (1946-1962)", en *Mundo Agrario*, vol. 9, n° 17. La Plata: Centro de Estudios Histórico Rurales, Facultad de Humanidades y Ciencias de la Educación, UNLP (disponible en http://goo.gl/7ov7Po).
De Ímaz, José Luis (1974). "Adiós a la teoría de la dependencia (una perspectiva desde la Argentina)", en *I Congreso Latinoamericano de Sociología*, 8-12 julio. San José, Costa Rica.
De Ímaz, José Luis (2004). "Los que mandan, 40 años después", en *Revista Valores en la Sociedad Industrial*, n° 61, año XXII.
Eujanian, Alejandro C. (1999). *Historia de las revistas argentinas, 1900/1950. La conquista del público*. Buenos Aires: AAER.
Fairclough, Norman (1995). "Critical Discourse Analisis", en *Discourse and text: linguistic and intertextual analysis within discourse analysis*. Londres: Longman. Fairclough,

Norman (1998). "Una teoría social del discurso", en *Discurso y Cambio social*. Buenos Aires: Facultad de Filosofía y Letras-UBA.
Fairclough, Norman y Wodak, Ruth (2000). "Análisis crítico del discurso", en Van Dijk, T. A. (ed.). *Estudios sobre el discurso. Una introducción multidisciplinaria*, vol. II, pp. 367-404. Barcelona: Gedisa.
Foulcault, Michel (1970). *The Order of Things: An Archaeology of the Human Sciences*. London: Tavistock.
Giberti, Horacio (2001). "Sector agropecuario. Oscuro panorama, ¿y el futuro?", en *Realidad Económica*, n° 177. Buenos Aires: IADE.
Girbal-Blacha, Noemí (1997). "Cuestión regional – Cuestión nacional. Lo real y lo virtual en la historia económica argentina", en *Ciclos en la Historia, la Economía y la Sociedad*.
Girbal-Blacha, Noemí (1998). *Ayer y hoy de la Argentina rural. Gritos y susurros del poder económico (1880-1997)*. La Plata, UNLP – UNLitoral – UNQ – Página /12. Editorial La Página S.A.
Girbal-Blacha, Noemí y Cerda, Juan Manuel (2011). "Lecturas y relecturas sobre el territorio. Una interpretación histórica", en *Estudios Rurales. Publicación del CEAR* (Centro de Estudios de la Argentina Rural), n° 1, diciembre, pp. 55-78.
Girbal-Blacha, Noemí y Quatrocchi-Woisson, Diana (1999). *Cuando opinar es actuar. Revistas argentinas del siglo XX*. Buenos Aires: Academia Nacional de la Historia.
González Bollo, Hernán (2004). "La formación intelectual del ingeniero Alejandro Ernesto Bunge (1880-1913)", en *Valores en la sociedad industrial* n° 59, mayo.
González Bollo, Hernán (2012). *La teodicea estadística de Alejandro E. Bunge (1880-1943)*. Buenos Aires: Imago Mundi – Fundación PUCA.
González Bollo, Hernán (2014). *La fábrica de las cifras oficiales del Estado argentino (1869-1947)*. Buenos Aires: Editorial de la Universidad Nacional de Quilmes.

Gorelik, Adrián (2004). *La grilla y el parque*. Buenos Aires: Editorial UNQ.
Gorelik, Adrián (2004). *Miradas sobre Buenos Aires. Historia cultural y crítica urbana*. Buenos Aires: Siglo XXI Editores.
Grimson, Alejandro (comp.) (2000). *Fronteras, naciones e identidades. La periferia como centro*. Buenos Aires: Ediciones CICCUS-La Crujía.
Gutiérrez, Talía (2005). "Revista *La Chacra*: industria editorial, agro y representación, 1930-1955", en Lázzaro, Silvia y Galafassi, Guido (comps.). *Sujetos, política y representaciones del mundo rural. Argentina 1930-1975*. Buenos Aires: Siglo XXI Editora Iberoamericana.
Heidegger, Martín (2004). "Construir, habitar, pensar". Buenos Aires (disponible en http://goo.gl/uBO3yp).
Heredia, Edmundo (1993). "Intervencionismo, unidad latinoamericana y pensamiento liberal: la Liga Continental, 1856-1862", en *Ciclos* n° 4, 1er. semestre.
Heredia, Edmundo (2000). "Nación, soberanía e identidad en región y nación: una confrontación conceptual", en Spinelli, Servetto, Ferrari y Closa (comps.). *La conformación de las identidades políticas en la Argentina del siglo XX*. Córdoba: Editorial Ferreyra.
Hobsbawm, Eric (2002). *Historia del siglo XX*. Buenos Aires: Crítica.
Juillard, Etienne (1962). "The region: an essay of definition", en *Annales de Geographie*, n° 71, pp. 429-450.
Kollmann, Marta (2005). "Una revisión de los territorios equilibrados y región. Procesos de construcción y deconstrucción", en *Revista Theomai*, n° 11. Buenos Aires: UNQ (disponible en http://goo.gl/CLbyI0).
Kress, Gunther; Leite-García, Regina y Van Leeuwen, Theo (2000). "Semiótica discursiva", en Van Dijk, Teun (comp.). *El discurso como estructura y proceso. Estudios sobre el discurso I. Una introducción multidisciplinaria*. Barcelona: Gedisa Editorial.

Lattes, Alfredo (1979). *La dinámica de la población rural en la Argentina entre 1870 y 1970*. Buenos Aires: Centro de Estudios de la Población.

Llach, Juan J. (1985). *La Argentina que no fue*. Tomo I: *Las fragilidades de la Argentina agroexportadora (1918-1930)*. Buenos Aires: IDES.

Llach, Juan J. (2004). "Alejandro Bunge, la *Revista de Economía Argentina* y los orígenes del estancamiento económico argentino", en *Valores en la sociedad industrial* n° 59, mayo.

Manzanal, Mabel; Neiman, Guillermo y Lattuada, Mario (comp.) (2006). *Desarrollo rural: organizaciones, instituciones y territorios*. Buenos Aires: CICCUS.

Marini, Matías y Otegui, Ignacio (2005). *Perón vs. Perón. La construcción del adversario en los discursos electorales de Kirchner y Menem*. Buenos Aires (mimeo).

Martín Rojo, Luisa (1997). "El orden social de los discursos", en *Discursos* 21/22.

Migdal, Joel (2011). *Estados débiles, Estados fuertes*. México: FCE.

O'Connell, Arturo (1984). "La Argentina en la depresión: los problemas de una economía abierta", en *Desarrollo Económico*, vol. 23, n° 92 (enero-marzo), pp. 479-514. Buenos Aires: Instituto de Desarrollo Económico y Social.

O'Donnell, Guillermo (1977). "Estado y alianzas en la Argentina, 1956-1976", en *Desarrollo Económico*, vol. 16, n° 64, enero-marzo, pp. 523-554. Buenos Aires: Instituto de Desarrollo Económico y Social (disponible en http://goo.gl/QoTfAv).

Palti, Elias (2006). *La nación como problema. Los historiadores y la "cuestión nacional"*. Buenos Aires: FCE.

Pantaleón, Jorge (2004). "El surgimiento de la nueva economía argentina: el caso Bunge", en Neiburg, Federico y Plotkin, Mariano. *Intelectuales y expertos. La constitución del conocimiento social en la Argentina*. Buenos Aires: Paidós.

Pardo Abril, Neyra (2007). *Análisis crítico del discurso y representaciones sociales: un acercamiento a la compresión de la cultura*. Bogotá: Universidad Nacional de Colombia.

Pereyra, Diego (2012). "Epílogo. Esbozo de una futura (y posible) agenda de investigación", en González Bollo, Hernán. *La teodicea estadística de Alejandro E. Bunge (1880-1943)*. Buenos Aires: Imago Mundi – Fundación PUCA.

Raiter, Alejandro *et al.* (2002). *Representaciones sociales*. Buenos Aires: Editorial EUDEBA.

Ramírez Palacios, David (2009). "La historiografía ambiental y la cuestión de la naturaleza", en *La Era de la Ecología* (disponible en http://goo.gl/jWKupm).

Roccatagliata, Juan (coord.) (1992). *La Argentina: geografía general y los marcos regionales*. Buenos Aires: Grupo Editorial Planeta.

Rodríguez, Lisandro (2014). "Territorio, población y ¿ciudadanía?: Misiones 1881-1953", en *Revista Pilquen*, "Sección Ciencias Sociales", año XVI, vol. 17, nº1 (disponible en http://goo.gl/SYdHS9).

Rofman, Alejandro (1999). "Las economías regionales a fines del siglo XX. Los circuitos del petróleo, el carbón y el azúcar", en *Dinámica del crecimiento regional. Aportes teóricos*. Buenos Aires: Editorial Ariel.

Scalabrini Ortiz, Raúl (2006 [1940]). *Historia de los ferrocarriles argentinos*. Buenos Aires: Editorial Lancelot.

Schweitzer, Alejandro (2004). "¿Uno o varios NEA? Regiones y territorios en el espacio del Nordeste argentino", en Panaia, Marta *et al. Crisis fiscal, mercado de trabajo y nuevas territorialidades en el nordeste argentino*. Buenos Aires: Editorial La Colmena.

Ulanovsky, Carlos (1997). *Paren las rotativas. Historia de los grandes diarios, revistas y periodistas argentinos*. Buenos Aires: Editorial Espasa.

Valenzuela, Cristina (2007). "Abordajes recientes en torno a la investigación de las economías regionales. El caso del Nordeste argentino", en Graciano, Osvaldo y Lázzaro,

Silvia (comps.). *La Argentina rural del siglo XX. Fuentes, problemas y métodos.* Buenos Aires: Editorial La Colmena.

Verón, Eliseo (1987). "La palabra adversativa. Observaciones sobre la enunciación política", en *El discurso político, lenguajes y acontecimientos.* Buenos Aires: Hachette.

Vital, Susana y Spregelburd, Roberta Paula (en línea). "Análisis de escenas de lectura en los libros infantiles de Constancio C. Vigil". Buenos Aires: Universidad Nacional de Luján, Programa HISTELEA (disponible en http://goo.gl/ggvtbt).

Fuentes

Revista de Economía Argentina (1918-1952). Buenos Aires (selección).

Revista La Chacra (1930-1955). Buenos Aires, Editorial Atlántida (selección).

Bibliografía y fuentes

Capítulo 1

Bibliografía

Abélès, Marc y Badaró, Máximo (2015). *Los encantos del poder. Desafíos de la antropología política*. Buenos Aires: Siglo XXI Editores.
Abraham, Tomás (2014). *Los senderos de Foucault*. Buenos Aires: Eudeba.
Adorno, Theodor W. (2006). *Introducción a la sociología*. Barcelona: Editorial Gedisa S.A.
Anderson, Benedict (2011). *Comunidades imaginadas. Reflexiones sobre el origen y la difusión del nacionalismo*. México: FCE.
Berger, Peter L. y Luckmann, Thomas (2008). *La construcción social de la realidad*. Buenos Aires: Amorrortu.
Blacha, Luis (2013). "Certezas e incertidumbres de lo social. Las perspectivas culturalista y figuracional", en *Revista de Ciencias Sociales. Segunda Época*. Bernal: Universidad Nacional de Quilmes.
Blacha, Luis y Rodríguez, Lisandro (2013). "El biopoder en la colonización yerbatera en Misiones (Argentina: 1926-1953)", en *Documentos de Trabajo de la Sociedad Española de Historia Agraria*. Madrid: Sociedad Española de Historia Agraria.
Bourdieu, Pierre (2007). *El sentido práctico*. Buenos Aires: Siglo XXI Argentina.
Bourdieu, Pierre(2013). *La nobleza de Estado. Educación de elite y espíritu de cuerpo*. Buenos Aires: Siglo XXI Editores.

Canavese, Mariana (2015). *Los usos de Foucault en la Argentina: recepción y circulación desde los años cincuenta hasta nuestros días*. Buenos Aires: Siglo XXI Editores.

Capel, Horacio (2014). *El patrimonio: la construcción del pasado y del futuro*. España: Ediciones del Serbal.

Carrithers, Michael (2010). *¿Por qué los humanos tenemos culturas? Una aproximación a la antropología y la diversidad social*. España: Alianza Editorial.

Castro, Edgardo (2014). *Introducción a Foucault*. Buenos Aires: Siglo XXI.

Chauviré, Christiane y Fontaine, Oliver (2008). *El vocabulario de Bourdieu*. Buenos Aires: Atuel.

De Jouvenel, Bertrand (1974). *El poder*. Madrid: Editora Nacional.

Du Gay, Paul (2012). *En elogio de la burocracia. Weber, organización, ética*. Madrid: Siglo XXI España.

Elias, Norbert (1996). *La sociedad cortesana*. México: FCE.

Elias, Norbert (1997). *El proceso de la civilización. Investigaciones sociogenéticas y psicogenéticas*. Colombia: FCE.

Elias, Norbert (2009). *Los alemanes*. Buenos Aires: Nueva Trilce.

Elias, Norbert y Dunning, Eric (1996). *Deporte y ocio en el proceso civilizatorio*. México: FCE.

Foucault, Michel (1999). *Historia de la sexualidad 1: la voluntad de saber*. México: Siglo XXI.

Foucault, Michel (2007). *Seguridad, territorio, población: curso en el Collège de France: 1977-1978*. Buenos Aires: Siglo XXI.

Foucault, Michel (2012). *Nacimiento de la biopolítica. Curso en el Collège de France (1978-1979)*. Buenos Aires: FCE.

Gellner, Ernest (1994). *Naciones y nacionalismo*. Buenos Aires: Alianza Editoral.

Giddens, Anthony (1997). *Modernidad e identidad del yo. El yo y la sociedad en la época contemporánea*. Barcelona: Ediciones Península.

Giddens, Anthony (1998). *La construcción de la sociedad: bases para la teoría de la estructuración*. Buenos Aires: Amorrortu.
González García, José M. (1998). *Metáforas del poder*. Madrid: Alianza Editorial.
Gutiérrez, Alicia (2011). "La tarea y el compromiso del investigador social. Notas sobre Pierre Bourdieu", en Bourdieu, Pierre, *Intelectuales, política y poder*. Buenos Aires: EUDEBA.
Heredia, Mariana (2015). *Cuando los economistas alcanzaron el poder (o cómo se gestó la confianza en los expertos)*. Buenos Aires: Siglo XXI Editores.
Jessop, Bob (1982). *Orden social, reforma y revolución. Una perspectiva del poder, del cambio y de la institucionalización*. Madrid: Editorial Tecnos.
Lasch, Christopher (1996). *La rebelión de las élites y la tradición a la democracia*. Barcelona: Paidós.
Lukes, Steven (2007). *El poder. Un enfoque radical*. Madrid: Siglo XXI de España Editores.
Mann, Michael (1991). *Las fuentes del poder social, I. Una historia del poder desde los comienzos hasta 1760 d. C.* Madrid: Alianza.
Mann, Michael (1997). *Las fuentes del poder social II. El desarrollo de las clases y los Estados nacionales, 1760-1914*. Madrid: Alianza.
Mann, Michael (2006). *Fascistas*. Valencia: Publicacions de la Universitat de València.
Marina, José Antonio (2008). *La pasión del poder. Teoría y práctica de la dominación*. Barcelona: Editorial Anagrama S.A.
Migdal, Joel (2011). *Estados débiles. Estados fuertes*. México: FCE.
Osorio, Jaime (2012). *Estado, biopoder, exclusión. Análisis desde la lógica del capital*. México: Anthropos. Universidad Auónoma Metropolitana.
Romero Moñivas, Jesús (2013). *Los fundamentos de la sociología de Norbert Elias*. Valencia: Tirant Humanidades.

Rose, Nikolas (2012). *Políticas de la vida. Biomedicina, poder y subjetividad en el siglo XXI*. La Plata: UNIPE.
Ruffini, Martha (2007). *La pervivencia de la República posible en los territorios nacionales. Poder y ciudadanía en Río Negro*. Buenos Aires: Editorial Universidad Nacional de Quilmes.
Ruffini, Martha y Blacha, Luis (2012). "La provincialización postergada de la Patagonia Argentina (1955-1958)", en *Temas y Debates*. Rosario: Facultad de Ciencias Políticas y Relaciones Internacionales de la Universidad Nacional de Rosario.
Russell, Bertrand (2013). *El poder. Un nuevo análisis social*. Barcelona: RBA.
Traverso, Enzo (2012). *La historia como campo de batalla. Interpretar las violencias del siglo XX*. Buenos Aires: FCE.
VV. AA. (1991). *Sociología del poder*. Buenos Aires: CEAL.
Zabludovsky Kuper, Gina (2007). *Sociología y cambio conceptual*. México: Facultad de Ciencias Políticas y Sociales, UNAM.

Capítulo 2

Bibliografía

Adámoli, Jorge; Torrella, Sebastián y Ginzburg, Ruben (2004). *Diagnóstico ambiental del Chaco argentino*. Buenos Aires: Dirección de Conservación del Suelo y Lucha contra la Desertificación. Secretaría de Ambiente y Desarrollo Sustentable.
Bitlloch, Eduardo y Sormani, Horacio (1997). *Ciencia Hoy*, n° 37, vol. 7.
Bitlloch, Eduardo y Sormani, Horacio (2012). "Formación de un sistema productivo: los enclaves forestales de la región chaqueño-misionera (siglos XIX-XX)", en *Revista de Indias*, n° 255, vol. LXXII.

Borrini, Héctor (1988). "La industria a fines del siglo XIX en el Territorio Nacional del Chaco", en *Octavo Congreso Nacional y Regional de Historia Argentina*. Buenos Aires.
Brodersohn, Víctor y Slutzky, Daniel (1978). "Dependencia interna y desarrollo: el caso del Chaco", en *Desarrollo Económico*, n° 70, vol. 18, julio – septiembre.
Bruniard, Enrique (1975-78). "El Gran Chaco Argentino. Ensayo de interpretación geográfica", en *Geográfica* n° 4. Revista del Instituto de Geografía. Resistencia: Universidad Nacional del Nordeste.
Bünstorf, Jürgen (1982). "El papel de la industria taninera y de la economía agropecuaria en la ocupación del espacio chaqueño", en *Folia Histórica del Nordeste*. Resistencia: UNNE.
Cozzo, Domingo (1967). *La Argentina Forestal*. Buenos Aires: EUDEBA.
Dargoltz, Raúl (1985). *Hacha y quebracho. Santiago del Estero, el drama de una provincia*. Buenos Aires: Ed. Mar Dulce.
Girbal-Blacha, Noemí (1986). *Progreso, crisis y marginalidad en la Argentina moderna*. Buenos Aires: Distribuidora Galerna.
Girbal-Blacha, Noemí (1992). "Inserción de una región marginal en la Argentina agroexportadora. El Gran Chaco Argentino y la explotación forestal (1895-1914)", en *VIII Congreso Nacional y Regional de Historia Argentina*, A.N.H., LaRioja.
Girbal-Blacha, Noemí (1995). "Reflexiones sobre la historia rural y la situación agraria de las economías extrapampeanas. El caso del Gran Chaco Argentino y la explotación forestal (1895-1930)", en Bjerg, M. y Reguera, Andrea. *Problemas de historia agraria*. Tandil: UNCPA.
Leff, Enrique (1994). *Ecología y capital. Racionalidad ambiental, democracia participativa y desarrollo sustentable*. México: Siglo XXI.
Leff, Enrique (comp.) (1994). *Ciencias sociales y formación ambiental*. Barcelona: Gedisa.

Morello, Jorge y Adámoli, Jorge (1974). *Las grandes unidades de vegetación y ambiente del Chaco Argentino. Vegetación y ambiente de la provincia del Chaco*. INTA, Serie Fitogeográfica, n°13.

Morello, Jorge; Pengue, Walter y Rodríguez, Alejandra (2005). *Etapas de uso de los recursos y desmantelamiento de la biota del Chaco*. FAUBA-GEMAPA, n° 4.

Salcedo, Sergio y Leyton, José (1980). "El sector forestal latinoamericano", en Sunkel, O. y Giglio, N. *Estilos de desarrollo y medio ambiente en la América Latina*. México: FCE.

Slutzky, Daniel (1973). "Tenencia y distribución de la tierra en la región NEA"- Chaco- Formosa- *Informe final*, septiembre. Buenos Aires: CFI.

Sunkel, Osvaldo y Giglio, Nicolo (comp.) (1980). *Estilos de desarrollo y medio ambiente en América Latina*. México: F.C.E., tomos I y II.

Suriano, José y Ferpozzi, Luis (1992). "El cambio global. Tendencias climáticas en la Argentina y el mundo", en *Ciencia Hoy*, n° 18, vol.3.

Valenzuela, Cristina(2000). "Factores determinantes de las decisiones agrarias. Consideraciones acerca de los efectos de la estructura fundiaria y la exclusividad productiva en la agricultura chaqueña", en *Boletín de Estudios Geográficos*, n° 96. Mendoza: Facultad de Filosofía y Letras. Universidad Nacional de Cuyo.

Zarrilli, Adrián (1996). "Crisis agraria y ecología. Los límites de la producción rural pampeana. 1930-1950", en *Noveno Congreso Nacional y Regional de Historia Argentina*. Buenos Aires: Academia Nacional de la Historia.

Zarrilli, Adrián (1999). *Transformación ecológica y precariedad económica en una economía marginal. El Gran Chaco argentino, 1890-1950*. Miami: LASA.

Zarrilli, Adrián (2004). "Transformación ecológica y precariedad económica en una economía marginal. El Gran Chaco argentino, 1890-1950", en Barriera, Darío y

Roldán, Diego (comps.). *Territorios, espacios, sociedades: agenda de problemas y tendencias de análisis*. Rosario: Editorial de la Universidad Nacional de Rosario.

Fuentes

Consejo Federal de Inversiones (1973). *Diagnóstico sobre fabricación de resinas fenólicas*. Provincia del Chaco. Buenos Aires: Serie Técnica 22.

Denis, Pierre (1983). *La valorizacióndel país. La República-Argentina. 1920*. Buenos Aires: Ediciones Solar (primera edición, París, 1920).

Garrasino, Luis (1955). *Problemas forestales argentinos. Asociación productores industria forestal de Misiones*. Buenos Aires.

Koutche, Vsevolod (1936). "La riqueza y los rendimientos de los bosques chaqueños de quebracho colorado", en *Almanaque del MAN*. Buenos Aires: Ministerio de Agricultura de la Nación.

La Forestal al Servicio de la Grandeza Argentina, Buenos Aires, sdt.

Lebedeff, Nicolás (1933). "Algunas observaciones sobre los bosques chaqueños", en *Publicación N° 3 de Contribución al conocimiento de los bosques*. Buenos Aires: Ministerio de Agricultura de la Nación.

Madueño, Raúl (1942). *Evolución del régimen forestal argentino*. Buenos Aires-México.

Ragonese, Arturo E. (1959). *Política forestal argentina*. Buenos Aires.

Ratti, Luis (1952). "La cuestión forestal argentina",en *Culto Forestal*, n° 1. Buenos Aires.

Seelstrang, Arturo (1971.) *Informe de la Comisión Exploradora del Chaco*. Buenos Aires: Editorial Universitaria de Buenos Aires.

Tortorelli, Lucas (1941). "Importancia económica de la explotación racional de nuestros bosques", en *Anales. Sociedad Rural Argentina*,vol. 76, n° 3. Buenos Aires.

Tortorelli, Lucas (1956). *Maderas y bosques argentinos*. Buenos Aires: Orientación Gráfica Editora.

Capítulo 3

Bibliografía

Abélès, Marc y Badaró, Máximo (2015). *Los encantos del poder. Desafíos de la antropología política*. Buenos Aires: Siglo XXI Editores.
Alsina, José (1996). *1875-1996. Diarios y periódicos formoseños. Un ensayo historiográfico*. Formosa: Universidad Nacional de Formosa.
Arias Bucciarelli, Mario (2010). "Tensiones en los debates parlamentarios en torno a la provincialización de los Territorios Nacionales durante el primer peronismo", en *Quinto Sol* 14, Santa Rosa-La Pampa, enero-diciembre (versión digital).
Bolsi, Alfredo y Meichtry, Norma (1982). "Realidad y política migratoria en el Nordeste Argentino", en *Cuadernos de Geohistoria Regional* 7. Resistencia: IIGHI-CONICET.
Borrini, Héctor Rubén (1991). "Ocupación y organización del espacio en el Territorio de Formosa (1880-1980)", en IIGHI *Cuadernos de Geohistoria Regional* 24. Resistencia-Chaco: IIGHI.
Carcano, Miguel Ángel (1972). *Evolución histórica del régimen de la tierra pública 1810-1916*. Buenos Aires:Eudeba.
Chacoma, Jorge Daniel (1990). "Distribución de la población en Formosa: ambiente, ferrocarril y algodón (1920-1947)", en *X Encuentro de Geohistoria Regional*. Formosa: Junta de Estudios Históricos y Geográficos de Formosa, 15-16 de junio.
Colazo, Susana (1994). "Domingo Astrada y la colonización del Alto Pilcomayo", en *Cuarto Encuentro de Geohistoria Regional*. Resistencia: IIGHI.

Galeano, Eduardo (2014). *Los hijos de los días*. Buenos Aires: Siglo XXI Editores.

García, Rafael y Regondini, Graciela (1999). *Programa para el manejo racional de los recursos hídricos en la cuenca de Río Pilcomayo*. Formosa: Gobierno de la Provincia de Formosa.

Giarracca, Norma (comp.) (2001). *¿Una nueva ruralidad en América Latina?* Buenos Aires: Colección Grupos de Trabajo de CLACSO. Grupo de Trabajo Desarrollo Rural. CLACSO.

Girbal-Blacha, Noemí (2011). *Vivir en los márgenes. Estado, políticas públicas y conflictos sociales. El Gran Chaco Argentino en la primera mitad del siglo XX*. Rosario: Prohistoria Ediciones.

Girbal-Blacha, Noemí M. (1989). "Política de tierras (1916-1930). ¿Reforma, orden o "reparación" agraria?", en *Conflictos y procesos de la historia argentina contemporánea* 28. Buenos Aires: CEAL.

Girbal-Blacha, Noemí M. (2005). "Algodón, envases textiles y tejeduría doméstica. Propuestas industrializadoras del Estado interventor en la Argentina de los años 1940", en *Revista de Historia Industrial. Economía y Empresas* 27, año XIV. Barcelona:Universitat de Barcelona.

Iazzetta, Osvaldo (2009). "Capacidades estatales, gobernabilidad democrática y crisis global", en *Working Papers Serie: Los rostros de la crisis económica internacional y sus impactos políticos en América Latina*. Buenos Aires: PNUD.

Lattes, Alfredo E.(1979). *La dinámica de la población rural en la Argentina entre 1870 y 1970*. Buenos Aires: CENEP.

Lattuada, Mario; Márquez, Susana y Neme, Jorge (2012). *Desarrollo rural y política. Reflexiones sobre la experiencia argentina desde una perspectiva de gestión*. Buenos Aires: Ediciones Ciccus.

Leoni de Rosciani, María Silvia (2001). "Los Territorios Nacionales", en Academia Nacional de la Historia: *Nueva Historia de la Nación Argentina*. Buenos Aires, Planetat. 8.

Lugo, Emilio Ramón (1990).*Historia parlamentaria de Formosa: 1ra. parte, Convención Constituyente, agosto-noviembre 1957.* Formosa: Gualamba.

Mari, Oscar Ernesto (2006a). "Gendarmería...Entre el Roble y el Laurel", en *Folia Histórica del Nordeste*. Resistencia: IIGHI, pp. 316-318.

Mari, Oscar Ernesto (2006b). "Milicias, delito y control estatal en el Chaco (1884-1940)", en *Mundo Agrario. Revista de Estudios Rurales*. La Plata: CEHR-UNLP, pp. 1-25.

Mazacotte, Víctor (1999). *Tenencia de la tierra y su impacto en el manejo de los recursos naturales*. Formosa: Instituto de Colonización y Tierra Fiscales.

Oficina de Lucha contra la Desertificación del Programa de Naciones Unidas de Desarrollo – UNSO/PNUD (en colaboración con la Secretaría de Desarrollo Sustentable y Política Ambiental e Instituto de Colonización y Tierras Fiscales) (2000). *Tenencia de la tierra en la provincia de Formosa. República Argentina. Informe final de Enrico Formica*. Buenos Aires.

Pillet, Félix (2008). *Espacio y ciencia del Territorio. Proceso y relación global-local*. Madrid: Biblioteca Nueva.

Ramírez, Mirta (1983). "La actividad azucarera en el nordeste", en *Cuadernos de Geohistoria Regional* 9. Resistencia-Chaco: IIGHI.

Romero Sosa, Carlos Gregorio (1967). "Historia de la Provincia de Formosa y sus pueblos (1862-1930)", en *Historia Argentina Contemporánea (1862-1930)*, vol. IV, sección segunda. Buenos Aires: El Ateneo.

Ruffini, Martha (2007): *La pervivencia de la república posible en los territorios nacionales. Poder y ciudadanía en Río Negro*. Bernal. Universidad Nacional de Quilmes Editorial.

Ruffini, Martha (2010). "Ecos del Centenario. La apertura de un espacio de deliberación para los Territorios Nacionales: la Primera Conferencia de Gobernadores (1913)", en *Revista Pilquen* 12. Viedma, enero-junio (versión digital).
Sbardella, Cirilo (1980). "Las posesiones de Madame Lynch en Formosa", en *Primer Encuentro de Geohistoria Regional*. Corrientes: IIGHI-CONICET.
Sbardella, Cirilo Ramón (1993). *Los diarios de la Misión Laishí*. Resistencia-Chaco: Centro de Estudios "Brigadier Pedro Ferré".
Slutzky, Daniel (2011). *Estructura social agraria y agroindustrial del Nordeste de la Argentina: desde la incorporación a la economía nacional al actual subdesarrollo concentrador y excluyente*. Buenos Aires: IADE, otoño.
Valenzuela de Mari, Cristina Ofelia (1999). "Consolidación de la vocación ganadera en las estancias chacoformoseñas. 1930-1947", en *Décimo Congreso Nacional y Regional de Historia Argentina*. Buenos Aires: ANH.
Weber, Max (2010). *Por qué no se deben hacer juicios de valor en la sociología y en la economía*. Madrid: Alianza Editorial-Sociología.

Fuentes y publicaciones periódicas

Aranda, Darío (2012). "Tierra de alguien", en *Revista MU*, mayo (disponible en http://goo.gl/0DmyCw).
Astrada, Domingo (1906). *Expedición al Pilcomayo*. Buenos Aires: Robles y Cía.
Balbi, Aimar A. (1953). "El cooperativismo en el Segundo Plan Quinquenal", en: *Segundo Curso de Cooperativismo Agrario 1953. Segundo Plan Quinquenal*. Buenos Aires: Provincia de Buenos Aires. Ministerio de Asuntos Agrarios, diciembre, vol. II, pp. 3-9.

Baque, Santiago y Begué, Pablo (1933). *La industria del extracto de quebracho ante los poderes públicos*. Informe presentado a la Comisión Nacional del Extracto de quebracho por los miembros de la misma, representantes de la S. Quebrachales Fusionados. Buenos Aires: Rossi.

Bunge, Alejandro (1922). *Las industrias del Norte. Contribución al estudio de la nueva política económica argentina*. Buenos Aires: sin editor.

Cámara de Senadores del Congreso Nacional (1950). *Diario de Sesiones*: 1599.

Centro Azucarero Argentino (1944).*Cincuentenario del Centro Azucarero Argentino*. Buenos Aires.

De Chapeaurouge, Carlos (1925). *Plano catastral de la República Argentina*, s.d.t., folio 18.

De Gasperi, Luis (s/f). "La desecación ambiental del oeste formoseño". Buenos Aires: *IDIA*, p. 96.

El Censor. Formosa, 23 de setiembre de 1933, pp. 2-3.

El Eco de Formosa. Formosa, 18 de enero de 1890, p. 2.

El Territorio. Resistencia, 20 de octubre de 1947, p. 3.

Golpe y Gutiérrez, Leopoldo (1903). "Informe de La Florencia presentado al Gobernador del Territorio de Formosa", en *Boletín de Agricultura y Ganadería* 55, año III. Buenos Aires, pp. 367-374.

Junta Nacional para Combatir la Desocupación (Ley 11896) (1938). *Memoria 1937*. Buenos Aires.

La Cooperación. Órgano de la Asociación de Cooperativas Argentinas. 7 de mayo de 1948, n° 1017. Buenos Aires, p. 3.

La Gaceta Algodonera. Buenos Aires, 31 de mayo de 1926, año 2, n° 2228, p. 11; 31 de octubre de 1953, año 30, n° 357, pp. 1-2.

La Semana. Formosa, 26 de diciembre de 1924, p. 1.

Linares Quintana, Segundo V. (1937).*Derecho público de los territorios nacionales*. Buenos Aires: Porter Hermanos.

Maradona, Esteban Laureano (1937). *A través de la selva*. Buenos Aires: Talleres Gráficos de la Penitenciaría Nacional.

Ministerio de Agricultura (1901). *Digesto de leyes, decretos y resoluciones relativas a tierras públicas, colonización, inmigración, agricultura y comercio. 1810-1900.* Buenos Aires: Ministerio de Agricultura-Cía. General de Billetes de Banco.
Ministerio de Agricultura (1928).*Memoria de la Dirección General de Tierras en el período administrativo, 1922-1928.* Buenos Aires, publicación oficial.
Norte. Formosa, 11 de octubre de 1947, p. 1, col. 5.
Pillado, Ricardo (1896). *Política comercial argentina.* Buenos Aires: Talleres de la Oficina Meteorológica Argentina.
Presidencia de la Nación (1947). *Plan de Realizaciones e Inversiones 1947-51.* Buenos Aires: Imprenta del Congreso.
Presidencia de la Nación (1950). *Tercera Conferencia de Gobernadores.* Buenos Aires: Imprenta del Congreso.
Presidencia de la Nación. Subsecretaria de Informaciones (1953).*Segundo Plan Quinquenal.* Buenos Aires: Presidencia de la Nación.
República Argentina. Departamento General de Inmigración (1891 y 1897). *Memoria 1890 y 1896.* Buenos Aires, s.d.t.
Romero, Juan (2012). "Lo rural y la ruralidad en América Latina: categorías conceptuales en debate", en Psicoperspectivas. Individuo y Sociedad, vol. 11, n° 1.Chile:Pontificia Universidad Católica de Valparaíso (disponible en http://goo.gl/wHUdRC).
Sili, Marcelo (2009). "¿Qué es la ruralidad?", 23 de abril (disponible en http://goo.gl/q9RaAw).
Territorio Nacional de Formosa (1979). *Memorias, 1885-1899.* Resistencia-Chaco: IIGHI-UNNE, pp. 24-28.
*Tiempo de cambio regional.*Formosa, 3 de enero de 1996, p. 6; 10 de enero de 1996, p. 7; 23 de febrero de 1996, p. 7.
Tornquist, Ernesto (1920). *El desarrollo económico de la República Argentina en los últimos cincuenta años.* Buenos Aires: E. Tornquist y Cía. Ltda.
Tribuna Argentina. Formosa, 29 de abril de 1941, p. 2.

Tribuna Peronista. Formosa, 12 de febrero de 1947, p. 1.
Ygobone, Aquiles (1945). *La Patagonia en la realidad argentina. Estudio de los problemas económicos, sociales, institucionales de las gobernaciones del Sur.* Buenos Aires: Ateneo.
Zamudio, Teodora (2008). "Matanza de Rincón Bomba". En: *Derecho de los Pueblos Indígenas.* Buenos Aires: Facultad de Derecho-UBA (disponible en http://goo.gl/KyXMqc).

Capítulo 4

Bibliografía

Bandieri, Susana (2005). "La posibilidad operativa de la construcción histórica regional o cómo contribuir a una historia nacional más complejizada", en Dalla Corte, G. y Fernández, S. (comps.). *Lugares para la historia. Espacio, historia regional e historia local en los Estudios contemporáneos* (2º ed.). Rosario: UNR Editora, pp. 91-117.
Barrancos, Dora (2007). *Mujeres en la sociedad argentina. Una historia de cinco siglos.* Buenos Aires: Editorial Sudamericana.
Barsky, Andrés (2000). "Auge y ocaso de las 'Regiones Geográficas Argentinas' de Federico Daus: de un pasado con certezas a una actualidad de fragmentación". Trabajo presentado en el *2do. Encuentro Internacional Humboldt*, Mar del Plata, 23 al 27 de octubre.
Barsky, Osvaldo y Gelman, Jorge (2009). *Historia del agro argentino. De la conquista hasta comienzos del siglo XXI.* Buenos Aires: Sudamericana.
Beck, Hugo (2001)."Inmigrantes europeos en el Chaco", en *Cuadernos de Geohistoria Regional* nº 39. Resistencia: IIGHI.
Bordagaray, María Eugenia (2008). "Ciudadanía y género en el mundo rural: el caso de la Unión de Mujeres de la Argentina y las 'campesinas' durante el peronismo

(1943-1955)", en *Trabajos y Comunicaciones*, n° 34. La Plata: FAHCE- UNLP. En *Noveno Congreso Nacional y Regional de Historia Argentina*. Rosario, 26-28 de septiembre, Buenos Aires, Academia Nacional de la Historia.

Boserup, Ester (1989). "Population, the status of women and rural development", en *Population and development review*, vol. 15. Nueva York: Population Council, pp. 45-60.

Brodersohn, Víctor; Slutzky, Daniel y Valenzuela, Cristina (2009). *Dependencia interna y desarrollo: el caso del Chaco*. Resistencia: Librería de la Paz.

Bruniard, E. (1978). "El Gran Chaco Argentino. Ensayos de interpretación geográfica", en *Geográfica 4*. Resistencia, Chaco.

Campi, Daniel (2005). "Historia Regional ¿Por qué?", en Dalla Corte, G. y Fernández, S. (comps.). *Lugares para la historia. Espacio, historia regional e historia local en los Estudios contemporáneos* (2° ed.). Rosario: UNR Editora, pp. 83-89.

Carlino, Alicia (2009). "Los orígenes de la industria algodonera en el Territorio Nacional del Chaco. Instalación del desmotado y las aceiterías", en *H-Industria. Revista de historia de la industria argentina y latinoamericana*, año 3, n° 5, segundo semestre.

Chiappe, Marta. "La situación de las mujeres rurales en la agricultura familiar de cinco países de América Latina" (disponible en http://goo.gl/IJ0y0C).

Chiozza, Elena y Carballo, Cristina (2006). *Introducción a la Geografía*. Bernal: Editorial UNQ.

Deere, Carmen y León de Leal, Magdalena (1981). "Peasant production, proletarianization and sexual division of labor in the Andes", en *Signs*, vol. 7, n° 2. Chicago, The University of Chicago Press, pp. 338-360.

Echenique, Juan (2000). "Tendencias y papel de la tecnología en la agricultura familiar del Cono Sur", en *Serie Documentos N° 11*. PROCISUR, BID.

Fernández, Sandra (2008). "El revés de la trama. Contexto y problemas de la historia regional y local", en *Las escalas de la historia comparada*, tomo 2. Buenos Aires: Miño y Dávila.
García Ramón, Dolors (1989). "Género, espacio y entorno: ¿hacia una renovación conceptual de la geografía? Una introducción", en *Documents d'analisi geografica* 14, pp. 7-33.
Giordano, Verónica (2012).*Ciudadanas incapaces. La construcción de los derechos civiles de las mujeres en Argentina, Brasil, Chile y Uruguay en el siglo XX*. Buenos Aires: Editorial Teseo e Instituto de Estudios de América Latina y el Caribe.
Giordano, Verónica (en línea). "Los derechos civiles de las mujeres y el proyecto de reforma del Código Civil de 1936: el acontecimiento, la estructura, la coyuntura" (disponible en http://goo.gl/IWcYfO).
Girbal-Blacha, Noemí (1993). "Explotación forestal, riesgo empresario y diversificación económica: las inversiones argentinas en el Gran Chaco (1905-1930)", en *Revista de Historia de América*, n° 116. Instituto Panamericano de Geografía e Historia, julio-diciembre.
Girbal-Blacha, Noemí (1997). "Cuestión regional-cuestión nacional. Lo real y lo virtual en la historia económica argentina", en *Ciclos*, año VII, vol. VII, n° 12, primer semestre.
Girbal-Blacha, Noemí (2004). "Opciones para la economía agraria del Gran Chaco Argentino. El algodón en tiempos del Estado intervencionista", en Galafassi, Guido (comp.). *El campo diverso. Enfoques y perspectivas de la Argentina agraria del siglo XX*.Bernal: Universidad Nacional de Quilmes.
Girbal-Blacha, Noemí (2007). "*El oro blanco* en el Nordeste Argentino. El algodón como alternativa socioeconómica de una región marginal (1920-1940)", en Girbal-Blacha, Noemí; Ospital, María Silvia y Zarrilli, Adrián

(2007). *Las miradas diversas del pasado. Las economías agrarias del interior ante la crisis de 1930*. Buenos Aires: Edición Nacional.
Girbal-Blacha, Noemí (2008). *"El otro país*. Por los caminos de la historia regional argentina"*,* en *Las escalas de la historia comparada*, tomo 2. Buenos Aires: Miño y Dávila.
Girbal-Blacha, Noemí (2011).*Vivir en los márgenes. Estado, políticas públicas y conflictos sociales. El Gran Chaco Argentino en la primera mitad del siglo XX*. Rosario: Prohistoria Ediciones.
Girbal-Blacha, Noemí (2015). "Las mujeres en la ruralidad del Nordeste argentino. Chaco y Formosa (1930-1955)", en *Monografías de Historia Rural*, n°11. Zaragoza: SEHA.
Guy, Donna (2000). "'El rey algodón'. Los Estados Unidos, la Argentina y el desarrollo de la industria algodonera argentina", en *Mundo Agrario*, vol. 1, n° 1, segundo semestre. CEHR, UNLP.
Kaplan, Temma (1990). "Conciencia femenina y acción colectiva: el caso de Barcelona, 1910-1918", en Amelang, J. y Nash, M. (eds.). *Historia y género. Las mujeres en la Europa Moderna y Contemporánea*. Valencia: Edicions Alfons el Magnànim.
Leoni, María Silvia (2008). "La política en el Chaco en la primera mitad del siglo XX. Estructuras de participación, actores y prácticas", enIourno, G. y Crespo, E. (coords.).*Nuevos espacios. Nuevos problemas. Los territorios nacionales*. Neuquén:EduCo.
Leoni, María Silvia (en línea). "Debates sobre las transformaciones en el Territorio Nacional del Chaco (1918-1930). El papel de la opinión pública chaqueña" (disponible en http://goo.gl/Fdh4O4).
Maeder, Ernesto (1996). *Historia del Chaco*. Buenos Aires: Plus Ultra.
Manzanal, Mabel (2007)."Territorio, poder e instituciones. Una perspectiva crítica sobre la producción del territorio", en Manzanal, Mabel; Arzeno, Mariana y Beatriz

Nussbaumer (comps.). *Territorios en construcción. Actores, tramas y gobiernos: entre la cooperación y el conflicto.* Buenos Aires: Ciccus.

Marí, Oscar (2005). "Tensiones y fragmentación política en Chaco a principios de los años cuarenta", en *Revista de la Junta de Estudios Históricos del Chaco*, n° 2. Resistencia: Subsecretaría de Cultura.

Mc Gee Deutsch, Sandra (2012). "Argentine Women Against Fascism: The Junta de la Victoria, 1941-1947", en *Politics, Religion and Ideology*, vol. 13, n° 2. Londres: Routledge, pp. 221-236.

Moglia, Leandro (2008). "El movimiento cooperativo agrícola en el Chaco entre los gobiernosde Regulación y Planificación", en *XXI Jornadas de Historia Económica*. Caseros, Buenos Aires.

Moglia, Leandro (2010). "Poder público y cooperativismo agrícola en el Territorio Nacional del Chaco. Del auge algodonero a la provincialización", en Mateo, Graciela; Marí, Oscar y Valenzuela, Cristina (comps.). *Territorio, poder e identidad en el agro argentino.* Buenos Aires: Imago Mundi, pp. 11-25.

Paniagua, Ángely Hoggart, Keith(2002). "Lo rural. ¿Hechos, discursos o representaciones? Una perspectiva geográfica de un debate clásico", en *ICE. Globalización y mundo rural*, n°803, noviembre-diciembre. Ministerio de Industria, Turismo y Comercio, Gobierno de España.

Reboratti, Carlos (2007). "Los mundos rurales", en Torrado, Susana (comp.). *Población y bienestar en la Argentina del primero al segundo Centenario. Una historia social del siglo XX*, tomo II. Buenos Aires: Cultura Nación/Edhasa, pp. 85-108.

Revel, Jacques (1998). *Jogos de escalas. A experiencia da microanálise.* Río de Janeiro: Editora Fundação Getulio Vargas.

Rofman, Alejandro (1999). *Las economías regionales a fines del siglo XX. Los circuitos del petróleo, del carbón y del azúcar.* Buenos Aires: Ariel.

Ruffini, Martha (2005). "Peronismo, territorios nacionales y ciudadanía política. Algunas reflexiones en torno a la provincialización", en *Revista Avances del Cesor*, año V, n° 5. Rosario: Universidad Nacional de Rosario, Facultad de Humanidades y Artes, Escuela de Historia, Centro de Estudios Sociales Regional, pp. 132-148.

Schaller, Enrique (2005). "El Estado Nacional y la colonización agrícola en el Territorio del Chaco", en *Revista de la Junta de Estudios Históricos del Chaco*, n° 2. Resistencia: Subsecretaría de Cultura.

Schaller, Enrique (2010). "Política de tierras en la provincia del Chaco (1954-1971)", en Mateo, G.;Marí, O y Valenzuela, C. (comps.). *Territorio, poder e identidad en el agro argentino*. Buenos Aires: Imago Mundi, pp. 41-64.

Schiavoni, Gabriela (1995). *Colonos y ocupantes. Parentesco, reciprocidad y diferenciación social en la frontera agraria de Misiones*. Posadas: Editorial Universitaria, UNAM.

Schiavoni, Lidia (2003). "Aportes de hijas e hijos a las estrategias de vida familiar. Familias pobres urbanas y rurales en la provincia de Misiones",en Wainerman, Catalina (comp.). *Familia, trabajo y género. Un mundo de nuevas relaciones*. Buenos Aires: Fondo de Cultura Económica.

Slutzky, Daniel (2012). "Estructura social agraria y agroindustrial en el nordeste de la Argentina: desde la incorporación a la economía nacional al actual subdesarrollo concentrador y excluyente", en *Documentos del CIEA*, n° 8. Buenos Aires: CIEA-FCE/UBA, pp. 55-75.

Stølen, Kristie A. (2004). *La decencia de la desigualdad. Género y poder en el campo argentino*. Buenos Aires: Antropofagia.

Torrado, Susana (2003). *Historia de la familia en la Argentina Moderna (1870-2000)*. Buenos Aires: Ediciones de la Flor.

Valenzuela, Cristina (2006). *Transformaciones agrarias y desarrollo regional en el nordeste argentino. Una visión geográfica del siglo XX*. Buenos Aires: La Colmena.

Fuentes

Archivo General de la Nación, Secretaría Legal y Técnica de la 2º Presidencia del General Juan Perón. *Fondo documental.*

Archivo Histórico Provincial del Chaco. *Gobernación del Chaco, Época Territorial, Cartas a María Eva Duarte de Perón,* 1947-1950.

Bachofen, Elisa (1926). *El algodón. Consideraciones sobre la industria textil argentina.* Buenos Aires.

Besil, Antonio (1969). *Análisis de las causas del actual cambio en la estructura del sector agrícola en la Provincia del Chaco.* Resistencia: Facultad de Ciencias Económicas, UNNE.

Calvo, Jorge (1946). *El "oro blanco" en la Argentina. Estudio económico social del algodón.* Buenos Aires: Editorial Claridad.

CNA (1937). Buenos Aires.

Curletti, Miriam y Herrera, Yolanda (comps.) (2009). *Historias de mujeres del Chaco.* Buenos Aires: Honorable Senado de la Nación.

Dirección Nacional de Estadística y Censos (1960). *Censo Nacional Agropecuario 1960.* Buenos Aires.

Dirección Nacional de Estadísticas y Censos (1960). *Censo Nacional de Población* 1960. Buenos Aires, tomo VI.

El Chaco. Revista Mensual, Federación Económica del Chaco. Resistencia, octubre-noviembre de 1952.

El Territorio, Resistencia, 1960.

Gaceta algodonera. Publicación defensora de plantadores e industriales del algodón. Buenos Aires, 1929-1940.

INDEC (1947). *Cuadros inéditos. IV Censo General de la Nación, año 1947. Características económicas de la población,* n° 2. Buenos Aires.

INDEC (1969). *Censo Nacional Agropecuario.* Buenos Aires.

Junta Nacional del Algodón (1938). *La planta del algodón. Estudio dedicado a los agricultores.* Buenos Aires: Ministerio de Agricultura de la Nación.

Junta Nacional del Algodón (1940). *Reglamento interno. Decretos y resoluciones relacionados con la creación y funcionamiento de la Junta Nacional del Algodón*, n° 52. Buenos Aires.
Junta Nacional del Algodón (1941). *Boletín Mensual*. Buenos Aires, marzo.
Junta Nacional del Algodón (1942). *Memoria Anual*. Buenos Aires.
La Chacra (1930-1960). Buenos Aires: Editorial Atlántida.
Man, *Almanaque*, 1937-1938,1949.
Ministerio de Agricultura de la Nación (1936). *Censo Algodonero de la República Argentina 1935-36*. Buenos Aires.
Ministerio de Agricultura de la Nación (1937). *Censo Nacional Agropecuario 1937*. Buenos Aires.
Ministerio de Agricultura de la Nación (1940). *Segundo Congreso Algodonero Argentino*. Buenos Aires, 3 al 7 de diciembre de 1940.
Ministerio de Asuntos Técnicos (1947). *IV Censo General de la Nación 1947*, tomo I, Dirección Nacional del Servicio Estadístico. Buenos Aires.
Ministerio del Interior (1923). *Censo General de los Territorios Nacionales 1920*. Buenos Aires.
Muello, Alberto (1948). *Cultivo y explotación del algodonero*. Buenos Aires: Sudamericana.
Nuestras Mujeres. Órgano de la Unión de las Mujeres de la Argentina. Buenos Aires, 1947-1949.
República Argentina, Ministerio de Hacienda, Dirección Nacional de Estadísticas y Censos (1952). *Censo Agropecuario*.
Secretaría del Consejo Nacional de Desarrollo (1960). *Personas que viven y que trabajan en las explotaciones agropecuarias*, Chaco. Buenos Aires.
Urien, Julio (1942). "La tierra pública y la población en algunos territorios nacionales", en *Servir. Revista de Escuela de Estudios Argentinos*, año VI, n°65, noviembre. Buenos Aires.

Capítulo 5

Bibliografía

Abinzano, Roberto Carlos (1985). *Procesos de integración en una sociedad multiétnica. La provincia argentina de Misiones (1880-1985)* (tesis doctoral). Sevilla: Universidad de Sevilla (inédito).

Alcaraz, Alberto (2010). *La navegación y las actividades económicas en el Alto Paraná (1880-1920)*. Posadas: Editorial Universitaria de Misiones.

Barsky, Osvaldo y Gelman, Jorge (2009). *Historia del agro argentino: desde la conquista hasta comienzos del siglo XXI*. Buenos Aires: Editorial Sudamericana.

Bartolomé, Leopoldo (1975). "Colonos, plantadores y agroindustrias. La explotación agrícola familiar en el sudeste de Misiones", en *Desarrollo Económico*, Revista de Ciencias Sociales, julio-septiembre.

Bartolomé, Leopoldo (2000). *Los colonos de Apóstoles. Estrategias adaptativas y etnicidad en una colonia eslava en Misiones*. Posadas: Editorial Universitaria de la Universidad Nacional de Misiones.

Bolsi, Alfredo (1986). "Misiones. Una aproximación geográfica al problema de la yerba mate y sus efectos en la ocupación del espacio y el doblamiento", en *Folia Histórica del Nordeste* n° 7. Resistencia.

Bozzano, Horacio (2009). *Territorios posibles. Procesos, lugares y actores*. Buenos Aires: Lumiere.

Brezzo, Liliana M. (2004). "La guerra de la Triple Alianza en los límites de la ortodoxia: mitos y tabúes", en *Universum* (en línea), vol. 19, n° 1, pp. 10-27 (disponible en http://goo.gl/0D0Wnu; fecha de consulta: 06/12/2013).

Campi, Daniel (2001). "Historia regional. ¿Para qué?", en Fernández, Sandra y Dalla Corte, Gabriela (comps.). *Lugares para la historia. Espacio, historia regional e historia local en los estudios contemporáneos*. Rosario: UNR Editora.

Cárcano, Miguel Ángel (1972). *Evolución histórica del régimen de la tierra pública 1810-1916*. Buenos Aires: EUDEBA.

Coconi, Gabriela (1984). "Producción yerbatera argentina: la etapa de libre iniciativa: 1903-1925", en *VI Jornadas de Historia Económica*. Asociación Argentina de Historia Económica. Córdoba: Facultad de Filosofía y Humanidades de la Universidad Nacional de Córdoba. Centro de Estudios Históricos. Vaquerías.

Codutti, Raúl (coordinador) (2008). "Territorios vinculados a mercados no dinámicos. Colonia Liebig: provincia de Corrientes", en Schejtman Alejandro y Barsky, Osvaldo (comps.). *El desarrollo rural en la Argentina. Un enfoque territorial*. Buenos Aires: Siglo XXI editores.

De La Torre, Lisandro (1960). *Obras*, tomo VI: *Política agraria y municipal* (2da. ed.). Buenos Aires: Editorial Hemisferio.

De Sagastizabal, Leandro (1984). *La yerba mate y Misiones. Historia Testimonial Argentina*, Documentos Vivos de Nuestro Pasado. Buenos Aires: CEAL.

Doratioto, Francisco (2008). *Maldita guerra, nueva historia de la guerra del Paraguay*. Buenos Aires: Emecé editores.

Echeverría, Mirta (1984). "La industria yerbatera argentina, entre la crisis y la guerra. Sectores productivos, rol del Estado y órganos de conciliación", en *VI Jornadas de Historia Económica*. Asociación Argentina de Historia Económica. Córdoba: Facultad de Filosofía y Humanidades de la Universidad Nacional de Córdoba. Centro de Estudios Históricos. Vaquerías.

Foucault, Michel (2011). *Seguridad, territorio, población*. Buenos Aires: Fondo de Cultura Económica.

Friedlmeier, Luis Francisco (2010). *Colonia Liebig: historia de la colonización alemana*. Corrientes: El Autor.

Gallero, María Cecilia y Kraustofl, Elena (2009). "Proceso de poblamiento y migraciones en la provincia de Misiones, Argentina (1881-1970)", en *Revista de Antropología AVÁ* n° 16. Posadas.

Girbal-Blacha, Noemí (2011). *Vivir en los márgenes. Estado, políticas públicas y conflictos sociales. El Gran Chaco argentino en la primera mitad del siglo XX*. Rosario: Ediciones Prohistoria.

Girbal-Blacha, Noemí y Cerdá, Juan Manuel (2011). "Lecturas y relecturas sobre el territorio. Una interpretación histórica", en *Revista Estudios Rurales*, Publicación del Centro de Estudios de la Argentina Rural UNQ, vol. 1, n° 1 (disponibles en http://goo.gl/xuPOzr).

Gortari, Javier (comp.) (2007). *De la tierra sin mal al tractorazo: hacia una economía política de la yerba mate*. Posadas: Editorial Universitaria de Misiones.

Grimson, Alejandro (comp.) (2000). *Fronteras, naciones e identidades: la periferia como centro*. Buenos Aires: Ediciones CICCUS.

Huret, Jules (1986). *De Buenos Aires al Gran Chaco II*. Buenos Aires: Editorial Hyspamérica.

Jaquet, Héctor (2001). *En otra historia*. Posadas: Editorial Universitaria de Misiones.

Lagier, Jerónimo (2008). *La aventura de la yerba mate. Más de cuatro siglos de historia*. INYM.

Lattuada, Mario (1986). *La política agraria peronista (1943-1983)*. Buenos Aires: CEAL, tomo I.

Magán, María Victoria (2004). "El lobby de la yerba mate: empresas e intereses en el sector yerbatero, 1924-1938", en *XIX Jornadas de Historia Económica*. San Martín de los Andes: Asociación Argentina de Historia Económica, Universidad Nacional del Comahue. Facultad de Humanidades.

Magán, María Victoria (2008). "¿Regulación o crisis? La influencia de la Comisión Reguladora de la Yerba Mate en los ciclos yerbateros 1924-2002", en *Pasado y presente en el agro argentino*. Buenos Aires: Ediciones Lumiere S.A.

Manzanal, Mabel; Neiman, Guillermo y Lattuada, Mario (2006). *Desarrollo rural. Organizaciones, instituciones y territorios*. Buenos Aires: Ediciones Ciccus.

Meichtry, Norma Cristina (1980). "Desequilibrio espacial y crecimiento de la población en Corrientes", en *Folia Histórica del Nordeste*, n°4. Resistencia.

Nief, Juan; Rolón, Marcelo y Casco, Sylvina (2005). "Podemos estimar el impacto de las transformaciones del paisaje sobre la ecodiversidad", en *Facena*, vol. 21, pp. 37- 54.

Oszlak, Oscar (2014). *La formación del Estado argentino: orden progreso y organización nacional*. Buenos Aires: Ariel.

Quiroga, Hugo (1999). "Democracia, ciudadanía y el sueño del orden justo", en Quiroga, Hugo; Villavicencio, Susana y Vermeren, Patrice (comps.) (1999). *Filosofías de la ciudadanía. Sujeto político y democracia*. Rosario: Homo Sapiens.

Rau, Víctor (2012). *Cosechando yerba mate. Estructuras sociales de un mercado laboral agrario en el nordeste argentino*. Buenos Aires: Ediciones CICCUS.

Renteria Vargas, Javier (2001). "Una aproximación teórica y práctica al concepto de región", en *Revista Geocalli,Cuadernos de Geografía*, n° 4, vol. 2. México.

Rodríguez, Lisandro y Blacha, Luis(2013). "El biopoder en la colonización yerbatera de Misiones 1926-1953", en *Sociedad Española de Historia Agraria. Documentos de Trabajo*, diciembre. España.

Ronco, Adriana Patricia (2004). "La mate Laranjeira y el monopolio del comercio de la yerba mate (1890-1930)", en *XIX Jornadas de Historia Económica*. San Martín de los

Andes: Asociación Argentina de Historia Económica, Universidad Nacional del Comahue. San Martín de los Andes, Facultad de Humanidades.
Rozé, Jorge Próspero (1992). *Conflictos agrarios en la Argentina/1: El proceso liguista*. Buenos Aires: CEAL.
Ruffini, Martha (2007). *La pervivencia de la república posible en los territorios nacionales. Poder y ciudadanía en Río Negro*. Buenos Aires: Editorial Universidad Nacional de Quilmes.
Salvatore, Ricardo (1986). "Control del trabajo y discriminación: el sistema de contratistas en Mendoza, Argentina, 1880-1920", en *Desarrollo Económico, Revista de Ciencias Sociales*, n° 102, vol. 26, julio-septiembre. Buenos Aires: IDES.
Schamber, Pablo (2000). "Barajar y dar de nuevo. Consecuencia de la desregulación en el sector yerbatero", en *Revista Realidad Económica*, n° 169, enero-febrero. Buenos Aires: IADE.
Schamber, Pablo (2001). "Éxito y ocaso de un estilo de gestión empresarial: el caso del Establecimiento Las Marías en el sector yerbatero", en *Revista Realidad Económica*, n° 181. Buenos Aires: IADE.
Schiavoni, Gabriela (1995). *Colonos y ocupantes. Parentesco, reciprocidad y diferenciación social en la frontera agraria de Misiones*. Posadas: Editorial Universitaria.
Schiavoni, Gabriela (1997). "Las regiones sin historia: apuntes para una sociología de la frontera", en *Revista Paraguaya de Sociología*, n° 100. Asunción: CEPS, pp. 201-280.
Slutzky, Daniel (2011). *Estructura social agraria y agroindustrial del nordeste de la Argentina: desde la incorporación a la economía nacional al actual subdesarrollo concentrador y excluyente*. Buenos Aires: IADE.
Strum, Graciela Beatriz y Magán, María Victoria (2000). "El debate que no pudo detener la crisis: plantadores, molineros e importadores de yerba mate, políticas nacionales y actores internacionales, 1920-1930", en *Jornadas*

de Historia Económica Argentina. Tucumán: Asociación Argentina de Historia Económica, Universidad Nacional de Tucumán.

Thomaz de Almeida, Rubem y Mura, Fabio (2004). "Historia y territorio entre los guaraní de Mato Grosso do Sul, Brasil", en *Revista de Indias*, vol. LXIV, n° 230.

Urquiza, Yolanda (2008). "Reflexiones en torno a los estudios sobre los Territorios Nacionales", en Iuorno, Graciela y Crespo, Edda (coords.). *Nuevos espacios. Nuevos problemas. Los territorios nacionales.* Neuquén: Educo-Universidad Nacional del Comahue-Universidad Nacional de la Patagonia San Juan Bosco-Cehepyc Editores.

Varela, Alfredo (1985). *El río oscuro*. Bueno Aires: Hyspamerica.

Vazelesk Ribeiro, Vanderlei (2008). *Cuestiones agrarias en el varguismo y el peronismo. Una mirada histórica*. Bernal: Universidad Nacional de Quilmes.

Zarrilli, Adrián: "Quebracho y yerba mate. La producción regional del NEA frente a la crisis (1920-1940)", en Girbal-Blacha, Noemí; Ospital, Silvia y Zarrilli, Adrián (2007). *Las miradas diversas del pasado. Las economías agrarias del interior ante la crisis de 1930*. Buenos Aires: Edición Nacional.

Zouvi, Susana (2010). "La federalización de Misiones", en *Historia Política.com*, dossier: *Reflexiones en torno a los estudios sobre Territorios Nacionales*.

Fuentes

Comisión Reguladora de la Yerba Mate (CRYM). *Boletín Informativo*. Buenos Aires. Selección desde 1936 a 1943-1957/58.

Coni, Emilio (1929). "La yerba mate argentina y la fraternidad internacional", en *Revista de Economía Argentina*, n° 119, mayo.

Daumas, Ernesto (1930). *El problema de la yerba mate*. Buenos Aires: Publicación editada por la Asociación Argentina de Plantadores de Yerba Mate.
Fernández Ramos, Raimundo (1931). *Misiones a través del primer cincuentenario de su federalización 1881-1931*. Posadas, Territorio de Misiones.
Instituto Agrario Argentino (1945). Reseñas: "La yerba mate", año VI, n° 38.
Justo, Agustín P. (1939). *La obra del gobierno argentino 1932-38. Momento Político Latinoamericano*. Buenos Aires.
La Gaceta Algodonera (1937). Buenos Aires, año XIII, n°167.
Niklison, José Elías (1914). "Informe sobre las condiciones de trabajo en el Alto Paraná", en *Boletín del Departamento Nacional del Trabajo* n° 26. Buenos Aires: Ministerio del Interior.
Revista de Economía Argentina (1928). "La industria yerbatera argentina. Informe del gobernador de Misiones". Buenos Aires, n° 117, marzo.
Urien, Julio César (1942). "Las tierras públicas y la población en algunos territorios nacionales". *SERVIR, Revista de La Escuela de Estudios Argentinos*, año VI, n° 65, noviembre. Buenos Aires.

Capítulo 6

Bibliografía

Aledo, Antonio (2002).*La crisis ambiental y su interpretación sociológica*. Universidad de Alicante, TYCEA-BLE.
Altamirano, Carlos (ed.) (1999). *La Argentina en el siglo XX*. Buenos Aires: Ariel-Universidad Nacional de Quilmes.
Anderson, Benedict (1993).*Comunidades imaginadas. Reflexiones sobre el origen y la difusión del nacionalismo*. México: FCE.

Audino, Patricia y Tohmé, Fernando (s/f). "Un acierto anticipado de Alejandro Bunge: la 'Unión Aduanera del Sud'" (disponible en http://goo.gl/Rmka1P).
Bartolomé, Leopoldo y Schiavoni, Gabriela (comps.) (2008). *Desarrollo y estudios rurales en Misiones*. Buenos Aires: Ediciones CICCUS.
Berger, Peter y Luckmann, Thomas (1984). *La construcción social de la realidad*. Buenos Aires: Amorrortu Editores.
Bruniard, Enrique y Bolsi, Alfredo (1992). "Las provincias del Nordeste (región agro-silvo-ganadera con frentes pioneros de ocupación)", en Roccatagliata, Juan (coord.). *La Argentina: geografía general y los marcos regionales*. Buenos Aires: Grupo Editorial Planeta.
Bunge, Alejandro (1922). *Las industrias del Norte. Contribución al Estudio de una nueva política económica argentina*. Buenos Aires.
Bunge, Alejandro (1984) [1940]. *Una nueva Argentina*.Buenos Aires: Hyspamérica Ediciones Argentina S.A.
Carreras Doallo, Ximena (2012)."Los medios gráficos como fuente. Un análisis de la revista *La Chacra* durante el peronismo clásico", en *Estudios Rurales*, vol. 1, n° 2. Bernal, CEAR – Universidad Nacional de Quilmes, pp. 184-201 (disponible en http://goo.gl/uKDauH).
Cosgrove, David (2002). "Observando la naturaleza: el paisaje y el sentido europeo de la vista", en *Boletín de la Asociación de Geógrafos Españoles* n° 34, pp. 63-89.
De Arce, Alejandra y Patiño Alcívar, Isabel (2008). "Género y trabajo en el campo argentino. Discursos y representaciones sociales (1946-1962)", en *Mundo Agrario*, vol. 9, n° 17. La Plata: Centro de Estudios Histórico Rurales, Facultad de Humanidades y Ciencias de la Educación, UNLP (disponible en http://goo.gl/7ov7Po).
De Ímaz, José Luis (1974). "Adiós a la teoría de la dependencia (una perspectiva desde la Argentina)", en *I Congreso Latinoamericano de Sociología*, 8-12 julio. San José, Costa Rica.

De Ímaz, José Luis (2004). "Los que mandan, 40 años después", en *Revista Valores en la Sociedad Industrial*, n° 61, año XXII.
Eujanian, Alejandro C. (1999). *Historia de las revistas argentinas, 1900/1950. La conquista del público*. Buenos Aires: AAER.
Fairclough, Norman (1995). "Critical Discourse Analisis", en *Discourse and text: linguistic and intertextual analysis within discourse analysis*. Londres: Longman. Fairclough, Norman (1998). "Una teoría social del discurso", en *Discurso y Cambio social*. Buenos Aires: Facultad de Filosofía y Letras-UBA.
Fairclough, Norman y Wodak, Ruth (2000). "Análisis crítico del discurso", en Van Dijk, T. A. (ed.). *Estudios sobre el discurso. Una introducción multidisciplinaria*, vol. II, pp. 367-404. Barcelona: Gedisa.
Foulcault, Michel (1970).*The Order of Things: An Archaeology of the Human Sciences*. London: Tavistock.
Giberti, Horacio (2001). "Sector agropecuario. Oscuro panorama, ¿y el futuro?", en *Realidad Económica*, n° 177. Buenos Aires: IADE.
Girbal-Blacha, Noemí (1997). "Cuestión regional – Cuestión nacional. Lo real y lo virtual en la historia económica argentina", en *Ciclos en la Historia, la Economía y la Sociedad*.
Girbal-Blacha, Noemí (1998).*Ayer y hoy de la Argentina rural. Gritos y susurros del poder económico (1880-1997)*. La Plata, UNLP – UNLitoral – UNQ – Página /12. Editorial La Página S.A.
Girbal-Blacha, Noemí y Cerda, Juan Manuel (2011). "Lecturas y relecturas sobre el territorio. Una interpretación histórica", en *Estudios Rurales. Publicación del CEAR* (Centro de Estudios de la Argentina Rural), n° 1, diciembre, pp. 55-78.

Girbal-Blacha, Noemí y Quatrocchi-Woisson, Diana (1999). *Cuando opinar es actuar. Revistas argentinas del siglo XX*. Buenos Aires: Academia Nacional de la Historia.
González Bollo, Hernán (2004). "La formación intelectual del ingeniero Alejandro Ernesto Bunge (1880-1913)", en *Valores en la sociedad industrial* n°59, mayo.
González Bollo, Hernán (2012). *La teodicea estadística de Alejandro E. Bunge (1880-1943)*. Buenos Aires: Imago Mundi – Fundación PUCA.
González Bollo, Hernán (2014). *La fábrica de las cifras oficiales del Estado argentino (1869-1947)*. Buenos Aires: Editorial de la Universidad Nacional de Quilmes.
Gorelik, Adrián (2004). *La grilla y el parque*. Buenos Aires: Editorial UNQ.
Gorelik, Adrián (2004). *Miradas sobre Buenos Aires. Historia cultural y crítica urbana*. Buenos Aires: Siglo XXI Editores.
Grimson, Alejandro (comp.) (2000). *Fronteras, naciones e identidades. La periferia como centro*. Buenos Aires: Ediciones CICCUS-La Crujía.
Gutiérrez, Talía (2005). "Revista *La Chacra*: industria editorial, agro y representación, 1930-1955", en Lázzaro, Silvia y Galafassi, Guido (comps.). *Sujetos, política y representaciones del mundo rural. Argentina 1930-1975*. Buenos Aires: Siglo XXI Editora Iberoamericana.
Heidegger, Martín (2004). "Construir, habitar, pensar". Buenos Aires (disponible en http://goo.gl/L9KBbZ).
Heredia, Edmundo (1993). "Intervencionismo, unidad latinoamericana y pensamiento liberal: la Liga Continental, 1856-1862", en *Ciclos* n°4, 1er. semestre.
Heredia, Edmundo (2000). "Nación, soberanía e identidad en región y nación: una confrontación conceptual", en Spinelli, Servetto, Ferrari y Closa (comps.). *La conformación de las identidades políticas en la Argentina del siglo XX*. Córdoba: Editorial Ferreyra.

Hobsbawm, Eric (2002). *Historia del siglo XX*. Buenos Aires: Crítica.
Juillard, Etienne (1962). "The region: an essay of definition", en *Annales de Geographie*, n° 71, pp. 429-450.
Kollmann, Marta (2005). "Una revisión de los territorios equilibrados y región. Procesos de construcción y deconstrucción", en *Revista Theomai*, n° 11. Buenos Aires: UNQ (disponible en http://goo.gl/CLbyI0).
Kress, Gunther;Leite-García, Regina y Van Leeuwen, Theo (2000). "Semiótica discursiva", en Van Dijk, Teun (comp.). *El discurso como estructura y proceso. Estudios sobre el discurso I. Una introducción multidisciplinaria.* Barcelona: Gedisa Editorial.
Lattes, Alfredo (1979). *La dinámica de la población rural en la Argentina entre 1870 y 1970*. Buenos Aires: Centro de Estudios de la Población.
Llach, Juan J. (1985). *La Argentina que no fue.*Tomo I: *Las fragilidades de la Argentina agroexportadora (1918-1930)*. Buenos Aires: IDES.
Llach, Juan J. (2004). "Alejandro Bunge, la *Revista de Economía Argentina* y los orígenes del estancamiento económico argentino", en *Valores en la sociedad industrial* n° 59, mayo.
Manzanal, Mabel; Neiman, Guillermo y Lattuada, Mario (comp.) (2006). *Desarrollo rural: organizaciones, instituciones y territorios*. Buenos Aires: CICCUS.
Marini, Matías y Otegui, Ignacio (2005). *Perón vs. Perón. La construcción del adversario en los discursos electorales de Kirchner y Menem*. Buenos Aires (mimeo).
Martín Rojo, Luisa (1997). "El orden social de los discursos", en *Discursos* 21/22.
Migdal, Joel (2011). *Estados débiles, Estados fuertes*. México: FCE.
O'Connell, Arturo (1984). "La Argentina en la depresión: los problemas de una economía abierta", en *Desarrollo Económico*, vol. 23, n° 92 (enero-marzo), pp. 479-514. Buenos Aires: Instituto de Desarrollo Económico y Social.

O'Donnell, Guillermo (1977). "Estado y alianzas en la Argentina, 1956-1976", en *Desarrollo Económico*, vol. 16, n° 64, enero-marzo, pp. 523-554. Buenos Aires: Instituto de Desarrollo Económico y Social (disponible en http://goo.gl/QoTfAv).
Palti, Elias (2006). *La nación como problema. Los historiadores y la "cuestión nacional"*. Buenos Aires: FCE.
Pantaleón, Jorge (2004). "El surgimiento de la nueva economía argentina: el caso Bunge", en Neiburg, Federico y Plotkin, Mariano. *Intelectuales y expertos. La constitución del conocimiento social en la Argentina*. Buenos Aires: Paidós.
Pardo Abril, Neyra (2007).*Análisis crítico del discurso y representaciones sociales: un acercamiento a la compresión de la cultura*. Bogotá: Universidad Nacional de Colombia.
Pereyra, Diego (2012). "Epílogo. Esbozo de una futura (y posible) agenda de investigación", en González Bollo, Hernán. *La teodicea estadística de Alejandro E. Bunge (1880-1943)*. Buenos Aires: Imago Mundi – Fundación PUCA.
Raiter, Alejandro *et al.* (2002). *Representaciones sociales*. Buenos Aires: Editorial EUDEBA.
Ramírez Palacios, David (2009). "La historiografía ambiental y la cuestión de la naturaleza", en *La Era de la Ecología* (disponible en http://goo.gl/jWKupm).
Roccatagliata, Juan (coord.) (1992). *La Argentina: geografía general y los marcos regionales*. Buenos Aires: Grupo Editorial Planeta.
Rodríguez, Lisandro (2014). "Territorio, población y ¿ciudadanía?: Misiones 1881-1953", en *Revista Pilquen*, "Sección Ciencias Sociales", año XVI, vol. 17, n°1 (disponible en http://goo.gl/SYdHS9).
Rofman, Alejandro (1999). "Las economías regionales a fines del siglo XX. Los circuitos del petróleo, el carbón y el azúcar", en *Dinámica del crecimiento regional. Aportes teóricos*. Buenos Aires: Editorial Ariel.

Scalabrini Ortiz, Raúl (2006 [1940]). *Historia de los ferrocarriles argentinos*. Buenos Aires: Editorial Lancelot.
Schweitzer, Alejandro (2004). "¿Uno o varios NEA? Regiones y territorios en el espacio del Nordeste argentino", en Panaia, Marta *et al. Crisis fiscal, mercado de trabajo y nuevas territorialidades en el nordeste argentino*. Buenos Aires: Editorial La Colmena.
Ulanovsky, Carlos (1997). *Paren las rotativas. Historia de los grandes diarios, revistas y periodistas argentinos*. Buenos Aires: Editorial Espasa.
Valenzuela, Cristina (2007). "Abordajes recientes entorno a la investigación de las economías regionales. El caso del Nordeste argentino", en Graciano, Osvaldo y Lázzaro, Silvia (comps.). *La Argentina rural del siglo XX. Fuentes, problemas y métodos*. Buenos Aires: Editorial La Colmena.
Verón, Eliseo (1987). "La palabra adversativa. Observaciones sobre la enunciación política", en *El discurso político, lenguajes y acontecimientos*. Buenos Aires: Hachette.
Vital, Susana y Spregelburd, Roberta Paula (en línea). "Análisis de escenas de lectura en los libros infantiles de Constancio C. Vigil". Buenos Aires: Universidad Nacional de Luján, Programa HISTELEA (disponible en http://goo.gl/3C5t2O).

Fuentes

Revista de Economía Argentina (1918-1952). Buenos Aires (selección).
Revista La Chacra (1930-1955). Buenos Aires, Editorial Atlántida (selección).

CV de los autores

Noemí M. Girbal-Blacha

Profesora y doctora en Historia (Universidad Nacional de La Plata). Investigadora superior del CONICET. Profesora titular y directora del CEAR-Universidad Nacional de Quilmes. Presidente de la Asociación Argentina de Historia Económica (1996-2001). Vicepresidente del CONICET (2008-2010). Docteur Honoris Causa (Université de Pau et Pays de l'Adour [Francia, 2007]). Experta de la OEI desde 2008. Especialista en Historia Agraria Argentina. Premio "Bernardo Houssay" Trayectoria Científica-Humanidades, MINCyT-Presidencia de la Nación, 2011. Doctor Honoris Causa por la Universidad Nacional de San Juan (Argentina, 2014). Premio Cervantes a la Trayectoria en Ciencias Sociales y Humanidades, Asociación Española en la Argentina, junio 2015. Ciudadana ilustre del Municipio de Quilmes, agosto de 2015. Sol de Oro 2015 a la trayectoria en C y T, noviembre 2015. Profesora visitante en universidades nacionales y extranjeras. Autora de veintiún libros y un centenar de artículos (revistas nacionales y extranjeras especializadas). Contacto: noemigirbal@gmail.com.

Adrián Gustavo Zarrilli

Profesor y doctor en Historia por la Universidad Nacional de La Plata. Estudios postdoctorales en la Universidade Federal Rural do Río de Janeiro. Investigador independiente del CONICET. Profesor asociado en la Universidad

Nacional de Quilmes. Presidente de la Sociedad Latinoamericana y Caribeña de Historia Ambiental (SOLCHA). Director de la revista *Estudios Rurales*-CEAR-UNQ. Especialista en temas de Historia Ambiental e Historia Agraria Argentina. Autor de diez libros, veinticuatro capítulos de libros y más de treinta artículos en revistas científicas nacionales y extranjeras de su especialidad. Contacto: azarrilli@unq.edu.ar.

Luis Ernesto Blacha

Doctor en Ciencias Sociales por la Facultad de Ciencias Sociales de la Universidad de Buenos Aires (con la calificación Suma Cum Laudae). Magíster en Ciencia Política por el Instituto de Altos Estudios Sociales (IDAES) de la Universidad de General San Martín (UNSAM). Licenciado en Sociología por la Facultad de Ciencias Sociales de la Universidad de Buenos Aires. Investigador asistente del Consejo Nacional de Investigaciones Científicas y Técnicas (CONICET)-CEAR-UNQ. Autor de artículos de sociología política en revistas nacionales y extranjeras de reconocido nivel científico, y del libro *La clase política argentina, 1930-1943. La oposición ausente y la pérdida de poder*, Editorial Universidad Nacional de Quilmes, 2015. Contacto: luisblacha@gmail.com.

Alejandra de Arce

Doctora en Ciencias Sociales y Humanas por la Universidad Nacional de Quilmes (UNQ), Buenos Aires, Argentina. Licenciada en Ciencias Sociales por la misma Casa de Altos Estudios. Investigadora asistente del Consejo Nacional de Investigaciones Científicas y Técnicas (CONICET), en el Centro de Estudios de la Argentina Rural (CEAR-UNQ).

Líneas de investigación actuales: trabajo familiar y género en la región pampeana y el norte argentino; modalidades de participación femenina en las corporaciones y asociaciones rurales, tanto en sus estructuras de poder como en acciones colectivas, a mediados del siglo XX. Contacto: aledearce@gmail.com.

Lisandro R. Rodríguez

Profesor en Historia por la Universidad Nacional de Misiones. Becario Doctoral CONICET. Tema de estudio: "Las cooperativas yerbateras en el NEA (1935- 2001)", bajo la dirección de la Dra. Noemí Girbal- Blacha. Lugar de trabajo: Centro de Estudios de la Argentina Rural (CEAR) de la Universidad Nacional de Quilmes (UNQ). Ha participado en diversos congresos, es autor de capítulos de libros y artículos que fueron publicados en revistas nacionales y extranjeras de la especialidad. Contacto: lisandrodriguez@gmail.com.

Ximena A. Carreras Doallo

Licenciada en Comunicación Social, especialista y magíster en Ciencias Sociales y Humanidades y doctora en Ciencias Sociales en la UNQ. Docente. Becaria CONICET. Integrante del CEAR. Expositora en jornadas y congresos. Autora de artículos y trabajos de investigación sobre comunicación, historia ambiental e historia de las representaciones sociales y políticas. Contacto: ximena_carreras@yahoo.com.ar.

Este libro se terminó de imprimir en febrero de 2016 en Imprenta Dorrego (Dorrego 1102, CABA).

www.ingramcontent.com/pod-product-compliance
Lightning Source LLC
Chambersburg PA
CBHW021135230426
43667CB00005B/125